欧盟健康法律与政策

[荷] 安妮克·德·鲁伊特
（Anniek de Ruijter）◎著

赵亚宁◎译

中国社会科学出版社

图字：01-2023-3661 号

图书在版编目（CIP）数据

欧盟健康法律与政策 /（荷兰）安妮克·德·鲁伊特著，赵亚宁译 . —北京：中国社会科学出版社，2024.3

（泰康大健康法制译丛）

书名原文：EU Health Law & Policy：The Expansion of EU Power in Public Health and Health Care

ISBN 978-7-5227-3057-8

Ⅰ.①欧… Ⅱ.①安…②赵… Ⅲ.①欧洲联盟—法律—研究 Ⅳ.①D950.0

中国国家版本馆 CIP 数据核字（2024）第 037597 号

出 版 人 赵剑英
责任编辑 梁剑琴
责任校对 郝阳洋
责任印制 郝美娜

出　　版　中国社会科学出版社
社　　址　北京鼓楼西大街甲 158 号
邮　　编　100720
网　　址　http：//www.csspw.cn
发 行 部　010-84083685
门 市 部　010-84029450
经　　销　新华书店及其他书店

印刷装订　北京市十月印刷有限公司
版　　次　2024 年 3 月第 1 版
印　　次　2024 年 3 月第 1 次印刷

开　　本　710×1000　1/16
印　　张　16.25
插　　页　2
字　　数　271 千字
定　　价　98.00 元

序　一

当今世界面临着百年未有之大变局，新冠肺炎疫情的爆发加速了这一动荡变革的进程。新冠肺炎疫情宛若一块试金石，考验了各国、各地区的政治制度与社会治理能力。在中国共产党的领导下，我国抗击新冠肺炎的狙击战取得了阶段性的胜利，为世界其他国家、地区树立了榜样。与此同时，我国卫生与健康法制的不足之处也暴露出来。这样的经历也促使法学界开始反思我国现有的卫生与健康法制体系是否完备，尤其是否能够充分因应重大公共卫生突发事件。

诚如习近平总书记所强调："没有全民健康，就没有全面小康。"而全民健康目标的实现，有赖于健全的卫生与健康法律制度的支持。作为后发的社会主义国家，卫生与健康法律制度在我国的法律体系中发挥着举足轻重的作用。随着中国特色社会主义法律体系的建成，我国卫生与健康法律体系架构已经基本形成。但"粗线条"的立法导致卫生与健康法领域的各项具体法律制度还存在较大的空白。如何去填补这些空白，是学术界与法律实务界应当携手加以解决的重大问题，不仅关系到大健康法制体系的健全，更关系到社会的稳定、国民经济的发展，关系到老百姓生活的方方面面。如果我们能够把握好填补这些立法空白的历史机遇，那么这些空白将成为先前立法者巧妙的"留白"，我国卫生与健康法的立法也能借此实现"弯道超车"。鉴于此，武汉大学大健康法制研究中心作为武汉大学和泰康保险集团共建的大健康法制研究平台，致力于对域外先进之卫生与健康法律法规以及著作的译介，策划了这套《泰康大健康法制译丛》。

良善的法律制度是整个人类文明的共同财富，对于良善的法律制度，我们也应当加以借鉴。本着"取法乎上，扬弃承继"的理念，本译丛聚焦当今世界卫生与健康法制发达国家的法律制度以及学术著作，视野涵盖且不限于德国、英国等欧洲国家，美国以及日本、韩国等亚洲国家卫生与健康领域立法和学说之演变与最新动态。

很多法律实务界的同仁也在密切关注着我国的卫生与健康法制，尤其是大健康法制的发展趋势，盖其关乎到未来我国整个社会治理体系的架构。此外，本套译丛亦为卫生学、医学、药学、社会保障学、保险学等其他学科领域的学者以及实务工作者开启了一扇从法学视角看待域外卫生与健康法律制度的窗户。译者也希望借此打破立法与司法实务、法学与其他学科之间的壁垒，促进立法与司法实务的良性互动以及不同学科间的交流，携手共建具有中国特色的大健康法制体系。

本套译丛的译者具有精深的法学专业知识、丰富的海外学习经历，对国内和域外的法律制度有着深入的了解与研究。译者的专业性保障了本套译丛的质量。"纵浪大化中，不喜亦不惧。应尽便须尽，无复独多虑。"纵使译者非常努力地想向读者呈现一套质量上乘的译作，然囿于学识与时间，篇牍讹误在所难免。由衷希望各界关心我国大健康法制建设的人士不吝赐教、批评斧正！

冯果

2020 年 11 月 1 日于珞珈山

序　二

　　随着世界老龄人口占比不断增加的趋势日益明显，人类社会逐步迈向长寿时代，开始形成以低死亡率、低生育率、预期寿命持续延长、人口年龄结构趋向"柱状"、老龄人口占比高峰平台期超越 1/4 为特点的新均衡。在百岁人生悄然来临之际，人类的疾病图谱也发生了巨大变化，各类非传染性慢性病正成为人类长寿健康损失的主要原因，带病生存将成为普遍现象，健康产业逐渐成为推动经济发展的新动力。而为了储备未来的养老和医疗资金，个体和社会对财富的需求亦相伴而生。在此背景下，如何充分发挥制度创新、社会创新和商业创新的力量，探寻对养老、健康、财富等社会问题的解决方案，成为需要各界精诚合作、长期投入的事业。

　　为了探索应对长寿时代需求与挑战的企业解决方案，泰康保险集团在23 年的商业实践中把一家传统的人寿保险公司逐步改造、转变、转型为涵盖保险、资管、医养三大核心业务的大健康生态体系。作为保险业首个在全国范围投资养老社区试点企业，泰康已完成北京、上海、广州等 22个全国重点城市养老社区布局，成为全国领先的高品质连锁养老集团之一；同时，秉承医养融合理念，养老社区内配建以康复、老年医学为特色的康复医院，进一步满足长寿时代下的健康需求。在此过程中，国家健康法制体系的建设和完善对泰康的商业模式创新提供了鼓励和保障。近年来，国家颁布了一系列文件鼓励和支持保险企业为社会服务领域提供长期股本融资、参与养老服务机构的建设运营、引领医养领域的改革发展，如2020 年银保监会联合十三部委颁布的《关于促进社会服务领域商业保险发展的意见》指出，允许商业保险机构有序投资设立中西医等医疗机构和康复、照护、医养结合等健康服务机构；鼓励保险资金与其他社会资本合作设立具备医养结合服务功能的养老机构，增加多样化养老服务供给等等。泰康的经营实践与国家政策的制定颁布实现了相互促进和印证。

他山之石，可以攻玉。无论是国家政策制度的改革还是企业商业模式的创新，都不应是一个闭门造车的过程。正是对国外先进立法经验和商业实践的学习、扬弃，使其真正适应中国社会基因、解决中国现实问题，才让具有中国特色的社会主义制度熠熠生辉，大健康法制领域的学术研究和法制建设概莫能外。《泰康大健康法制译丛》的诞生便由此埋下了伏笔。

2019 年，泰康保险集团秉承"服务公众、回馈社会"的理念，践行健康中国战略，与武汉大学共建武汉大学大健康法制研究中心，正式开启有关大健康行业政策与法律的联合研究。2020 年，中心首批研究成果陆续问世，其中就包括与中国社会科学出版社合作出版《泰康大健康法制译丛》。本丛书对美国、德国、日本、韩国等国家卫生健康领域的立法和著作进行翻译、引介，为政府、学界和产业界进一步打破国别和学科藩篱、拓展理论与实务视野打开了局面，推动我国大健康法制体系在建设思路和举措上的明晰和完善。

在此，谨代表泰康和中心，对各位专家学者对本领域的持续关注表示诚挚感谢，并衷心希望各界专家积极参与到大健康法律政策的研究中来，汲取人类文明之精华，解决中国发展之问题，为我国大健康法制体系的完善提供坚实的理论基础，为我国在长寿时代下的国家和社会治理构建充分的法治保障，让百岁人生不惧病困、不惧时光，让人们更健康、更长寿、更富足！

陈东升

2020 年 12 月 1 日于北京

前　言①

　　和欧盟的一些补充或协调权限一样，欧盟健康法律与政策在范围和边界上也同样不确定，但其同时又是一个对欧盟具有重大社会和政治意义的领域。欧盟可以通过一系列方式干预公共健康领域，其不仅通过自身明确的健康政策权力参与公共健康领域，其他的欧盟目标尤其是内部市场目标也在一定程度上促使其得以在该领域发挥作用。

　　在本书中，安妮克·德·鲁伊特（Anniek de Ruijter）从不同角度对欧盟健康法律与政策展开研究，以期为这一重要领域带来更多启示并评估其影响。她以基本权利框架为视角，评估欧盟健康政策在各个方面的影响和意义。因此，本书讨论了一系列作为健康法律与政策之基础和依据的积极权利和消极权利，以及欧盟健康法律与政策对人格尊严和个人完整性等权利以及对成员国管理和保护健康之方式的影响。

　　本书的目的在于描述欧盟在健康法律与政策领域之权力的增长和程度，并分析这一权力增长对人体健康方面的基本权利和其他价值的影响。虽然本书主要是一本关于法律而非政策的书，但其在描述和评估健康法律与政策领域方面超越了教义学的方法，并且整合了从访谈欧盟从事健康政策工作之公务人员中所得的信息以及从立法档案中获得的材料。鉴于欧盟在公共健康领域的活动扩张并非仅仅借助明确的监管权力，而是也通过一系列其他的欧盟政策活动和倡议，故作者将之描述为一种隐性扩张，或曰

---

　　①　本书是保罗·克雷格（Paul Craig）和格兰妮·德·布尔卡（Gráinne de Búrca）主编的《牛津欧洲法研究》丛书的系列著作之一。该丛书旨在出版有关欧盟法律的重要原创性研究成果，重点关注学术专著，尤其是跨学科性质的专著。丛书范围广泛，旨在涵盖实体法和制度法特定领域的研究、历史著作、理论研究和当前辩论分析，以及长期受关注的问题，如国家法和欧盟法之间的关系以及欧洲内外出现的新型治理形式。许多系列作品都具有跨学科性，这将使所有关注欧盟治理和运作的人对该丛书富有兴趣。

"无声的革命"。

在分析部分，本书包含两项详细和有趣的案例研究，分别与欧盟对猪流感暴发和宣布全球性大流行的应对，以及欧盟的跨境医疗保健和跨境医疗保健中患者权利指令的通过相关。两项案例研究都通过阐释欧盟在健康法律与政策领域的权力增长和范围、国家和欧盟层面的各种机构行动者在该领域的角色以及它们对基本权利和其他价值的影响，反映了本书的更大主题。

本书就欧盟在健康法律与政策领域的作用和干预，以及其对个人权利、群体权利、成员国政策权力和权限的影响提出了重要问题。欧盟法律与政策专业的学生和教师以及所有对欧洲健康法律与政策及基本权利感兴趣者，应该都会对本书产生兴趣。

保罗·克雷格（Paul Craig），牛津大学圣约翰学院英国法教授

格兰妮·德·布尔卡（Gráinne de Búrca），纽约大学法学院教授

致　谢

　　本书的完成，得益于我在阿姆斯特丹欧洲法律与治理中心的诸多优秀同事的支持。感谢 Christina Eckes 教授鼓励我撰写本书，感谢 Madalina Busuioc 博士和 Deirdre Curtin 教授给予我极大的支持和不可或缺的建议。感谢我优秀的同事们与我有共同的兴趣并且进行了诸多精彩的对话。同时，也非常感谢牛津大学出版社的 Natalie Patey 和 Elinor Shields 在本书出版过程中给予的耐心指导和帮助。感谢 Hannah van Kolfschooten 为本书提供的帮助，我们关心着同样的事情，这让我们的合作充满灵感。当然，也非常感谢 Tammy Hervey 教授、Scott Greer 博士、Mark Flear 博士和 Johan Legemaate 教授以及许多其他同事，他们这些年的著作和建议为我提供了灵感。感谢阿姆斯特丹大学法律系的学生们对欧盟（健康）法律和政策的问题和热情。最后，也是最重要的一点，我要向我的朋友和家人表示由衷的感谢，感谢他们的耐心和支持。爸爸妈妈，谢谢你们！Sean、Maya、Wendel 以及 Benjamin，在一起使我们更加强大！

安妮克·德·鲁伊特
阿姆斯特丹
2018 年 7 月

目　　录

第一章 欧盟健康法律与政策的无声革命

欧洲的健康政策一直处于内部发展之中，是一场无声的革命。其如同草坪，虽不见生长，却每周都需修剪。[1]

科尔（Kohll）先生的法律案件似乎并不引人注目。[2] 20 世纪 90 年代初，科尔先生带着女儿去看牙医。[3] 卢森堡的医生推荐其女儿佩戴牙套，并且为了避免等待时间，建议其越过边境到德国特里尔为女儿安装牙套。科尔去德国为女儿安装牙套后，请求其本国的保险公司就该医疗费用提供补偿，但被保险公司以治疗并非紧急为由拒绝。科尔对此表示异议，并向卢森堡国家法院提起诉讼。卢森堡国家法院在审理中向欧盟法院（the Court of Justice of the EU，CJEU）提交了一个问题，即欧盟关于服务自由流动的法律［《欧盟运行条约》（TFEU）第 49 条］是否适用于本案，以及保险公司的拒赔决定是否违反欧盟法。[4]

欧盟法院认为，卢森堡的这家保险公司拒绝为科尔支出的医疗费用提供补偿，的确违反了服务自由流动原则，因此，科尔应当得到其母国保险公司的补偿。该案的判决结果随后被高度公开化和政治化。欧盟被认为扰乱了缓慢且谨慎平衡的国家医疗保健体系。尤其是欧盟成员国主张该判决不符合欧洲的条约（European Treaties）。依据相关条约（《欧盟运行条约》第 168 条第 7 款），医疗保健服务可及性的再分配作为决定国家选举

---

① Respondent 2 (Deputy Permanent Representative for Health in the Council, 2010).

② T. K. Hervey, "Re-Judging Social Rights in the EU", Critical Legal Perspectives on Global Governance (Oxford: Hart, 2014) 347.

③ Case C-158/96 Raymond Kohll v. Union des caisses de maladie [1998] ECR I-1931.

④ Regulation (EC) No. 883/2004, "Regulation (EC) No. 883/2004 of the European Parliament and of the Council on the Coordination of Social Security Systems (OJ L166, 3-4-2004)".

的关键政策，占据了国家预算的很大一部分，其并不属于欧盟"创造市场"（market-making）的职权范围，因此欧盟无权就医疗费用的补偿问题做出决定。⑤

科尔案已经过去了 14 年，但其从一个侧面说明——正如本章开头欧盟公务人员的发言所述——尽管立法权限有限，但欧盟对人体健康事项的参与正在扩张。⑥ 欧盟健康政策的悖论式增长表明，仅仅是正式的法律规则无法解释其发展，因为许多欧盟健康活动具有"非立法性"⑦，或者系发生于农业政策、经济政策等不同的政策议题之下。

本书描述了欧盟在医疗保健和公共健康这两项突出和"功能性"的政策领域的权力扩张，并且分析了该权力扩张对于欧盟健康价值和健康权利的影响。本书的法学性体现在使用了欧盟基本权利框架确定该权力扩张在权利和价值方面的质的影响。与此同时，半结构化的定性访谈展示了书中描述的欧盟权力增长所涉及的法律和政策发展。本书并未选择以一种理论叙事来解释欧盟在人体健康领域的权利扩张，而是运用了若干个理论解释，这些解释与确定欧盟人体健康政策与法律中某些选择之性质的功能划分相关，但其中的连接因子系从欧盟基本权利和价值的角度进行的法律分析。

第一节　人体健康、价值、权利和欧盟

拒绝或同意批准某种有争议的药物，或在母国以外的成员国提供医疗

---

⑤　"Treaty on the Functioning of the EU（OJ 115/49）"＜13488829440080509en00470199. pdf＞. A. de Swaan, In Care of the State: Health Care, Education and Welfare in Europe and the USA in the Modern Era（Oxford: Oxford University Press, 1988）; C. Newdick, "Disrupting the Community-Saving Public Health Ethics from the EU Internal Market", Health Care and EU Law（The Hague: Asser, 2011）.

⑥　依据《欧盟运行条约》第 168 条，欧盟在公共健康领域仅拥有有限的立法权。E. Randal The European Union and Health Policy（New York: St. Martin's Press, 2000）; E. Mossialos et al. （eds. ）Health Systems Governance in Europe, the Role of European Union Law and Policy（New York: Cambridge University Press, 2010）; S. Boessen and H. Maarse "The Impact of the Treaty Basis on Health Policy Legislation in the European Union: A Case Study on the Tobacco Advertising Directive" （2008）BMC Health Services Research 8（77）; T. K. Hervey and J. V. McHale Health Law and the European Union（Cambridge: Cambridge University Press, 2004）; M. Steffen（ed. ）Health Governance in Europe: Issues, Challenges, and Theories（New York: Routledge, 2005）.

⑦　D. M. Curtin Executive Power of the European Union. Law, Practices and the Living Constitution （Oxford: Oxford University Press, 2009）3: "非立法活动主要指由多数派和非多数派行动者以某种形式所为的行政行动，包括执行行为和标准制定以及运行决策。"

保险赔付，以及欧盟在人体健康方面处理的许多其他问题和议题，表明了欧盟在人体健康领域的参与可能涉及争议性问题，其中可能交织缠绕着基本权利、生物伦理议题以及监管难题或再分配的选择。这就对欧盟在此方面享有的权力提出了怀疑，尤其是考虑到人体健康法律和政策往往是根据其与基本权利的特殊交互关系来看待的。⑧ 侵害基本权利可能会损害人体健康，例如折磨或歧视患有艾滋病或精神疾病的人。同时，健康政策也可以影响基本权利，如命令实施强制疫苗接种计划或隔离政策。⑨

　　基本权利与人体健康之间的联系已被整合纳入许多国家的法律和一些国际组织的法律框架之中。⑩ 此外，对于健康政策和基本权利之间的关系，学者们越来越多地将之视为"不可分割的联系"，并将之作为判断公私机构参与健康工作之合法性的工具。⑪ 一方面，基于权利的政策制定方法使得受政策制定者之权威决策影响的价值更加明晰。⑫ 另一方面，基本权利能够界定谁是权利享有者和义务承担者，并明晰特定义务的性质。就此而言，基本权利创造了一系列用于评估公权力行使之合法性的法律机制。⑬

　　有关欧盟参与人体健康领域的文献强调了健康政策与基本权利的联

⑧　Jonathan M. Mann and others "Health and Human Rights" (1994) Health and Human Rights 16.

⑨　S. Gruskin et al. "Health and Human Rights: History, Principles and Practice of Health and Human Rights" (2007) The Lancet 370 449-55; G. J. Annas "Human Rights and Health: The Universal Declaration of Human Rights at 50" (1998) New England Journal of Medicine 339 (24) 1778-81.

⑩　B. Toebes "The Right to Health and Other Health-related Rights" in B. Toebes et al. (eds.) Health and Human Rights in Europe (Cambridge: Intersentia, 2012); E. D. Kinney and B. A. Clark "Provisions for Health and Health Care in the Constitutions of the Countries of the World" (2004) Cornell International Law Journal 37 285-355.

⑪　S. Gruskin et al. "Rights-based Approaches to Health Policies and Programs: Articulations, Ambiguities, and Assessment" (2010) Journal of Public Health Policy 31 (2) 129-45; S. Gruskin and D. Tarantola "Health and Human Rights" in S. Gruskin et al. (eds.) Perspectives on Health and Human Rights (New York: Routledge, 2005); World Health Organization Europe Health Impact Assessment: Main Concepts and Suggested Approach (Brussels: European Centre for Health Policy, Gothenburg consensus paper, 1999); 对其中一些努力的全球性概述, see A. Scott-Samuel and E. O'Keefe "Health Impact Assessment, Human Rights and Global Public Policy: A Critical Appraisal" (2007) Bulletin of the World Health Organization 85 212-17.

⑫　L. London, "What is a Human-Rights Based Approach to Health and Does it Matter?" (2008) Health and Human Rights 10 (1) 65-80 at p. 72.

⑬　L. London, "What is a Human-Rights Based Approach to Health and Does it Matter?" (2008) Health and Human Rights 10 (1) 65-80 at p. 68. 欧盟基本权利专门机构 (the Fundamental Rights Agency, EUFRA) 的政策目标为使基本权利在所有欧盟公共政策中成为"主流"，欧盟的诉讼和立法审查当然也可能接受基本权利的评估。

系，并且在概述适用于欧盟成员国健康政策的欧盟基本权利的重要性方面做了大量工作。[14] 然而，"对于对基本权利保护有影响的欧盟立法的发展，相关学术关注却极为有限"[15]。与此同时，基本权利在学界被视为在更抽象的意义上对欧盟至关重要：

> 尽管对于基本价值的解释在实践中可能大有不同，但基本价值……可以说是所有健康制度的基础。……欧盟角色的一个关键要素可以被视为在国际经济压力愈加增大的背景下，保护欧洲国家健康体系中固有的这种"欧洲价值"。[16]

然而，虽然学术文献中承认了基本权利与欧盟健康领域权力扩张之联系的重要性，[17] 但目前关于欧盟的健康政策或法律却并不存在整齐划一的概念，而且欧盟在人体健康方面的法律及事实上的权力亦未得以确定。只要欧盟健康政策的存在是一场"无声的革命"并且仍然未被定义，[18] 其对基本权利与价值可能产生的影响就始终是隐性的。在这种情况下，健康政策不需要合法化，即便我们的生活可能依赖于它。

---

[14]　尤其是《欧盟基本权利宪章》发布了一系列关于欧盟医疗保健背景下的歧视的研究报告：EUFRA, "Involuntary Placement and Involuntary Treatment of Persons with Mental Health Problems" (June 2012); EUFRA, "Inequalities and Multiple Discrimination in Access to and Quality of Healthcare" (March 2013); EUFRA, "Legal Capacity of Persons with Intellectual Disabilities and Persons with Mental Health Problems" (July 2013). Also see J. V. McHale "Fundamental Rights and Health Care" in E. Mossialos et al. (eds.) Health Systems Governance in the EU: The Role of EU Law and Governance (New York: Cambridge University Press, 2012)。在此方面，《欧洲健康法杂志》特别关注了欧盟基本权利。See e. g. H. Nys "The Right to Informed Choice and the Patients' Rights Directive" (2012) European Journal of Health Law 19 (4) 327–31; H. D. C. Roscam Abbing "Patients' Right to Quality of Healthcare: How Satisfactory Are the European Union's Regulatory Policies?" (2012) European Journal of Health Law 19 (5) 415–22.

[15]　E. Muir "The Fundamental Rights implications of EU Legislation: Some Constitutional Challenges" (2014) Common Market Law Review 51 219–46 at p. 220.

[16]　Hervey and McHale (2004) supra note 6 at p. 5. And see further T. K. Hervey "The Right to Health in European Union Law" in T. K. Hervey and J. Kenner (eds.) Economic and Social Rights Under the EU Charter of Fundamental Rights (Oxford: Hart, 2003); T. K. Hervey "The 'Right to Health' in European Union Law" in ibid.; and see Council Conclusions on Common Values and Principles in European Union Health Systems (2006/C 146/01) (OJ 146/1).

[17]　See ibid. Hervey (2003).

[18]　或者仅仅在其"轮廓"中对其进行把握，see T. K. Hervey "Mapping the Contours of European Union Health Law and Policy" (2002) European Public Law 8 (1) 69–105。

第二节　欧盟在人体健康领域的权力扩张

　　欧盟成立于20世纪50年代，是一个旨在建立共同市场的国际组织，但其如今可以行使的权力范围已经远远超越了成立当时对其的权力构设。[19] 欧盟拥有强大的机构行动者：欧盟法院（the Court of Justice of the EU，CJEU）和欧盟委员会（the European Commission）（欧盟的中央执行和行政机构，可以发起立法）。欧盟成员国在欧盟理事会（the Council of the EU）中有部长级代表，在欧洲理事会（the European Council）中由国家元首或政府首脑作为代表。除了与欧洲议会一道通过立法的核心职能外，欧盟理事会还享有重要的行政权力。[20] 此外，在欧盟核心机构之下还运行着一些在欧盟参与健康事业中发挥重要作用的行动者，如负责各种健康议题并且被成员国和欧盟委托健康方面任务与职责的欧洲专门机构（European agencies）。[21] 再者，在欧盟立法与政策的启动和实施阶段，也有众多工作组、专家、委员会和高级小组参与欧盟的健康工作。[22]

　　撇开界定欧盟政治体系性质的困难不谈，[23] 欧盟可以被描述为一个政治联盟，表面上看是通过由欧盟法院对条约的权威、深远解释所形成的重

---

[19]　See Curtin（2009）supra note 7.

[20]　See Curtin（2009）supra note 7；并参见《欧洲联盟条约》（the Treaty on European Union）（OJ 115/15）.

[21]　M. E. Busuioc European Agencies：Law and Practices of Accountability（Oxford：Oxford University Press，2013）；and see G. Permanand and E. Vos "EU Regulatory Agencies and Health Protection" in E. Mossialos et al.（eds.）Health Systems governance in Europe：The Role of EU Law and Governance（New York：Cambridge University Press，2010）.

[22]　E. Vos Institutional Frameworks of Community Health and Safety Regulation：Committees，Agencies and Private Bodies（Oxford：Hart，1999）.

[23]　See D. M. Curtin "The Constitutional Structure of the Union：A Europe of Bits and Pieces"（1993）Common Market Law Review 30（1）17-69. "政治体系"这一术语的使用援引了伊斯顿（Easton）的经典定义，即政治体系是指参与特定社会中价值的权威性分配的机构和程序。D. Easton "An Approach to the Analysis of Political Systems"（1957）World Politics 9（3）383-400 at p. 384. "政治体系"的概念很有帮助，因为它能够"涵盖前国家/非国家团体以及可能不被视为与国家有明显联系的角色和职务"；see S. E. Finer "Almond's Concept of the Political System"（1970）Government and Opposition 5（1）3-21 at p. 5，in P. Mair "Popular Democracy and the European Union Polity"（2005）European Governance Papers C-05-03 p. 16；also see S. Hix The Political System of the European Union（London：Palgrave Macmillan，2005）；Curtin（2009）supra note 7 at p. 40 et seq.；具体关于健康政策方面，see G. Walt Health Policy，an Introduction to Process and Power 5th edn（London：Zed Books，2001）；详细内容参见本书第二章。

大条约改革和"宪法沉淀"（constitutional sedimentation），以及机构机制的调整（settlement of institutional mechanisms）发展起来。㉔ 然而，在表面之下，欧盟还发生着许多实证性的政策实践，例如在实施阶段，表现为在自身几乎无正式立法权限的领域对成员国的政策进行协调，或者仅仅是自身机构的变动发展（merely as a matter of institutional dynamics）。㉕

一 有限的立法权

由于成员国抗拒将任何重大权力让渡给欧盟，欧盟在人体健康领域仅享有有限的立法权。《欧盟运行条约》第 168 条在此方面作用不大，因为其只是简单地规定："在界定和实施所有欧盟政策和活动时，应确保高水平的人体健康保护。"㉖ 基于该条可以推断出，欧盟健康政策作为一个独立的政策领域是不存在的，因为其被纳入了所有其他政策之中，或者欧盟健康政策无处不在，因为所有的欧盟公共政策同时也是健康政策。然而，《欧盟运行条约》第 168 条同时也在两处重申了欧盟角色的有限性：

> 欧洲议会和欧盟理事会在按照普通立法程序行动并咨询经济社会委员会和区域委员会后，也可以采取旨在保护和改善人体健康的激励性措施……不包括对成员国法律和法规的任何协调。㉗
>
> 欧盟的行动应当尊重成员国在界定其健康政策以及组织和提供健康服务与医疗服务方面的责任。㉘

对成员国抵制欧盟权力的一个解释是，健康服务构成了民族国家福利供给的核心，而且在大多数欧盟成员国，健康支出是国家社会福利预算中

㉔ See Curtin（2009）supra note 7 at p. 11；also see D. M. Curtin "The Sedimentary European Constitution：The Future of 'Constitutionalisation' without a Constitution" in I. Pernice and E. Tanchev（eds.）Ceci n'est pas une Constitution—Constitutionalisation without a Constitution?（Baden - Baden：Nomos，2009）.

㉕ See Curtin（2009）supra note 7.

㉖ Treaty on the Functioning of the EU（OJ 115/49）；可进一步参见《欧盟运行条约》第 6 条（a）项，其在保护和改善人体健康方面赋予了欧盟支持性、协调性或补充性的权限；以及《欧盟运行条约》第 9 条，其中规定欧盟在定义和实施所有政策和活动时，应将保护人体健康的要求纳入考虑。

㉗ 《欧盟运行条约》第 168 条第 5 款。

㉘ 《欧盟运行条约》第 168 条第 7 款。

最大的单一支出之一。㉙ 同样重要的是，医疗保健和公共健康的供给具有
"建设国家"的能力，㉚ 因为应对健康相关之逆境的安排和工具的集体化
与"文明化进程"相互作用，而在这一进程中，所有公民都期待得到由
民族国家组织的、体现团结的照护。㉛

　　作为民族国家合法化因素的国家福利供给的持续存在，以及在欧盟各
成员国缺乏民众支持和团结，使得欧盟在人体健康领域的权力扩张成为一
个政治性议题。㉜ 有鉴于此，可以预见成员国短期内不可能向欧盟让渡任何
健康领域的重要权力，目前也没有任何迹象表明，集体化进程正在欧洲层
面重现。然而，有许多资料也确实证明了欧盟在健康领域的权力在持续扩
张，并且慢慢削弱了成员国安排其公共健康和医疗保健政策的自主权。㉝ 因

㉙ B. Przywara "Projecting Future Health Care Expenditure at European Level: Drivers, Methodology And Main Results, Directorate General of Economic and Financial Affairs of the European Commission" (July 2010) Economic Papers 417.

㉚ 公共健康政策针对的是广大公众的健康。See L. O. Gostin Public Health Law: Power, Duty, Restraint (Berkeley, CA: University of California Press, 2000). 医疗保健政策与旨在创设个人医疗保健服务的可及性，并为个人提供医疗保健服务的公共活动有关，所针对的是个人健康而非公众健康。Steffen (ed.) (2005) supra note 6; also see K. Lenaerts and J. A. Gutierrez-Fons "The Constitutional Allocation of Powers and General Principles of Law" (2010) Common Market Law Review 47 1629-69 at p. 244.

㉛ A. de Swaan In Care of the State: Health Care, Education and Welfare in Europe and the USA in the Modern Era (New York: Oxford University Press, 1988) at pp. 246-57; also see G. Majone "The European Community between Social Policy and Social Regulation" (1993) Journal of Common Market Studies 31 153-70, at p. 159.

㉜ See Majone (1993) supra note 31, at p. 161 (研究了由于欧盟各成员国健康政策安排的巨大差异，导致不可能对各国健康政策进行协调)。

㉝ See de Swaan (1988) supra note 31 at p. 257; S. L. Greer "Uninvited Europeanization: Neofunctionalism and the EU in Health Policy" (2006) Journal of European Public Policy 13 (1) 134-52; S. L. Greer et al. "Mobilizing Bias in Europe: Lobbies, Democracy and EU Health Policy-Making" (2008) European Union Politics 9 (3) 403-33; Mossialos et al. (eds.) (2010) supra note 6; R. Hamalainen The Europeanisation of Occupational Health Services: A Study of the Impact of EU Policies (Tampere: Juvenes, 2008); A. de Ruijter and T. K. Hervey "Healthcare and the Lisbon Agenda" in P. Copeland and D. Papadimitriou (eds.) The EU's Lisbon Strategy, Evaluating Success, Understanding Failure (New York: Palgrave Macmillan, 2012); P. Minogiannis European Integration and Health Policy: The Artful Dance of Economics and History (New Brunswick, NJ: Transaction Publishers, 2003); A. P. van der Mei Free Movement of Persons within the European Community: Cross-Border Access to Public Benefits (Oxford: Hart, 2003); D. S. Martinsen "The Europeanization of Health Care: Processes and Factors" in T. Exadaktylos and C. M. Radaelli (eds.) Research Design in European Studies, Establishing Causality in Europeanization (Basingstoke: Palgrave Macmillan, 2012); R. Baeten et al. (eds.) The Europeanisation of National Health Care Systems: Creative Adaptation in the Shadow of Patient Mobility Case Law (Brussels: European Social Observatory paper series, 2010); M. McKee et al. (转下页)

此，欧盟在健康领域的参与可能并不像条约规定或欧盟成员国的抵抗态度所表示的那样明确。

二　持续增长的政策制定权

虽然欧盟政治体系的确切性质目前可能仍不清晰，但欧盟组织结构和政治结构的"碎片化"确实构成了一个"鲜活的整体"，对其公民行使着重大的政治和行政权力，包括人体健康方面。㉞ 欧盟在健康领域的参与往往被概念化为仅相当于一系列健康政策。㉟ 欧盟健康政策的这种"拼凑情况"使我们很难全面分析欧盟在健康领域的活动。此种情况的形成原因在于，欧盟在健康领域的许多政策活动通常都是作为其他政策的副产品发展起来的。例如，欧盟的食品安全政策长期以来被视为其共同农业政策（Common Agricultural Policy，CAP）的一部分。总体而言，虽然欧盟从一开始就不应该在人体健康问题上发挥核心作用，但由于不同的压力和制约因素，以及对市场期望和健康问题的不断协调，欧盟在人体健康领域的参与程度逐渐提高。㊱

对于欧盟在健康领域的作用日益增加的一个极其重要的解释——对某些人而言甚至是一个正当理由——曾经是欧盟代表了国家职能的转变，欧盟变革社会的主要工具系对健康和安全的监管，而非对健康相关之福利待遇的重新分配，后者依然在成员国的自主权范围之内。㊲ 健康政策的"福利"层面可以与"监管"层面相分离，因此欧盟的影响力可以相对不受政治影响而增长，并最终削弱了"成员国做出权威政治决策的能力"，因为其政策制定没有被明确视为健康政策的制定，而只是一个市场

（接上页）（eds.）Health Policy and European Enlargement（New York：World Health Organization，European Observatory on Health Systems and Policies，2004）.

　　㉞　Curtin（1993）supra note 23；Curtin（2009）supra note 7.

　　㉟　Majone（1993）supra note 31 at p. 154.

　　㊱　参见本书第三章。

　　㊲　欧盟作为"监管国"的概念系由马佐尼（Majone）所提出，其所指为一种现象，即健康和安全方面的监管被主要委托给合法性来自自身相对的独立性和科学产出的专家和非多数派官方机构。监管通常指对于社会有价值的活动进行专门的、更长期的控制（可信的承诺），如一般性的消费品安全。G. Majone "The Regulatory State and Its Legitimacy Problems"（1999）West European Politics 22（1）1-24 at p. 2；also see Majone（1993）supra note 31；and see E. Vos "The Rise of the Committees"（1997）European Law Journal 3（3）210-29；关于监管国和健康政策的关系，可进一步参见本书第二章。

监管问题。[38] 与此同时，欧盟法院也是在市场一体化的背景下处理健康政策的"福利层面"，而不是将之作为可以逃离欧盟内部市场法影响的社会福利的一个特别层面。[39] 此外，在健康问题的其他福利层面，成员国的确通过一系列"非立法"机制和政策实践对健康政策进行了协调，在某些情况下，这些机制和实践或多或少已经正式化。[40]

由于欧盟法院的作用，以及欧盟处理人体健康问题的各种方式，欧盟在健康方面的参与通常被视为其各部分的加总，而非一个整体："欧盟的健康政策制定如今是由在其他领域和为其他领域发展的官僚组织模式（bureaucratic models）的各种延伸所组成的。"[41] 即便在欧盟享有更大立法权限的公共健康领域，[42] 相关的基准也是：

> 找出一个适用于欧盟的、独特且无所不包的"超国家"公共健康模式是不可能的。相反，出现的是一系列部分相连的对公共健康有各种影响的欧盟法律和政策。[43]
>
> 我们可以期待立法过程与治理过程的一次互动或一系列互动……然而，这一系列互动永远不会成为"单一的、无所不包的织锦"政策。[44]

与此同时，赫维（Hervey）和麦克海尔（McHale）在他们关于欧盟与人体健康政策和法律的开创性著作的再版中，得出了一个结论：不考虑欧盟健康法的确切性质，无论我们是否同意，欧盟健康法的存在都是一个

---

[38]　J. Richardson（ed.）Constructing a Policy-Making State? Policy Dynamics in the EU（New York：Oxford University Press，2012）at p. 12；also see S. L. Greer "EU Healthcare Services Policy" in Richardson（ibid.）. 作为一个政策制定国，欧盟的政治体系参与了健康相关之价值的"权威性分配"；ibid. at p. 15，并可进一步参见本书第二章。

[39]　G. Davies "The Effect of Mrs Watts' Trip to France on the National Health Care Service"（2007）King's Law Journal 18 158-67；Greer（2006）supra note 33.

[40]　详见本书第三章。

[41]　S. L. Greer The Politics of European Union Health Policies.（Maidenhead/Philadelphia：Open University Press，2009）（作者进一步表示："因此，欧盟的健康政策制定与其说是设计的产物，毋宁说是翻译和移植的产物。"）

[42]　公共健康是健康政策的子领域，其聚焦于广大民众的健康。详见本书第二章。

[43]　M. McKee et al. "Public Health Policies" in E. Mossialos et al.（eds.）Health Systems Governance in Europe：The Role of European Union Law and Policy（New York：Cambridge University Press，2010），at p. 232.

[44]　See T. K. Hervey and B. Vanhercke "Health Care and the EU：The Law and Policy Patchwork" in E. Mossialos et al.（ibid.）p. 133.

经验性的事实。㊺

在政治上，欧盟在健康领域参与程度的提高很大程度上被认为是"欧盟机构行动者的企业家精神和随之而来的游说成员国的结果，其民主反馈非常有限"㊻。欧盟在健康领域的参与是在高级公务员、欧盟官员和专家的"闭门造车"（closed shop）中发展的，其许多治理实践都没有很好地融入成员国的国家政策进程。㊼

因此，总体而言，对于欧盟在健康领域的权力扩张不存在单一的理论解释，欧盟虽然在健康方面的立法权限有限，但似乎有足够的政策制定的机会。然而，只要保护和促进人体健康的责任在法律上依然属于成员国，欧盟的角色就无法得到明确。尽管欧盟在人体健康事项上参与程度的提高被广泛承认，但由于欧盟健康政策在欧盟的一系列不同政策中十分突出且不存在法律定义，因此，其合法性问题一直没有得到明确的解决。对于欧盟健康政策合法性问题的解决，基本权利提供了一个有力的规范解释。

第三节　健康法：权利和功能

在欧盟健康政策这一政策领域，欧盟的权力正在悄然增长，而我们在该领域支出了大量的公共资金，㊽有时甚至为之付出了生命。因此，欧盟在人体健康领域作用的增长，引发了关于欧盟健康法性质的问题，该问题既与基本权利的保护相关，也与国家健康法的功能相关。一般而言，健康法的功能在于在健康政策的背景下确保对基本权利的保护。其被视为一个法律领域，即"旨在创造一个环境，其中促进健康与保护个人权利及平等与公平之一般原则携手并进"㊾。广义上讲，健康法包括调整医疗保健

㊺　T. K. Hervey and J. V. McHale, European Union Health Law: Themes and Implications (Cambridge: Cambridge University Press, 2015).

㊻　Greer (2009) supra note 41 at p. 160.

㊼　Hervey and Vanhercke (2010) supra note 44 at p. 132. 欧盟民主缺失这一问题被广泛承认，并且也影响到其他部门的欧洲公共政策。关于欧盟民主缺失的辩论持续已久，see S. Hix What's Wrong with the European Union and How to Fix It (London: Polity, 2008)。

㊽　欧盟层面针对健康计划和健康政策的资金极其有限，但其在政府支出中居于第二位，2010 年占欧盟 GDP 的 7.5%（政府支出总额的 14.7%），Eurostat, available at < https://ec. europa. eu/eurostat/documents/3433488/5585032/KS－SF－12－033－EN. PDF/30f8523f－b9a9－4e3b－8e43－2bb983a4d472>acessed 9 November 2018。

㊾　J. Legemaate "Integrating Health Law and Policy: A European Perspective" (2002) Health Policy 60 101－10 at p. 102.

服务之提供和人体健康之保护的法律规则。⑩

　　在该语境下，基本权利对健康的管理极其重要，以至于一些学者将健康法界定为基本权利法的一部分。⑪ 尽管人体健康管理中有许多方面可能没有直接的基本权利影响，⑫ 但健康法作为一个法律领域，通常是作为一种法律范式发挥作用，在国家或健康专业人员实施的与人之身心有关的活动中保障基本权利。该功能通常被视为历史上医疗专业人员在医疗保健领域不断增强的权力和国家在人体健康领域的权力所产生的结果。⑬

---

⑩　此处所使用的"健康法"术语并非医疗保健法或医事法，因为这些术语系更具体地指涉对医疗安排而非公共健康的调整，而"健康法"在此处则同时囊括了对公共健康和医疗保健的调整。See Hervey and McHale（2004）supra note 6 at p. 15 et seq.（对不同术语进行了很好的概述）；also see H. T. Greely "Some Thoughts on Academic Health Law"（2006）Wake Forest Law Review 41 391-409 at p. 392（Greely 在其健康法的定义中也纳入了公共政策，并将之写入了美国健康治理之中）；H. J. J. Leenen et al. Handboek Gezondheidsrecht，Deel 1 Rechten van Mensen in de Gezondheidszorg 5 de Druk（The Hague：Boom Juridische Uitgevers，2011）at p. 19（特别地指出了健康法超越其他法律部门如宪法、私法、行政法和刑法的横向交叉特性）；see further A. P. den Exter Health Care Law-making in Central and Eastern Europe（Antwerp：Intersentia，2002）at p. 56；H. J. J. Leenen "Health Law in the Twenty-first Century"（1998）European Journal of Health Law 5 341-48（"健康法在未来的作用基本上不会与现在不同。人道、人权和公平这些基本准则必须予以坚守"）at p. 348。

⑪　"对我们而言，统一的法律主题是人权。因此，我们认为医事法是人权法的一个分支。"See I. Kennedy and A. Grubb Medical Law（London：Butterworths，2000）at p. 3（如该教科书的导言部分所述，该教科书"牢牢扎根"于英国法，且主要涉及医生和患者之间的法律关系）；also E. Wicks Human Rights and Health Care（Oregon：Hart，2007）；but see J. K. Mason and G. T. Laurie Law and Medical Ethics（New York：Oxford University Press，2006）at p. 41（该书提出，过分强调"医事法"的人权层面可能导致对医疗保健中治疗关系的问题解释，即父爱主义或施恩行善是与保障患者自主权相伴的一个重要支柱）；see further here S. Sheldonand M. Thomson（eds.）Feminist Perspectives on Health Care Law（London：Cavendish Publishing，1998）at p. 6（该书在重构性的意义上使用"医疗保健法"的术语，将"医事法"的范围扩张到不仅包含医生，也包含能够在医疗保健场景下影响基本权利的无数医护工作者）。在公共健康方面，人权被视为"国家—患者"关系中的一项重要平衡工具，see Mason and Laurie（2006）ibid。关于（公共）健康和人权之间的关系，see J. M. Mann et al. "Health and Human Rights"（1994）Health and Human Rights：An International Quarterly Journal 1（1）at p. 6（"健康和人权是界定和促进人类福祉的补充性方法"）；also see L. O. Gostin and J. M. Mann "Towards the Development of a Human Rights Impact Assessment for the Formulation and Evaluation of Public Health Policies"（1994）Health and Human Rights：An International Quarterly Journal 1（1）50-78；关于对健康法的发展，以及其与基本权利的联系作为增加法律和法律实践对医学界之影响力的手段的批判性观点，see K. Veitch The Jurisdiction on Medical Law（Aldershot：Ashgate，2007）。

⑫　See H. E. G. M. Hermans and M. A. J. M. Buijsen Recht en Gezondheidszorg 2de druk（Amsterdam：Elsevier，2010）at p. 45［该书把作为一项内在价值的"健康"，作为健康法的统一原则，这与 Mann 等人（1994）所选的方法并无二致］。

⑬　See e. g. Gostin（2000）supra note 30；Leenen（1998）supra note 50；Mann et al.（1994）supra note 51.

故此，在成员国层面，健康法的功能在于保护与健康政策相关的基本权利。在欧盟层面，通过确立一系列在公共政策中考虑了健康因素之特殊重要性的权利，基本权利对于健康的重要性也得到了承认。[54] 然而，如果欧盟在健康领域的参与于实践中不断扩大却没有正式的权限，就可能会影响到基本权利在国家层面得到保护的水平，从而在健康政策背景下基本权利的保护责任方面留下缺口。换言之，欧盟健康政策的存在本身就可能"不经意地设定了基本权利标准并建立了基本权利保护机制"[55]。

因此，如果欧盟在人体健康领域之法律和政策的增长，对于基本权利的影响具有"不同程度的可见性"[56]，那么欧盟角色的合法性甚至合宪性就会遭到质疑。[57] 首先，欧盟在健康领域的参与可能会对基本权利产生影响，并同时超出成员国在健康方面授予其的权限。其次，如果欧盟在健康领域的参与系基于健康以外的权限，那么在平衡基本权利所依据之价值的重要性和使基本权利得到最佳保护的治理水平方面，要求欧盟只能在成员国自身无法充分实现某一特定目标的情况下才能采取行动的辅助性原则（the principle of subsidiarity），[58] 就不是一项合适的工具。[59] 最后，如果欧盟健康政策由于非立法机制或非正式实践对基本权利产生影响，那么欧盟立法权限的授予和行使都不能决定欧盟角色的合法性。是故，针对欧盟健康政策的基于权利的方法，可以为在一个法律上基本仍然属于成员国自主权范畴的领域，确立保障欧盟公民权利的义务，提供一套强大的"规范性标准"[60]。这些内嵌于健康法的价值和权利，为本书设定了议程。

---

[54] 详见本书第三章。

[55] G. Davies "Subsidiarity: The Wrong Idea, In the Wrong Place, at the Wrong Time" (2006) Common Market Law Review 43 63-84.

[56] See Muir (2014) supra note 15 at p. 223.

[57] See ibid. at p. 240.

[58] 《欧盟运行条约》第 5 条第 3 款。

[59] Davies (2006) supra note 55 [辅助性作为欧盟一体化的一项工具，是基于特定（立法）目标来评估法律的有效性，而非对价值进行平衡]。

[60] L. London, "What is a Human Rights - Based Approach to Health and Does it Matter?" (2008) Health and Human Rights (10) 1, at p. 68. Also see V. Kosta, Fundamental Rights in Internal Market Legislation, PhD Thesis on File at the EUI, Florence 2013 at p. 237. F. Scharpf "Perpetual Momentum: Directed and Unconstrained?" (2012) Journal of European Public Policy 19 127-39; Muir (2014) supra note 15.

第四节　本书结构和研究方法

本书所选择的用于描绘欧盟权力之增长以及其在人体健康领域对权利和价值之影响的方法主要是法律方法。同时，欧洲的健康政策关乎欧盟的法律、监管和经验性实践，并且在此方面不存在例外。随着法和法律规则的日益国际化——政府和代表公权力的行动者的去中心化，法律本身也变得更加分散。曾经划定法律是什么以及如何发展的法源可能不再反映法律发展的整体背景。[61] 在健康政策方面，市场、经济、医学的发展、患者不断改变的需求、政治图景、政策制定者的社会互动以及专门机构和其他专家行动者的参与，都是形塑欧盟对健康领域之参与的变量。[62]

因此，通过纳入与在欧盟机构背景下从事健康政策工作的公务人员的叙述相关的定性研究数据，本书的研究超越了"正式法源"。此外，关于欧盟在健康法律和政策方面的机构发展，本书使用了欧盟历史立法档案中的许多资料。就此而言，本书的研究基本上是多学科的，但系立基于一个共同的基本假设，即法律不是独立的，而是社会基础设施的一部分，并在社会世界的建构中发挥作用。基本权利作为共同价值的表达，是法律作为一种含义超越狭义法律范畴之表达的一个示例。此种批判意义上的法律方法论可以与社会建构主义相提并论，作为社会科学中的一个特殊流派，其本体论方法是：法律作为一种社会建构，本质上承载了价值。[63] 在此意义上而言，选择采用定性研究方法来获得专家的见解，符合当前法律研究的基本假设。这些假设包括：只有在符合共同经验的情况下，才有可能对事实做出令人信服的描述，比如我们都坚信基本权利与我们所有人息息相关。[64]

---

[61]　R. Cryer et al. Research Methodologees in EU and International Law（Oxford：Hart，2011）at p. 45.

[62]　G. Walt Health Policy：An Introduction to Process and Power 5th edn（Zed Books，London：2001）；also see Greer（2009）supra note 41.

[63]　D. della Porta and M. Keating "How Many Approaches in the Social Sciences? An Epistemological Introduction" in D. della Porta and M. Keating（eds.）Approaches and Methodologies in Social Sciences：A Pluralist Perspective（Cambridge：Cambridge University Press，2008）.

[64]　定量研究中的假设通常是现实主义的，即我们可以了解这个世界，以及对社会的存在进行客观的事实发现是可能的；see L. Snape and L. Spencer "The Foundations of Qualitative Research" in J. Ritchie and J. Lewis（eds.）Qualitative Research Practice（London：SAGE，2003）.

这些基本假设对研究设计和本书结构有一定影响。我们假定，为了描述欧盟在健康法律和政策方面日益增长的权力，需要进行重构或解释，就像法律的存在和"发现"是一个法律解释问题一样。[65] 然而，对社会事实的可能的共同解释，如法律和政策在特定领域的作用，可以对此种社会建构做出相当令人信服的解释。[66] 在此意义上而言，纯粹的教义学的法律方法，即研究材料仅限于正式法源及其法律解释的方法，将不会考虑形塑欧盟健康政策之法律安排的社会背景，或者法律规范形塑欧盟健康政策所处之社会背景的方式。概言之，本书对欧盟在人体健康领域的权力进行了广义的概念化，并与基于权利的分析框架相结合，进行了两项超越严格法律规范的案例研究，其中一项有关公共健康，另一项有关医疗保健。

一 法律分析框架：超越可诉性（justiciability）的基本权利

本书第二章勾勒了一个规范性法律框架，用于分析欧盟参与人体健康的合法性。该框架十分全面，其既可以容纳对通过欧盟健康政策促进和保护基本权利的分析，也可以延伸至基本权利作为共同价值之表达的意义。当前的研究已经对建立一个基于权利的框架来解决欧盟参与健康领域之合法性问题的重要性进行了讨论，并产生了一些重要著作。[67]

本书所建立的分析框架范围广泛，超越了"正式"意义上的、可诉的基本权利。[68] 一方面，在分析欧盟在健康领域的权力合法性时，基本权利作为界定个人和公众权利以及欧盟和成员国各自义务的一种方式，发挥着基准的作用。另一方面，基本权利的功能在于表达与健康政策相关的欧洲共同价值，以帮助分析欧盟在健康领域可能不创设法律义务的权力行使；在这种情况下，基本权利不一定是可诉的。

---

[65] 相比之下，定量研究设计的特点是使用变量、对客观现实的中立性主张、演绎推理、检验假设、概率和预测。至于研究方法，定量研究可能会使用实验、封闭式访谈、调查问卷等方法。

[66] See Snape and Spencer（2003）supra note 64 at p. 15.

[67] T. K. Hervey "We Don't See a Connection: The 'Right to Health' in the EU Charter and European Social Charter" in G. de Burca and B. de Witte（eds.）Social Rights in Europe（Oxford: Oxford University Press, 2005）; Hervey（2003）supra note 16; Hervey and McHale（2004）supra note 6; McHale（2012）supra note 14. Also see Kosta, supra note 60, 其结论为对某些立法采取基于权利的方法，实际不会对其结果产生很大影响。

[68] 该框架的具体范围将在本书第三章中详细讨论。

之后的第三章和第四章讨论了欧盟在健康领域的权力增长。第三章从实质上探讨了欧盟的健康法律和政策，第四章讨论了欧盟的机构扩张。两章都旨在通过使用法律和历史材料，并通过分析和比较一系列解释理论，最终将欧盟健康法律和政策概念化。

二 案例研究：公共健康和医疗保健

第五章和第六章进行了两项广泛的案例研究：一项属于欧盟公共健康领域，另一项属于医疗保健领域。选择这些案例是为了探索欧盟在健康政策方面的权力增长对基本权利的影响，以公正地反映欧洲健康政策的"真实世界"的复杂性。[69] 所选案例主要说明了欧盟健康政策的不同扩张方式，并考察了欧盟健康政策与基本权利之间的关系。案例研究的使用也使得本书的重点更加集中，即主要聚焦于欧盟健康政策的两个职能领域，以及这些领域与正式立法程序和法律规则之间的相互联系。

通常而言，案例研究是缩小研究范围的适当工具。案例研究是"对单个单元的更深入的研究，目的是阐明与更广泛的单元类别有关的问题"[70]。因此，案例研究极其适合于在不试图详尽无遗的情况下，对一个相对较新的政策领域进行一定深度的探索和描述，[71] 尤其是因为其可以使用各种数据来源对一个"单元"进行探索。[72] 这意味着，除了较窄的关注焦点之外，案例研究还允许以跨学科的方式研究欧洲健康政策，而不假定会对所有欧盟健康政策进行详尽分析。换言之，通过阐述和分析职能政策领域内的两个具体案例，可以更详细地探讨欧洲健康政策在法律上和经验上的扩张方式以及其对基本权利的影响。

本书的一个主要出发点是采用了健康"政策制定"的视角，而非更为严格的通过正式立法程序进行的"法律制定"视角。采用这一视角的根本原因在于，欧盟健康政策所涉及的内容远远超出了《欧盟运行条约》第 168 条规定的立法权限能够解释的范围。故此，第五章、第六章中选取的案例研究了欧盟在人体健康方面扩张权力的不同方式，以及机构行动者

---

　　⑥9　R. K. Yin Case Study Research: Design and Methods (Thousand Oaks, CA: SAGE, 2003).

　　⑦0　J. Gerring "What Is a Case Study and What Is It Good for?" (2004) American Political Science Review 98 (2) 341-354 at p. 344.

　　⑦1　J. Gerring Case Study Research, Principles and Practices (Cambridge: Cambridge University Press, 2007) at p. 39; Yin (2003) supra note 69 at p. 13.

　　⑦2　Gerring (2007) supra note 69.

在其中扮演的角色。更确切地说，这些案例研究的第一项（程序性）选择标准是它们能够说明欧盟健康政策制定之（法律）实践的不同方面。这些不同方面包括：在欧洲层面参与健康政策制定的机构行动者；相关的立法或政策制定程序；所创设之政策的（法律）性质。该标准非常重要，因为基本权利的部分功能是合法地限制公权力。就此而言，基于该标准的案例阐析有助于理解欧盟机构参与的广度，而其中基于权利的分析则可以使我们深入了解欧盟健康政策的合法性。

案例研究的第二项（实体性）选择标准则是案例从实质上说明了健康政策的一个重要方面，即对基本权利的可能影响。该标准之重要在于，据此选取的案例说明了基本权利的另一项功能，即为欧洲政治体系的合法性提供解释和支持。在此方面，基于权利的分析说明了权利和价值在欧盟和成员国层面因欧盟健康政策而受到影响之处。

（一）公共健康：传染病的暴发

第五章关于欧盟健康政策和法律的案例研究着眼于传染病暴发的事件以及欧洲层面对此的反应。具言之，该案聚焦于 2009—2010 年为遏制猪流感（甲型 H1N1 流感）的蔓延而采取的对策。通常而言，传染病控制是公共健康政策的一个典型和核心的方面。[73] 在欧盟层面，各种政策工具都会在应对公共健康突发事件尤其是应对传染病时发挥作用。在主要的欧盟法律中，《欧盟运行条约》第 168 条第 1 款确立了欧盟在公共健康应急中的角色：

> 欧盟的行动……应当包括通过促进对重大健康灾祸之原因、传播和预防的研究对抗重大健康灾祸，健康信息和教育，以及监测、预警和抗击严重的跨境健康威胁。

该规定已经被转化为欧盟的次级法律，并涉及欧洲疾控中心（European Centre for Disease Control，ECDC）。不过，欧盟层面对疾病暴发的应对也涉及欧洲药品管理局（European Medicines Agency，EMA）和中央药品监管中的特定规范。与此同时，成员国往往倾向于进行非正式协

---

[73]　S. Greer and P. Kurzer（eds.）European Union Public Health Policy：Regional and Global Trends（New York：Routledge，2013）；also see G. Rosen A History of Public Health（Baltimore，MD：Johns Hopkins University Press，1958）.

调，以及在欧盟理事会和欧盟委员会主持的危机会议上进行协调。因此，该案例研究说明了对公共健康突发事件的应对可以通过将政策实践与法律相联系，为从法律上扩张欧盟的健康政策提供基础。

就第二项（实体性）标准而言，猪流感案显示了基本权利在健康权和个人权利方面受到的潜在影响。在公共健康突发事件中，公共机构一般有义务"做点什么"并保护民众。上文所引的《欧盟运行条约》第168条的规定即为适例。一般而言，传染病控制有可能广泛地涉及健康权，而对公共健康突发事件的应对则可能更具体地涉及获得医疗保健的权利。关于后者的一个例子是，公共机构在传染病大流行期间决定哪一人群能够获得特定的救命药物或治疗。此外，为了保护民众，诸如强制疫苗接种或隔离这样的措施可能影响个人权利。据此，猪流感暴发的案例通过对公共健康突发事件之应对措施的基于权利的分析，说明了欧盟健康政策的影响。

（二）医疗保健：医疗服务的可及性

第六章中的第二个案例从法律角度说明了正式立法过程如何为进一步的政策制定以及最终的法律提供温床。在欧盟健康领域，这方面的一个主要例子是《患者权利指令》（the Patients Rights' Directive）的通过，[74] 该指令提出了创设欧盟层面的医疗服务可及性这一争议事项。医疗服务可及性的创设影响着医疗服务的提供，以及一个政治体系将医疗保健作为一项福利待遇提供给广大民众的能力，是一个高度敏感的政治议题。[75] 成员国层面的医疗保健政策涉及对医生、医院和其他医疗保健服务之可及性的创设。社会保险的组织和管理以及成本控制战略正是国家医疗保健体系的核心内容。

第七章则特别聚焦于通过《患者权利指令》的过程和动态、不同的欧盟机构行动者的参与以及所使用的政策机制。因此，在案例选择的第一项（程序性）标准方面，对欧盟参与跨境医疗保健服务的案例研究说明了政策话语可以如何在正式立法程序的背景下发展。本章不仅展示了获得跨境医疗服务的法律问题，而且还着重介绍了创设欧洲层面医疗服务可及性的机构进程。跨境医疗服务指令的通过包含欧盟委员会的一些不同的总

---

[74]　Commission Proposal for a Directive of the European Parliament and of the Council on the Application of Patients' Rights in Cross-Border Healthcare ［COM（2008）414 final］.

[75]　A. de Swaan In Care of the State: Health Care, Education and Welfare in Europe and the USA in the Modern Era（New York: Oxford University Press, 1988）.

局、欧盟委员会主持下的不同的成员国（非）正式协调小组以及欧盟理事会内部的机构行动者。

就第二项（实体性）标准而言，跨境医疗案总体上表明，获得医疗服务费用补偿的法律可能性可以影响获取医疗保健服务的权利。然而，就医疗服务的质量和安全而言，跨境医疗服务指令的通过也可能对健康权产生影响。另外，在个人权利方面，知情同意、人之尊严、生命权、隐私权于提供医疗服务场合具有潜在的相关性。

三　资料来源：不限于法律

本书的资料来源是法学研究的标准资料源，[76] 具体包括立法文件（包含欧盟基础立法和次级立法）以及非立法性的欧盟行动和欧盟法院与欧洲人权法院的判例法，必要情况下还包括世界卫生组织（WHO）等国际组织的政策文件。为了做出尽可能深入的叙述，本书还使用了其他可公开获取的资料，包括欧盟专门机构和其他（国家）行动者的政策研究、欧盟的统计信息、欧盟委员会的通信和欧盟理事会的审议。

另外，作为定性社会研究方法的一部分，本书还在案例研究中使用了专家访谈的资料。专家访谈有助于深入了解形塑欧盟健康政策的背景和过程，[77] 其目的是重建关于欧盟健康政策某一方面的具体专业知识。对于案例研究而言，所选择的专家有能力提供关于欧盟健康政策制定的独家知识，这些知识主要面向问题的解决。[78] 因此，所选择的受访者拥有关于某一特定主题的专业知识，这有助于理解与其中某一案例研究有关的健康政策制定的真实世界，而且受访者在某一特定机构或行动者中的地位，也使得其在欧盟各机构行动者中具有广泛的代表性。就此而言，本书包含欧盟委员会、欧盟理事会、欧洲议会和欧盟专门机构中的一些专家的访谈资料。最好的情况是，这些专家是能够讨论所有案例研究的真正的欧盟

---

[76]　M. McConville and W. H. Chui（eds.）Research Methods for Law（Edinburgh：Edinburgh University Press，2007）；and see Cryer et al.（2011）supra note 61.

[77]　专家访谈是一种有其自身方法论目的的特殊访谈。专家访谈服务于定性研究，因为其目的在于重建特定的"知识储备"。See B. Littig "Interviewing Elites— Interviewing Experts：Is There a Difference? Methodological Considerations" in A. Bogner，B. Littig，and W. Menz（eds.）Expert Interviews（London：Palgrave Macmillan，2009）.

[78]　See B. Littig "Interviewing Elites— Interviewing Experts：Is There a Difference? Methodological Considerations" in A. Bogner，B. Littig，and W. Menz（eds.）Expert Interviews（London：Palgrave Macmillan，2009）.

"健康专家"。

第五节　辅助性原则和基本权利的平衡

最后的第七章将不同的章节整合在一起，从基本权利的角度分析了欧盟在人体健康领域的权力扩张——包括医疗保健和公共健康领域。尤其是该章总结道，欧盟事实上正在平衡与健康有关的基本权利和价值，隐含性地承担着保障健康领域基本权利的义务，并影响着个人权利，尽管有时并无明确的法律权限。由于无法质疑欧盟在人体健康方面的权力行使，这揭示了欧盟健康政策对基本权利的影响。

第七章还聚焦于欧盟辅助性原则在划分成员国与欧盟之任务和职能权力方面的角色。条约中辅助性原则的法律功能与欧盟在人体健康领域事实上的权力扩张，以及该权力扩张对健康相关的基本权利和价值的影响，形成了鲜明对比。这就引出了一个问题：对于成员国之间的权力和任务的划分，辅助性原则是否仍然是最重要的法律原则，特别是当欧盟的政策和法律涉及医疗保健和公共健康这类政治敏感领域之时。鉴于欧盟在人体健康事项上的参与越来越多，该问题为继续讨论欧盟在促进其自身价值和人民福祉方面的角色确定了参数。[79]

---

⑦⑨　《欧洲联盟条约》第 2 条。

第二章　欧盟人体健康领域的权利和价值

享有可达到的最高标准的健康是每个人的基本权利之一。[①]

在调整人体健康方面，基本权利在国内和国际法律制度构建中的重要性与日俱增。本书系从基本权利的角度审视欧盟人体健康法律和政策之权力扩张的影响，本章则为该项分析确立了框架。法律在医学和健康领域并不总是发挥核心作用。[②] 直到第二次世界大战和纽伦堡医生审判（1947）之后，法律的作用才开始增长。其中，防止以医学名义犯下的暴行重演，成为后来有关患者权利和生物伦理学之法律的指导原则。[③] 战后，健康法作为一个法律领域在欧盟各成员国得到了发展，并使法律、生物伦理和基本权利在医学与公共健康领域取得了平衡。[④] 欧盟基本权利保护在公共健康和医疗保健方面的作用，随着多层次治理和诉讼（国内、国际、欧洲委员会和欧盟）的增长而发展。

---

① Constitution of the World Health Organization, New York 22 July 1946（Off. Rec. Wld Hlth Org. 2, 100）entered into force on 7 April 1948.

② D. Giesen International Medical Malpractice Law：A Comparative Study of Civil Responsibility Arising from Medical Care（Tubingen：Mohr, 1988）.

③ J. K. Mason and G. T. Laurie Law and Medical Ethics（New York, Oxford：Oxford University Press, 2006）. Andreas Frewer "Human Rights from the Nuremberg Doctors Trial to the Geneva Declaration. Persons and Institutions in Medical Ethics and History"（2010）Medicine, Health Care and Philosophy 13 259.

④ 本章立基于并反思了作者此前的一篇文章：A. de Ruijter "The Impediment of Health Laws" Values in the Constitutional Setting of the EU' in T. K. Hervey, Calum Alasdair Young, and Louise Bishop（eds.）Research Handbook on EU Health Law and Policy（Cheltenham：Edward Elgar, 2017）< http：//www. e-elgar. com/shop/research-handbook-on-european-union-health-law-and-policy > accessed 28 March 2017。

第一节　人体健康政策和法律中权力运用的合法化

本书的一个核心焦点是欧盟在制定健康法律和政策方面日益增长的权力，以及运用这一权力对基本权利所产生的影响。"权力"并非一个无争议的概念，尤其是在欧盟。权力的经典概念系由拉斯维尔（Lasswell）在20世纪30年代所提出，其所指为"谁在何时以何种方式得到了什么"⑤。在该定义中，价值（即人们所欲求的东西，如权利、经济收益、保护等）的分配方式取决于权力。公权力或"公共权威"（public authority），是指在特定政治体系中以政治程序为基础的权力。为了把握欧盟在健康领域的权力扩张，欧盟的政治体系可以被视为权威性地分配健康方面的"价值"。如政治学家伊斯顿（Easton）所描述的那样，政治体系指参与社会中此种价值分配的机构和程序。⑥对这些价值的分配，是公共权威（公权力）创设、授予或否认这些价值的程序。而分配价值的方式之一则是通过法律和政策的制定及修改程序。⑦

因此，欧盟政治体系中与人体健康相关的权力，是指欧盟制定能够改变欧洲人在人体健康方面之（法律）地位的法律和政策的权威与能力。该权力包含在法律或事实上影响、改变或限制成员国健康法律和政策的能力。此处的问题在于，我们如何描述欧盟在公共健康和医疗保健领域之权力增长的影响？与基本权利的联系在此至关重要，因为基本权利在宪法中发挥着制衡公权力的作用。

欧盟成员国内部的公权力系由其宪法创设。宪法一般性地授予和限制公权力，并确定保护个人免受国家之侵犯的权利。与成员国不同，欧盟并没有一部成文的宪法。欧盟的综合法律秩序具有宪法意义，其意味着随着时间的推移，欧盟法律和政策的制定已经以获得宪法地位的法律和法律原

---

⑤　H. D. Lasswell Politics：Who Gets What，When，How（New York and London：Whittlesey House/McGraw-Hill，1936）.

⑥　这些价值可能具有客观形式，能够以服务的形式出现，也可能指伦理或形而上的价值。D. Easton "An Approach to the Analysis of Political Systems"（1957）World Politics 9（3）383-400 at p. 384.

⑦　D. Easton "An Approach to the Analysis of Political Systems"（1957）World Politics 9（3）383-400 at p. 384；also see G. Walt Health Policy：An Introduction to Process and Power 5th edn（Zed Books，London：2001）.

则为指导。⑧ 在健康法中居于核心位置的一个经典宪法问题是，如何在保护个人权利的同时确保对广大公众的健康保护。基本权利在此方面具有核心地位。⑨ 换言之，健康法的一般原则为：在评估（公共机构或医学专业人员）于该领域行使权力的合法性时，基本权利在平衡权力行使与个人权利保护之间发挥着核心作用。此外，在人体健康领域，生物伦理学指引着临床和公共健康的实践。生物伦理学是阐述法律原则和临床原则的基础，这些原则通常由法律予以颁布，但有时也在专业标准以及公共健康和医疗保健的组织安排中有所体现。⑩

　　使用"基本权利"而非"人权"一词，并不是为了表明某项人权比其他人权更为"基本"。相反，其所指的是目标相似但作为欧盟法事项适用的权利。与其相比，"人权"可能具有更广泛的（国际性的）或更抽象的意涵。⑪ 就此处的目的而言，在欧盟的背景下谈论"权利"就是指基本权利的实践，因为这些权利系被用于平衡欧盟政策的合法性与针对成员国、欧盟机构所提的或者某些情况下甚至在横向、私人关系中所提的法律权利主张。⑫ 基本权利对于欧盟尤其重要，因为其不仅合法地限制了欧盟机构的裁量权，而且能够被视为欧盟政治和法律体系存在的理由。⑬ 此外，由于欧盟一体化的某些方面被认为是"基于权利的"一体化，而非

---

⑧　Deirdre Curtin Executive Power of the European Union, Law, Practices and the Living Constitution (Oxford: Oxford University Press, 2009).

⑨　J. M. Mann et al. "Health and Human Rights" (1994) Health and Human Rights: An International Quarterly Journal 1.

⑩　O'Neill Autonomy and Trust in Bioethics (Cambridge: Cambridge University Press, 2002) 73 (其解释道，"政治上的合法性不足以证成基本权利的伦理正当性"）。But see S. Bagatur "Toward a Democratic Conception of Human Rights" (2014) Theoria and Praxis 2 (1) <http://theoriandpraxis. journals. yorku. ca/index. php/theoriandpraxis/article/view/39372 > accessed 22 June 2016; T. L. Beauchamp and J. F. Childress Principles of Biomedical Ethics (7th edn, Oxford: Oxford University Press, 2012).

⑪　R. Alexy "Discourse Theory and Fundamental Rights" in A. J. Menendez and E. O. Eriksen (eds.) Arguing Fundamental Rights (Dordrecht: Springer, 2006) at p. 17.

⑫　European Commission, Report from the European Commission to the European Parliament, the Council, the European Economic and Social Committee and the Committee of the Regions, 2013 Report on the Application of the EU Charter of Fundamental Rights [COM (2014) 224 final]; C. Mak Fundamental Rights in European Contract Law: A Comparison of the Impact of Fundamental Rights in Contractual Relationships in Germany, the Netherlands, Italy and England (The Hague: Wolters Kluwer, 2008) at p. 6.

⑬　A. von Bogdandy "The European Union as a Human Rights Organisation? Human Rights and the Core of the European Union" (2000) Common Market Law Review 37 1307-38.

"单纯的"市场一体化，因此，基本权利的保护和促进可以表明欧盟政治体系在一定程度上的"宪法化"。⑭

一　基本权利与健康法律和政策的互动

人体健康被描述为"人类生活最重要的条件之一，也是我们有理由珍视的人之能力的一个至关重要的组成部分"，其受健康政策的直接影响。⑮ 在基本权利于健康领域的适用中，生物伦理学的价值相互交织。在保障人类福祉的目标上，健康和基本权利提供的保护可以被视为具有互补性。⑯ 与此同时，保护基本权利和保护健康的政策之间可能会发生冲突：健康政策可能会影响基本健康权利，而反过来，（不）保护基本健康权利则可能会影响健康。此种错综复杂的关系需要在政策选择和个案中进行仔细平衡。因此，有些学者认为，健康法是基本权利法的特别法。⑰

正如第一章中所介绍的那样，依据相关文献，基本权利与健康之间的关联在 20 世纪 80 年代艾滋病毒／艾滋病大流行的过程中变得愈加突出。⑱ 健康和权利之间的联系最初系由乔纳森·曼（Jonathan Mann）和其他研究者所提出，他们观察到侵害人权可能会损害人体健康，但与此同时，对人体健康的保护和改善本身又可以被视为一项基本权利，从而得出了一项假设，即"促进和保护权利与健康密不可分，并且需要……大量的创造

---

⑭　A. Stone Sweet and K. Stranz "Rights Adjudication and Constitutional Pluralism in Germany and Europe" (2014) Journal of European Public Policy 19 92−108；A. von Bogdandy et al. "Reverse Solange：Protecting the Essence of Fundamental Rights Against EU Member States" (2012) Common Market Law Review 49 489−520；E. Muir "Fundamental Rights：An Unsettling EU Competence" (2014) Human Rights Review 15 25−37；B. Rittberger and F. Schimmelfennig "The Constitutionalization of the European Union：Explaining the Parliamentarization and Institutionalization of Human Rights" in S. Meunier and K. R. McNamara (eds.) The State of the European Union (Oxford：Oxford University Press，2007)；C. Mak "Europe−Building Through Private Law：Lessons from Constitutional Theory" (2012) European Review of Contract Law 2 326−41.

⑮　A. Sen "Why Health Equity?" in S. Anand et al. (eds.) Public Health，Ethics，and Equity (Oxford：Oxford University Press，2004) at p. 23.

⑯　Mann et al. (1994) supra note 9.

⑰　I. Kennedy and A. Grubb Medical Law (London：Butterworths，2000)；but see K. Veitch The Jurisdiction on Medical Law (Aldershot：Ashgate，2007).

⑱　S. Gruskin and D. Tarantola "Health and Human Rights" in S. Gruskin et al. (eds.) Perspectives on Health and Human Rights (New York：Routledge，2005)；J. M. Mann and D. Tarantola "Responding to HIV/AIDS：A Historical Perspective" (1998) Health and Human Rights：An International Quarterly Journal 2 (4) 5−8；see Mann et al. (1994) supra note 9.

性探索和严格的评估"[19]。在此方面，基本权利与健康政策之间的关系是相互的。一方面，促进、忽视或侵犯基本权利会影响健康。对此，我们只要想想医生参与酷刑行为就可以明白。不过，在此方面，也有一些不那么直接的例子，比如对患有某种疾病、精神失常、吸毒、感染艾滋病毒的人的歧视，以及公共健康计划不平等的可及性和有限的药品可获得性。另一方面，从反向而言，健康政策对于保护基本权利也可能具有影响。一个显著的例子是强制疫苗接种计划或隔离政策，以及一个不充足的医疗体系可能会在特定情况下影响基本权利。[20]

然而，在法学研究之外，健康政策与基本权利之间的联系已经被许多国家和一些国际组织所接受，并纳入其法律之中。金尼（E. D. Kinney）和克拉克（B. A. Clark）2004 年的研究发现，全球范围内有 67.5%的宪法当中包含对健康或医疗保健事项的规定。[21] 健康也是许多国际人权文件的组成部分，包括《1948 世界人权宣言》（*the 1948 Universal Declaration of Human Rights*）（第 25 条）、《联合国经济、社会和文化权利公约（1966）》（*the 1966 UN International Covenant on Economic，Social and Cultural Rights*）。[22] 另外，尽管国家宪法对健康的提及并不总能建立健康和基本权

---

[19] See e. g. L. O. Gostin and J. M. Mann "Towards the Development of a Human Rights Impact Assessment for the Formulation and Evaluation of Public Health Policies" (1994) Health and Human Rights：An International Quarterly Journal 1 (1) 50 – 78; Mann et al. (1994) supra note 9; A. Alfredsson and K. Tomasevski (eds.) A Thematic Guide to Documents on Health and Human Rights (The Hague：Martinus Nijhoff, 1998); S. S. Fluss "A Select Bibliography of Health Aspects of Human Rights 1984–1999" (1999) Health and Human Rights：An International Quarterly Journal 4 265–76; B. Toebes The Right to Health as a Human Right in International Law (Amsterdam：Hart/Intersentia, 1999); K. Tomasevski "Health Rights" in A. Eide et al. (eds.) Economic, Social and Cultural Rights (Dordrecht：Martinus Nijhoff, 1995); A. Hendriks "The Right to Health in National and International Jurisprudence" (1998) European Journal of Health Law 5 389–408. 此类文献的综述，以及关于健康和基本权利之相互联系的立法和政策发展，see Gruskin and Tarantola (2005) supra note 18。

[20] S. Gruskin et al. "Health and Human Rights：History, Principles and Practice of Health and Human Rights" (2007) The Lancet 370 449–55; G. J. Annas "Human Rights and Health：The Universal Declaration of Human Rights at 50" (1998) The New England Journal of Medicine 339 (24) 1778–81.

[21] E. D. Kinney and B. A. Clark "Provisions for Health and Health Care in the Constitutions of the Countries of the World" (2004) Cornell International Law Journal 37 285–355 at p. 291.

[22] Universal Declaration of Human Rights (UDHR) United Nations General Assembly in Paris on 10 December 1948 General Assembly Resolution 217 A (III); United Nations, International Covenant on Economic, Social and Cultural Rights, General Assembly Resolution 2200A (XXI) of 16 December 1966, Entry into Force 3 January 1976, Article 12; United Nations, Convention on the Rights of Persons with Disabilities (CRPD) New York, 13 December 2006.

利的直接联系，因为一些宪法只是将健康作为一项公共期待或者对公共机构职责的声明予以提及，[23] 但大多数国家至少已经通过批准一项或两项国际人权条约承认了某种基本健康权利。[24] 表2.1罗列了众多国际人权文件以及其所包含的可能与健康相关的权利。[25] 虽然某些权利在不同的法律文件中可能会有重合，但这并不表示其法律效果和地位类似，因为这取决于相关国际组织的类型和性质以及该组织的实施和执行机制。

承认侵犯基本权利可能有害于健康，以及追求健康政策可能对基本权利有影响，带来了两种可能的评估方式。一种方式是基本权利可以为讨论健康政策的合法性提供一个框架。这一点考虑了健康政策促进或侵犯基本权利的方式，无论是由于健康政策的设计方式还是执行方式。另一种方式则是研究侵犯或不尊重基本权利如何影响健康和福祉。[26]

在健康方面，有一些基本权利极为重要。如表2.1所示，这些权利包含一系列的"消极"和"积极"权利。[27] 本章下一节将对健康相关权利的不同性质进行讨论。下文中基本权利的类别或"代际"只是作为构建研究分析框架的一种方法。然而，该框架的基本假设是基本权利的不可分割性，其被欧盟采用的基本权利目录的一般广泛范围所强调，反映了"如果没有相关的社会权利，个人权利便无法充分享有"的观念。[28]

---

[23]　See Kinney and Clark （2004） supra note 21 at p. 290.

[24]　World Health Organization and Office of the United Nations High Commissioner for Human Rights "The Right to Health" （2004） WHO Factsheet No. 31 at p. 1.

[25]　其中不包括《欧洲人权公约》，鉴于其在对欧盟的适用性方面格外重要，本书将之列入了表2.3。

[26]　See Gruskin and Tarantola （2005） supra note 18.

[27]　下一节将对此进行深入讨论。

[28]　T. K. Hervey "The Right to Health in European Union Law" in T. K. Hervey and J. Kenner （eds.） Economic and Social Rights Under the Charter of Fundamental Rights （Oxford: Hart, 2003） at p. 194 （Hervey 认为公民权利和政治权利也带来了经济负担，并且其实质内容在许多方面都没有得到充分确定）; ibid. at p. 195; also see S. Douglas-Scott "The European Union and Human Rights after the Treaty of Lisbon" （2011） Human Rights Law Review 11 （4） 645 - 82 at p. 651. Also see R. Alexy "Discourse Theory and Fundamental Rights" in A. J. Menendez and E. O. Erkisen （eds.） Arguing Fundamental Rights （Dordrecht: Springer, 2006）; and see P. Alston and J. H. H. Weiler "An 'Ever Closer Union' in Need of a Human Rights Policy: The European Union and Human Rights" （1998） European Journal of International Law 9 658-723。

表 2.1　　　　　　　　　与健康有关的国际人权文件和规定

权利/原则	联合国的规定 *	所涉健康话题
生命权	UDHR 第 3 条	堕胎 临终问题，安乐死 通过公共健康措施保护生命 调查死亡的职责 环境监控威胁
尊严	UDHR 第 1 条	临终问题，医疗保健服务的可及性，老年人和失能人员护理
禁止酷刑以及不人道和有辱人格的待遇	UDHR 第 5 条；CAT；ICCPR 第 7 条；CRPD 第 15 条	对精神残疾者的监禁 因犯医疗保健服务的可及性强奸，性虐待 医疗保健服务可及性的不当拖延
隐私和家庭生活	UDHR 第 12 条；ICCPR 第 17 条；ICESCR 第 10 条；CEDAW 第 16 条；CRC 第 16 条；CRPD 第 12、13 条	生理和心理完整，包括医疗 干预场合的个人自主权 个人数据的保护，医疗档案的保密 禁止强制使用避孕药具、非自愿绝育或堕胎
家庭生活，组建家庭	UDHR 第 16 条；ICCPR 第 23 条；CERD 第 5（d）（iv）条；CEDAW 第 16 条；CRC 第 8、9 条	禁止强制使用避孕药具、非自愿绝育或堕胎 生殖治疗的可及性
信息和参与	UDHR 第 19 条；ICCPR 第 19 条；CRC 第 13、17 条；MWC 第 13 条；CRPD 第 21、29、30 条	医疗相关信息的可及性知情同意
救济的可及性	UDHR 第 8 条；CRPD 第 13 条	医疗过失责任；对健康部门失职或滥用职权的问责（监督和检查）
健康，包括生殖健康	ICERSCR 第 12 条；CEDAW 第 12 条；CRC 第 24 条；CERD 第 5 条；MWC 第 28、43、45 条；CSR 第 24 条；ILO 第 169 号公约第 25 条；CRPD 第 9、25、26 条	医疗保健服务和其他健康相关的（公共）健康服务的可及性 预防性保健服务的可及性 公共健康的保护 生殖健康 环境保护，因为其影响公共健康 职业健康 康复护理（关于残疾）
充足的生活标准	UDHR 第 25 条；ICESCR 第 11 条；CRC 第 27 条；CRPD 第 28 条	食物、住房和衣物的充分可及性
科学进步的益处	UDHR 第 27（2）条；ICESCR 第 15（2）（b）、15（3）条；《赫尔辛基世界气象组织宣言》	促进健康研究，包括为脆弱群体发展负担得起的诊疗
社会保障	ICESCR 第 9 条；CEDAW 第 13 条；CRC 第 26 条；CSR 第 24 条；MWC 第 27 条	社会保障作为健康的社会决定因素
母亲、儿童和家庭的保护	ICESCR 第 10 条	带薪和充足的产假 社会和家庭福利 保护儿童免受暴力侵害

续表

权利/原则	联合国的规定 *	所涉健康话题
食物	ICESCR 第 11 条	安全和有营养的食物 食物作为健康的社会决定因素
住房	ICESCR 第 11 条；CSR 第 21 条；CRPD 第 19 条	住房作为健康的社会决定因素 残疾人的独立生活
教育	ICESCR 第 12 条；CEDAW 第 10 条；CRC 第 28、29 条；MWC 第 30、43、45 条；CRPD 第 24 条	教育作为健康的社会决定因素 作为公共健康的性教育
就业	ICESCR 第 6、7 条；CEDAW 第 11 条；CSR 第 17、18 条；CRPD 第 27 条；ILO 第 25 号、第 38—71 号公约；MWC	职业健康 就业作为健康的社会决定因素

* 《1948 世界人权宣言》（UDHR）；《联合国禁止酷刑和其他残忍、不人道或有辱人格的待遇或处罚公约》（CAT），大会 1984 年 12 月 10 日第 39/46 号决议通过并开放签署、批准和加入，1987 年 6 月 28 日生效；《联合国公民权利与政治权利国际公约》（ICCPR），大会 1966 年 12 月 16 日第 2200A（XXI）号决议通过，1976 年 3 月 23 日生效；《2006 联合国消除所有形式种族歧视国际公约》（CERD），大会 1965 年 12 月 21 日第 2106（XX）号决议通过，1969 年 1 月 4 日生效；《联合国消除所有形式的针对女性的歧视公约》（CEDAW），1979 年 12 月 18 日于纽约通过，1981 年 9 月 3 日生效；《联合国儿童权利公约》（CRC），大会 1989 年 11 月 20 日第 44/25 号决议通过，1990 年 9 月 2 日生效。

资料来源：摘自 B. Toebes The Right to Health and Other Health-Related Rights, in Health and Human Rights in Europe（Cambridge：Intersentia, 2012）at p. 83。

第二节 人体健康领域的权利：从"代际性"到"不可分割性"

一 第一代权利和健康政策

得到最普遍承认的第一代基本权利与基本自由和不受干预的权利或"消极"人权相关。包括患者权利在内的消极健康权于第二次世界大战后获得法律上的承认，并成为患者面对医生的一项愈发重要的保障。[29] 后来，患者开始受制于越来越大的医疗保健系统和医院的官僚体系。随着时间的推移，医学在侵入人的精神和身体方面变得更加熟练，为应对医学上的重大进步，人"作为患者"（as a patient）享有的权利成为医学伦理和

---

[29] J. V. McHale "Fundamental Rights and Health Care" in E. Mossialos et al.（eds.）Health Systems Governance in the EU：The Role of EU Law and Governance（New York：Cambridge University Press, 2012）.

生物伦理的重要关切。[30]

患者权利的核心价值是个人自主权，并与尊重他人的个人自主权相平衡，如医生的自主权。[31] 个人的患者权利涉及身体的不可侵犯性、不接受违背自身意愿的诊疗的权利或知情同意的权利，这些表达了与个人健康、生命和死亡问题有关的权利。[32] 然而，保障个人权利的伦理基础作为医学专业实践的一部分，实际可以追溯到几个世纪以前。柏拉图在其《法律》中已经提到了自我决定的权利，指出如果患者是一个自由人，则医生只能在获得其同意的前提下方能提供诊疗。[33] 大约公元前5世纪的《希波克拉底誓言》（The Hippocratic Oath）是另一个例子，其考虑到了弱势患者相对于医生所享有的利益。[34] 而《纽伦堡法典（1948）》（the 1948 Nuremberg Code）的通过，则标志着迈向如今被大多数欧盟成员国在法律上予以承认的患者权利观念的第一步。《纽伦堡法典（1948）》列举了对人体进行生物医学研究的原则，这些原则系由纽伦堡审判的法官针对纳粹医生在集中营对人实施的残暴医学实验而确立。[35]

患者权利是个人权利的一个特殊子类别，但不是基本权利和健康之间的唯一联系。[36] 患者权利主要体现在医疗保健方面。相比之下，公共健康

---

[30] See H. J. J. Leenen "Health Law in the Twenty‐first Century" (1998) European Journal of Health Law 5 341-8; and see Anand et al. (eds.) (2004) supra note 15 at p. 3.

[31] 在医学伦理学中，医疗专业人员自主权和患者自主权之间的这一平衡通常体现为关于自主权与父爱主义的伦理学辩论，尤其是在涉及对无法做出个人决定的患者提供医疗服务之时。See J. K. Mason and G. T. Laurie Law and Medical Ethics (New York: Oxford University Press, 2006) at p. 9. 但这一哲学性的辩论在判例法中也有出现，see ECtHR Glass v. The United Kingdom Application No. 61827/00 9 March 2004。

[32] Anand et al. (eds.) (2004) supra note 15; also see Mason and Laurie (2006) supra note 31 at p. 4 et seq.

[33] Plato (360 bc) Laws Book XI available at < http: //classics. mit. edu/Plato/laws. 11. xi. html>and D. Giesen International Medical Malpractice Law: A Comparative Study of Civil Responsibility Arising from Medical Care (Tubingen: Mohr, 1988) at p. 3.

[34] S. H. Miles "Hippocrates and Informed Consent" (2009) The Lancet 374 (9698) 1322-3; also see A. de Ruijter "Patient Autonomy in Europe" in J. Rutgers (ed.) European Contract Law and the Welfare State (Groningen: Europa Law Publishing, 2010).

[35] See R. R. Faden and T. L. Beauchamp A History and Theory of Informed Consent (New York: Oxford University Press, 1986) at pp. 63, 155, and 186; also see M. R. Marrus "The Nuremberg Doctors' Trial in Historical Context" (1999) Bulletin of the History of Medicine 73 (1) 106-23.

[36] 因为仅具体就个人权利而言，也存在一些健康场景下个人权利不属于"患者"的例子，如堕胎或绝育的情形；see H. J. J. Leenen et al. The Rights of Patients in Europe (Geneva: World Health Organization, Kluwer, 1993) at p. 2。

方面对个人权利的影响主要是公共健康机构行使其职责的结果，在此过程中需要平衡个人权利与公众权利。[37] 其中，"少数人的权利"可能因为"多数人的利益"而受到限制。[38] 这可能会影响个人自主权，例如，在强制接种传染病疫苗或公共机构强制要求隔离的场合。

二　第二代权利和健康政策

第二代健康权与为群体提供援助的"积极"义务有关，涉及"成为病人的权利"（right to be a patient），尤其是获得医疗（保健）服务的权利。[39] 然而，社会经济权利在法庭上被认定为不可强制执行。例如，关于获得医疗保健服务的权利，可以认为由于资源稀缺，政府永远无法保证提供健康权的福利待遇，另外，这也将使法官变成政策制定者，并且破坏其他基本权利的合法性。[40]

与此同时，正如接下来将会详细讨论的那样，获得医疗保健服务的权利事实上已经得到了法院的承认，尤其是欧洲人权法院（European Court of Human Rights，ECtHR），其确立了个人权利与获得医疗保健服务权利之间的联系。[41] 此外，在正式的法律领域之外，社会健康权（social right

---

[37]　Gostin and Mann（1994）supra note 19.

[38]　Mann et al.（1994）supra note 9 at p. 15；also see ECtHR Soering v. United Kingdom Application No. 14038/88 7 July 1987 at para. 89；see too A. Muller "Limitations to and Derogations from Economic, Social and Cultural Rights"（2009）Human Rights Law Review 9（4）557–601 at p. 559.

[39]　H. Nys and T. Goffin "Mapping National Practices and Strategies Relating to Patients' Rights" in M. Wismar et al.（eds.）Cross–border Health Care in the European Union：Mapping and Analysing Practices and Policies（London：World Health Organization, European Observatory on Health Systems and Policies, 2011）at p. 160；M. San Giorgi The Human Right to Access to Health Care（Antwerp：Intersentia, 2012）.

[40]　R. C. Sunstein "Against Positive Rights" in A. Sajo（ed.）Western Rights？Post–Communist Application（The Hague：Kluwer, 1995）；but see R. C. Sunstein Designing Democracy：What Constitutions Do（New York：Oxford University Press, 2001），Particularly p. 222 et seq.；关于这场辩论的概况，详见 San Giorgi（2012）supra note 39 at p. 80 et seq。

[41]　欧洲人权法院在此方面并未对个人权利和社会经济权利做出严格区分，see ECtHR Airey v. Ireland Application No. 6289/73 9 October 1979（涉及通过国家财务资助实现公平审判的有效权利），尤其参见第 25 段："实现公约下的一项义务有时使得国家有必要采取一些积极行动；在此种情况下，国家不能只是简单地保持被动"；also see e. g. ECtHR Powell v. the United Kingdom Application No. 45305/99 4 May 2000（涉及 Powell 的儿子过失死亡，而官方机构未能对该事项予以调查），在判决书第 18 页中："法院承认不能排除官方机构在医疗保健领域的作为和不作为，在某些情况下可能涉及第 2 条积极部分项下的机构职责"；also see e. g. ECtHR Calvelli and Ciglio v. Italy Application No. 32967/96 17 January 2002 para. 48 et seq.；ECtHR Nitecki v. Poland Application No. 65653/01 21 March 2002（涉及获取药品的权利）。

to health）已被视为自由主义思想中关于正义的一项假设：

> 既然正义的根本问题涉及那些充分和积极地参与社会的人之间的关系……那么就有理由假设每个人的生理需求和心理能力都在某种正常范围之内。[42]

该假设不仅被转化为有关获得医疗服务权利的更深入的正义理论，[43]而且也被吸收到了成员国的宪法和基本权利文件之中。[44] 就此而言，认为健康相关的社会权完全不具有可诉性的假设太过于局限。[45]

与个人（患者）权利相似，在社会权利方面也存在医疗保健和公共健康两个相互分离的维度。医疗保健维度体现在获得医院和医疗服务提供者的权利上，系由社会保险的方式得以促进。获得医疗保健服务之社会权利的公共健康维度则体现在获得预防性保健服务或公共健康措施方面，如针对严重传染病的疫苗接种。[46] 不过，健康相关的社会权利假设的一个重要注脚是，在该"第二代"方法之中，获得医疗保健服务的权利被视为实现健康的一种方式。故此，合法性或正义的问题将聚焦于医疗保健服务的平等分配之上。[47] 然而，该观点近年来受到了批判，尤其在公共健康方面：[48]

> 哲学家在正义和健康方面的著作几乎都局限于医疗保健服务的分配事项上。但是，即使在医疗保健资源得到更公平分配的情况下，健康方面的社会不平等现象也依然存在。[49]

---

[42]　J. Rawls Political Liberalism （New York：Columbia University Press, 1993）at p. 172, also cited in Anand et al. （eds.）（2004）supra note 15 at p. 3.

[43]　N. Daniels Just Health：Meeting Health Needs Fairly （Cambridge：Cambridge University Press, 2008）.

[44]　McHale （2012）supra note 29.

[45]　San Giorgi （2012）supra note 39.

[46]　Toebes （1999）supra note 19；and see San Giorgi （2012）supra note 39.

[47]　Daniels （2008）supra note 43.

[48]　S. Marchand et al. "Class, Health, and Justice"（1998）The Milbank Quarterly 76 （3）449-67 at p. 450 ［其指出，受到关注的是医疗保健的分配，而非健康的分配（原文强调）］.

[49]　See ibid. at p. 451 （原文强调）.

从这个角度看，以纯粹的生物医学方法来处理公共健康问题，并将医疗保健权利作为改善公众健康的主要解决方法，是不可取的。[50] 相反，健康可以被视为一项基本的能力，因此正义问题将涉及社会确保实现健康这一目标的能力本身；医疗保健服务可及性的分配则是一个次要问题。依据该观点：

> 正义问题来自社会机构的全部实践和政策的运行，这些实践和政策无论是独立还是组合，都有可能对人类福祉的所有基本方面产生深远而普遍的影响。[51]

在法律的语境之下，该观点被转化为了"第三代方法"，即健康权包括获得医疗保健服务的权利。此种健康权更为广泛，且通常被视为一项与获得清洁环境之权利或者清洁水或食物之权利有关的权利。[52]

三　第三代权利和健康政策

健康权引发了针对公共健康问题的广泛应对方法。[53] 对第三代（或第三"波"[54]）健康权利的接受总体上也与"循证（evidence-based）健康政策"的不断发展有关，因为社会经济的不平等性、健康政策的后果以及在此方面识别并影响健康状况的数据，可以被视为表明某项健康政策是否合法的事实。[55] 这一情况反映在基于权利的健康政策方法的不同（国

---

[50]　T. Mann "Human Rights and the New Public Health" (1995) Health and Human Rights: An International Quarterly Journal 1 (3) 229-33.

[51]　M. Powers and R. Faden Social Justice: The Moral Foundations of Public Health and Health Policy (Oxford: Oxford University Press, 2008) at p. 5 and World Health Organization and Office of the United Nations High Commissioner for Human Rights (2004) supra note 24.

[52]　关于在人权方面使用"科层制"（hierarchy）的批判性意见，see T. Meron "On a Hierarchy of International Human Rights" (1986) American Journal of International Law 80 (1); Asbjorn Eide, The Right to Adequate Food as a Human Right (1987) United Nations Report prepared (E/CN. 4/Sub. 2/1987/23); Douglas-Scott (2011) supra note 28 at p. 651。

[53]　Toebes (1999) supra note 19.

[54]　See I. E. Koch Human Rights as Indivisible Rights (Martinus Nijhoff Publishers, Leiden: 2009) at p. 27.

[55]　See Toebes (1999) supra note 19; T. L. Beauchamp "Universal Principles and Universal Rights" in A. den Exter (ed.) Human Rights and Biomedicine (Antwerp: Maklu, 2010).

际）治理层次之上。(56)

四 迈向不可分割性

基本权利的不同代际说明了获得最普遍承认的权利的两面性，因为它们既表达了不受公共机构干预的权利，即不受干扰和不被触碰，同时也表达了获得援助的权利。这表明，将规定积极义务的权利类别与要求公共机构或医疗专业人员不作为的权利类别区分开来，是一种过于简单的划分。许多消极人权都要求某种形式的作为，而且重要的是，这同时也是国际人权实践中的一般做法。(57) 例如，人体不受侵犯的权利也需要公共机构的支持，以确保该权利获得保护。

在此方面，对于所有基本权利所做的积极义务和消极义务的区分，早在 20 世纪 80 年代就受到了质疑，因为有观点认为所有权利都为国家和公共实体创设了“尊重”基本利益、“保护”这些利益免遭非国家行动者的威胁，以及“救济”或“保护”基本权利被剥夺之受害者的义务。(58) 尽管消极权利和积极权利的划分具有相对性，但并非所有对健康有特殊影响的基本权利都能轻易成为法律诉讼的依据。(59) 例如，虽然世界卫生组织（以下简称世卫组织）已经发展出了一套用于评估政府是否实施了基于权利的健康政策方法的指标，具体包括对可获得性（availability）、可及性（accessibility）、可接受性（acceptability）和质量（quality）的评估，(60) 但依据国际人权法，要求国家对未提供这些基于权利的政策的“核心内容”负责，则完全是另一回事，而且在许多情况下可能无法实现。(61) 与此同

(56) 世卫组织 2006—2015 年的全球健康议程在一些方面反映了此种方法的政策优先地位。See Toebes（1999）supra note 19. World Health Organization and Office of the United Nations High Commisisoner for Human Rights（2004）supra note 24 at p. 29；also see S. Gruskin et al. “Rights-based Approaches to Health Policies and Programs：Articulations，Ambiguities，and Assessment”（2010）Journal of Public Health Policy 31（2）129-45.

(57) See generally M. Langford（ed.）Social Rights Jurisprudence：Emerging Trends in International and Comparative Law（Cambridge：Cambridge University Press，2008）；Sunstein（2001）supra note 40 at p. 222.

(58) See Eide（1987）supra note 52；Toebes（1999）supra note 19；and see World Health Organization and Office of the United Nations High Commissioner for Human Rights（2004）supra note 24.

(59) 关于医疗保健权的可诉性，参见 San Giorgi（2012）supra note 39，本书第五章；关于健康权的可诉性，参见 Toebes（1999）supra note 19，本书第六章。

(60) See generally Gruskin et al.（2010）supra note 56.

(61) 关于该方面的国际可能性，see Toebes（1999）supra note 19 at p. 291 et seq.；but see Hervey（2003）supra note 28 at p. 200（其主张 Toebes 的“核心内容”方法对于欧盟而言可能过于狭窄）。

时，使用基于权利的框架来分析国家、区际或国际健康政策，也是理解和评估这些健康政策对个人之影响的一个有用工具。[62]

第三节　人体健康领域的欧盟基本权利框架

欧盟基本权利演化的第一步是在欧盟法院的判例法中发展一般原则，其借鉴了成员国共同的宪法传统以及成员国参与的国际基本权利法源，对《欧洲人权公约》（the European Convention on Human Rights，ECHR）具有特殊意义。[63] 随着 1992 年《马斯特里赫特条约》（the Treaty of Maastricht）的通过以及之后对其的修订，这些原则被纳入了《欧洲联盟条约》（the Treaty on European Union，TEU）之中。如今，它们与 2000 年 12 月在《欧盟基本权利宪章》（the Charter of Fundamental Rights of the EU，CFREU)[64] 中被首次宣布的基本权利并行存在，并且在《里斯本条约》2009 年生效之后具有了法律约束力。[65] 然而，欧盟法院最近也援引了《欧盟基本权利宪章》，并且直接引用了《欧洲人权公约》中的一些规定。[66]

目前，除了欧盟法的一般原则外，《欧盟基本权利宪章》（以下简称《宪章》）也属于欧盟的基础法源，[67] 欧盟还有一个基本权利专门机构和执行机制用于监督基本权利在所有欧盟政策中的"主流化"。[68] 在此方面，

---

[62] L. London "What is a Human Rights Based Approach to Health and does it Matter?" (2008) Health and Human Rights: An International Quarterly Journal 10 (1) 1–15.

[63] Case 29/69 Erich Stauder v. City of Ulm Sozialamt [1969] ECR 00419; Case 11/70 Internationale Handelsgesellschaft mbH v. Einfuhr-und Vorratsstelle fur getreide und Futtermiddel [1970] ECR 1125; J. G. Jacobs "The European Convention on Human Rights, the EU Charter of Fundamental Rights and the European Court of Justice: The impact of European Union accession to the European Convention on Human Rights" in I. Pernice et al. (eds.) The Future of the European Judicial System in a Comparative Perspective (Baden-Baden: Nomos, 2006); Case C-540/03 European Parliament v. Council of the European Union (Family Reunification) [2006] ECR I-5769.

[64] Charter of Fundamental Rights of the European Union (2000/C 364/01), 18 December 2000, OJC 364/1.

[65] 《欧洲联盟条约》第 6 条。

[66] 更多的判例法，see C. Eckes "EU Accession to the ECHR: Between Autonomy and Adaptation" (2013) The Modern Law Review 76 (2) 254–85 at p. 258。

[67] 《欧洲联盟条约》第 6 条。

[68] Commission (2014) see supra note 12; D. Giesen International Medical Malpractice Law: A Comparative Study of Civil Responsibility Arising from Medical Care (Tübingen: Mohr, 1988).

欧盟基本权利是确定欧盟政治体系以及其政策之合法性的基准。[69] 首先，欧盟基本权利可以在政策制定过程中发挥作用，以确定某一特定政策的合法性。[70] 其次，基本权利可以用于对欧盟立法或欧盟法范围内的国家法进行司法审查。[71] 最后，基本权利在其于欧盟法中的正式地位和《宪章》的适用范围之外，还具有"超越其正式司法可执行性"的价值和重要性。[72] 基本权利至少代表了特定政治体系的基本价值，并根据争议政策之法律性质的不同，为使用（准）法律术语阐述合法性问题提供了"规范性词汇"。[73] 总之，基本权利构成了分析欧盟政策合法性的首要出发点，尤其是在涉及健康政策之时，因为健康政策与基本权利具有不可分割的联系，下文将对该联系进行讨论。表 2.2 列出了人体健康领域的重要价值[74]（团结、平等、普遍可及、人格尊严）与相关的基本权利之间的关系，亦即人体健康法律与政策之间的关系。

表 2.2　　　　　　　　　　　　价值和相关的权利

价值/人权	基本权利	欧洲的规定	涉及的欧盟健康话题
人格尊严	人格尊严	《欧盟基本权利宪章》第 1 条	临终问题，医疗保健可及性，长期护理
人格尊严（尊重人的生命/自主权）	生命权	《欧盟基本权利宪章》第 2 条	在另一成员国堕胎的可及性临终问题，安乐死 通过公共健康措施保护生命环境健康威胁
人格尊严	知情同意	《欧盟基本权利宪章》第 3 条	身体完整性，人体不可侵犯性，医疗决定自主权，拒绝医疗权
人格尊严	禁止酷刑以及不人道和有辱人格的待遇	《欧盟基本权利宪章》第 4 条	对精神残疾者的监禁 强奸，性虐待 医疗保健可及性的不当拖延

---

[69]　F. Scharpf " Perpetual Momentum： Directed and Unrestrained?" （2011） 19 Journal of European Public Policy 127-39; Stone Sweet and Stranz （2014） supra note 14.

[70]　在欧盟政策中"主流化"基本权利，supra note 12。

[71]　K. Lenaerts "Exploring the Limits of the EU Charter of Fundamental Rights" （2012） European Constitutional Law Review 8 375-403.

[72]　Hervey （2003） supra note 28 at p. 195.

[73]　See reference to Case C-353/99 P Council v. Hautala， Opinion of A. G. Leger of 10 July 2001 by P. Eeckhout "The EU Charter of Fundamental Rights and the Federal Question" （2002） Common Market Law Review 39 945-94; Hervey （2003） supra note 28 at p. 196.

[74]　de Ruijter （2017） supra note 4.

续表

价值/人权	基本权利	欧洲的规定	涉及的欧盟健康话题
人格尊严	隐私和家庭生活，数据保护	《欧盟基本权利宪章》第 7、8 条	医学研究 个人数据保护 医疗档案的保密（电子健康）医疗档案/欧盟公务人员的心理背景
人格尊严	信息和参与	《欧盟基本权利宪章》第 11 条	关于服务和公共健康的健康相关信息的可及性 知情同意
尊严、平等、团结	教育	《欧盟基本权利宪章》第 14 条	健康作为健康的社会决定因素 性健康作为公共健康
平等	母亲、儿童和家庭的保护	《欧盟基本权利宪章》第 24 条	带薪和充足的产假 社会和家庭福利 平等方向、残疾、性别等
平等、团结和普遍可及	非歧视	《欧盟基本权利宪章》第 20—26 条	获取医疗保健服务和预防性保健服务的非歧视
平等、团结	就业	《欧盟基本权利宪章》第 32 条	职业健康 就业作为公共健康的社会决定因素
团结和平等	社会保障	《欧盟基本权利宪章》第 33 条	社会保障作为公共健康的社会决定因素
平等、普遍可及	健康权，获取医疗保健权	《欧盟基本权利宪章》第 35 条	医疗保健和其他（公共）健康服务的可及性 预防性保健服务的可及性 公共健康的保护 生殖健康 影响公共健康的环境保护 职业健康 公益服务的健康 药品和医疗器械

资料来源：A. de Ruijter "The Impediment of Health Laws" Values in the Constitutional Setting of the EU' in T. K. Hervey, Calum Alasdair Young, and Louise Bishop （eds.） Research Handbook on EU Health Law and Policy （Cheltenham：Edward Elgar, 2017） < http：//www.e - elgar.com/shop/research-handbook-on-european-union-healthlaw-and-policy>accessed 28 March 2017。

一 基本权利对于欧盟健康政策的适用范围

上文展示了欧盟基本权利与健康政策之间关系的重要性。本部分将更具体地讨论基本权利对于欧盟健康政策的可能的适用范围。尽管有许多国际法律文件保护个体和公众的健康权利免遭国家侵害，但欧盟并非自动承受类似义务的约束。欧盟拥有一个相当特殊的政治和法律体系；此外，欧盟健康政策（制定）的（法律）性质也在许多方面不同于其成员国。与此同时，前文所述的适用于民族国家的广义上的各代基本健康权利，在可能适用于欧盟及其成员国的不同法律文件之中也都有所体现。

二　《宪章》和《欧洲人权公约》

对于欧洲的机构而言，《宪章》和《欧洲人权公约》是规定可适用的基本权利的核心法源。[75] 随着《里斯本条约》的修改在 2009 年生效，《欧洲联盟条约》第 6 条第 1 款规定：

> 欧盟承认 2000 年 12 月 7 日通过的《宪章》中规定的权利、自由和原则，该宪章于 2007 年 12 月 12 日在斯特拉斯堡进行了修改，具有与条约相同的法律价值……

该款表明，包含 54 项基本权利条款的《宪章》具有欧盟基础法源的地位。[76] 此外，《欧洲联盟条约》第 6 条第 2 款还提及了欧盟将成为《欧洲人权公约》的缔约方。《欧洲联盟条约》第 6 条第 3 款规定：

> 由《欧洲人权公约》所保障并起源于成员国的共同宪法传统的基本权利，应当构成联盟法的一般原则。

最后一款反映出，虽然欧盟本身本质上并非人权组织，但在经济一体化的背景下，随着时间的推移，对基本权利的坚守确实在欧盟法院的判例

---

⑦⑤　《欧洲人权公约》是核心的法律文件，系第二次世界大战后由欧洲委员会自 1949 年开始起草并最终通过。欧洲委员会明确的是一个人权组织，设在斯特拉斯堡的欧洲人权法院目前能够直接审理个人针对国家的投诉。欧洲人权法院的判决具有法律约束力（《欧洲人权公约》第 46 条第 2 款）。《宪章》的引入恰好与 2001 年的拉肯要求（the Laeken Mandate of 2001）相吻合。Presidency Conclusions of the Laeken European Council（14 and 15 December 2001）；Annex I：Laeken Declaration on the future of the European Union in Bulletin of the European Union. 2001 No. 12 pp. 19–23.

⑦⑥　此时，《欧洲联盟条约》尚未被明确声明为最高法律。然而，《里斯本条约》对最高地位的声明，重申了依据法院的已决判例法，欧共体法律具有最高地位，其目前将适用于"欧盟法"。由于《里斯本条约》的声明提到了关于欧盟法至上的判例法，其也将准用于《宪章》的规定；详尽的分析，see J. Dutheil de la Rochère "The Protection of Fundamental Rights in the EU：Community of Values with Opt-Out?" in I. Pernice and E. Tanchev（eds.）Ceci n'est pas une Constitution—Constitutionalisation without a Constitution?（Baden-Baden：Nomos，2009）See Declaration 17 on primacy（or "supremacy"）。

法中得到了发展。⑦

三　基本权利的适用范围

从欧盟法源到国际法源，适用于欧盟的基本权利的多元性，造成了权利太多或者根本没有权利的潜在问题。⑱ 然而，迄今为止，在欧盟法院的判例法中，并没有大量判例法援引与健康相关的基本权利。⑲ 过去，欧盟法院有关健康问题的判例法的裁判作成通常与内部市场法有关。相比之下，欧洲人权法院则有更多关于健康政策和基本权利之相互作用的判例法。

目前，《宪章》已成为欧盟基本权利的主要参引来源。同时，法院也多次将《宪章》中的基本权利解释为对既有原则的表达。⑳ 此外，关于对特定权利的解释，另一项来源是欧洲人权法院有关《宪章》第 52 条第 3款关于解释之规定，以及《欧洲联盟条约》第 6 条关于《欧洲人权公约》在欧盟法下之约束力规定的判例法。就欧盟健康政策而言，有三项情况需要考虑：第一，"欧盟的公共机构（institutions）、机构办公室（bodies offices）和专门机构（agencies）"参与健康政策制定；㉑ 第二，成员国履行或违反欧盟法规定的义务；第三，欧盟法未课予成员国义务，但成员国在欧盟机构的推动下制定欧盟层面的政策。

---

⑦　See e. g. Case C-112/00 Eugen Schmidberger, Internationale Transporte und Planzüge v. Republik Österreich [2003] ECR I-5659 para. 71; Case C-36/02 Omega Spielhallen-und Automatenaufstellungs-GmbH v. Oberbürgermeisterin der Bundesstadt Bonn [2004] ECR I-9609 at para. 33; also see Case C-540/03 European Parliament v. Council of the European Union (Family Reunification) [2006] ECR I-5769 (指出《宪章》是对既存的基本权利的确认，因为这些基本权利在各种国际法律文件和国家宪法中被确立为"法律的一般原则"); also see Case C-303/05 Advocaten voor de Wereld [2007] ECR I-3633 (涉及根据基本权利将有关欧洲逮捕令的指令转化为比利时法律的效力问题), para. 46; and see Case C-438/05 International Transport Workers Federation and Finnish Seamen's Union v. Viking Line ABP and OÜ Viking Line Eesti [2007] ECR I-10779 [涉及罢工权，法院将该权利作为共同体（联盟）法律的一项一般原则，应当依据比例原则与基本自由进行协调] para. 43 et seq. ; and see Case C-341/05 Laval [2007] ECR I-11767 paras 90-91。

⑱　Douglas-Scott (2011) supra note 28.

⑲　与之不同，并且也许有问题的，是对"团结"（solidarity）的提及，see G. Davies "The Price of Letting Courts Value Solidarity: The Judicial Role in Liberalizing Welfare" in M. Ross and Y. Borgmann-Prebil (eds.) Promoting Solidarity in the European Union (Oxford University Press, Clarendon: 2010。但有一个案件与《宪章》第 1 条关于人格尊严和知情同意的规定在生物技术中的适用有关，see Case C-270/99 Z. v. EP, Opinion of A. G. Jacobs of 22 March 2001 [2001] ECR I-9197。

⑳　Lenaerts (2012) supra note 71.

㉑　《宪章》第 51 条第 1 款。

(一) 针对欧盟机构行动者援引基本权利

第一种情况，即欧盟机构行动者参与健康政策制定，可能引发基本权利的适用，但也存有一些限制。[82] 在此方面，《宪章》第 51 条第 1 款规定了权限授予原则 (the principle of conferred competences)，即 "《宪章》中的条款不得以任何方式扩大各条约规定的欧盟权限"。此外，第 51 条第 1 款还规定，基本权利适用于欧盟机构的欧盟健康政策制定活动，只要其 "未将欧盟法的适用范围扩大到欧盟权力之外，或为欧盟创设任何新的权力和任务，或者修改各条约中规定的欧盟权力和任务"[83]。是故，基本权利对欧盟的适用范围受限于欧盟的权限。[84]

此外，关于个人对包括欧盟专门机构在内的欧盟机构的诉讼，《欧盟运行条约》第 263 条规定了一个较高的起诉门槛，尤其是在涉及立法措施的情形。在该情形下，个人必须能够证明存在直接和个别的影响 (direct and individual concern)。[85] 私人当事人如果可以证明存在直接的影

---

⑧ 可以依据《欧盟运行条约》第 267 条的程序，在欧盟法院 (《欧盟运行条约》第 263 条) 或一家国内法院，质疑欧盟机构。

⑧ 《欧洲联盟条约》第 51 条第 2 款和第 6 条第 1 款。但一些成员国担心《宪章》将扩大欧盟法的范围，从而引发了在准备批准《里斯本条约》之前的一些个别限制。这导致捷克提出一项声明，强调《宪章》仅在实施欧盟法时方可适用，在独立于欧盟法实施和通过国家法时不可适用。波兰在社会政策和社会权利方面设置了一项例外，英国对《宪章》的法律价值及其适用做出了特别的限制。这使得无论是欧盟法院还是任何国家法庭都不能认定这些国家的法律、实践或行动不符合基本权利、自由或原则，尤其是在《宪章》中的团结方面，除非这些权利得到国家法律的承认。然而，这通常并未扩张至的确属于欧盟法范围的领域。这与《宪章》并非基本权利唯一来源的事实相结合，表明选择退出条约可能不会产生减损《欧洲宪法》或《里斯本条约》第 62 号声明中关于遵守基本权利的一般宪法原则的影响 (levelling effect)；also see Declaration no 61；该方面的内容，可进一步参见 M. Dougan "The Treaty of Lisbon 2007" (2008) Common Market Law Review (其认为选择退出条约是一道烟幕，掩盖了《宪章》对各国选民的实践影响范围)。

⑧ Case C-309/96 Annibaldi [2007] ECR I-7493 (考古和自然公园不属于欧盟法的范围，因而不适用《宪章》)；Case C-256/11 Murat Dereci and Others v. Bundesministerium für Inneres [2011] ECR I-11315 (第 71 段："因此，法院被要求依据《宪章》在欧盟被授予的权力的范围内解释欧盟法")；also see D. M. Curtin and R. van Ooik "The Sting is Always in the Tail. The Personal Scope of Application of the EU Charter of Fundamental Rights" (2001) Maastricht Journal of European and Comparative Law 8 102-113。

⑧ "直接的影响" 指欧盟的措施直接影响了个人的法律地位，并不要求措施的进一步实施。当诉讼当事人满足 Plaumann 标准时，即个人 "由于自身特性或由于自身区别于他人的情况而受到影响，并且凭借这些因素使自身有别于其他人"，"个别的影响" 可以在非常有限的情况下成立。See para. 31 of Case 25/62 Plaumann & Co v. Commission [1963] ECR 95 but see later case law discussed in S. Peers and M. Costa "Court of Justice of the European Union (General Chamber)，(转下页)

响，便可以挑战具有普遍影响的非立法行动（即通过《欧盟运行条约》第 289 条的程序以外的途径采取的行动）。[86] 鉴于《欧盟运行条约》第 168 条对欧盟在健康方面的权限进行了一般性限制，上述《宪章》适用范围的限制表明，令欧盟在其健康法律与政策方面为违反基本权利承担法律责任的可能性非常之小。但是，基本权利仍然可以被用于审查欧盟健康政策对于欧盟机构和成员国的总体合法性，无论是直接通过一般法院的诉讼还是依据《欧盟运行条约》第 267 条通过欧盟法院的先予裁决之诉。[87] 另外，在第二种情况下，即成员国履行或违背了一项欧盟法下的义务之时，成员国可能会被课予责任。

（二）针对成员国援引欧盟基本权利

在第二种情况下，《宪章》的适用性问题会在成员国参与欧盟健康政策时与成员国产生关联。《宪章》"仅在成员国实施欧盟法时"方适用于成员国的活动，[88] 而一般原则则是在成员国"于欧盟法范围内行动时"适用于成员国。[89] 该项规定在《宪章》的适用方面引起了很大争议。[90] 尤其是考虑到在对《宪章》第 51 条的解释中，《宪章》被认为在成员国于"（欧盟）法范围内"行动时具有可适用性。[91] 在近期的 Åkerberg Fransson 案中，基于为实施欧盟关于 VAT 的指令，成员国被允许拥有广泛的自由

（接上页）Judicial review of EU Acts after the Treaty of Lisbon；Order of 6 September 2011，Case T-18/10 Inuit Tapiriit Kanatami and Others v. Commission & Judgment of 25 October 2011，Case T-262/10 Microban v. Commission"（2012）European Constitutional Law Review 8 82–104。

[86]　Case T - 262/10 Microban International and Microban（Europe）v. Commission ［2011］ECR. II–07697；Case T-18/10 Inuit Tapiriit Kanatami and Others v. Commission NYR［2011］（Microban 案涉及欧盟委员会为保护公共健康而做出的一项执行行为）。

[87]　《欧洲联盟条约》第 6 条、《欧盟运行条约》第 263 条、《欧盟基本权利宪章》第 52 条第 5 款。

[88]　《宪章》第 51 条第 1 款。

[89]　Case C-159/90 Society for the Unborn Children of Unborn Children Ireland Ltd. v. Stephen Grogan ［1991］ECR I-4685；关于执行欧盟法，see Case 5/88 Wachauf v. Federal Republic of Germany ［1989］ECR 2609；关于违反欧盟法，see Case C260/89 Elliniki Radiophoni a Tileorassi Anonymi Etairia v. Dimotiki Etairia Pliroforisis and Kouvelas（ERT）［1993］ECR I-2925。

[90]　D. Sarmiento "Who's Afraid of the Charter? The Court of Justice，National Courts and the New Framework of Fundamental Rights Protection in Europe"（2013）Common Market Law Review 50 1267–1304；Lenaerts（2012）supra note 71；Eeckhout（2002）supra note 73。

[91]　Explanations Explanations Relating to the Charter of Fundamental Rights（2007/C303/02，14-12-2007）（2007）；also see Case C - 112/00 Eugen Schmidberger，Internationale Transporte und Planzüge v. Republik Österreich［2003］ECR I-5659。

裁量权这一事实，欧盟法院裁判认为，成员国"实施欧盟法"与"在欧盟法范围内行动"没有区别。就《宪章》对成员国的适用而言，重要的是成员国在依据欧盟义务行动，换言之即欧盟的目标在国家法中得到落实。[92] 这意味着：

> 赋予欧盟义务效力的规则属于欧盟法的范畴，并触发了基本权利保护，即使该规则并非明确来自欧盟法。[93]

然而，关于个人针对成员国援引欧盟基本权利存在一些额外的困难，尤其是在《宪章》的适用方面，《宪章》第52条第5款规定：

> 本宪章中包含原则的条款，可通过欧盟机构和机关的立法和行政行为，以及成员国在执行联盟法时行使各自权力的行为加以实施。它们仅在解释这些行为以及对这些行为的合法性进行裁决时可被司法承认。

这意味着《宪章》中的一项权利如果被解释为一项"原则"，便不得基于该权利对欧盟或成员国直接提起诉讼。然而，"原则"也仍然可被用于解释或审查体现原则的欧盟法律措施。[94] 这依然制造了一些重大的限制，尤其是针对个人。在 AMS 案中，[95] 有一项欧盟指令体现了《宪章》中的一项原则。但对于国家法规定无法做出与争议指令一致的解释，因为这将会导致违法的解释。[96] 对此，欧盟法院认为，如果依据早前的一个判例，[97] 为了排除与指令不一致的国内法的适用，个人可以在援引指令的同

---

　　[92]　Case C-617/10 Åklagaren v. Hans Åkerberg Fransson［2013］ECR I-0000 at paras 29, 30.

　　[93]　E. Muir "The Fundamental Rights Implications of EU Legislation: Some Constitutional Challenges"（2014）Common Market Law Review 51 219-46 at p. 238.

　　[94]　Explanations Relating to the Charter of Fundamental Rights（2007/C303/02, 14-12-2007）.

　　[95]　Case C-176/12 Association de médiation sociale v. Union locale des syndicats CGT, Hichem Laboubi, Union départementale CGT des Bouches - du - Rhône, Confédération générale du travail（CGT）［2014］NYR.

　　[96]　Case C-176/12 Association de médiation sociale v. Union locale des syndicats CGT, Hichem Laboubi, Union départementale CGT des Bouches - du - Rhône, Confédération générale du travail（CGT）［2014］NYR para. 39.

　　[97]　Case C-555/07 Seda Kücükdeveci v. Swedex GmbH & Co. KG［2010］ECR I-00365.

时援引《宪章》的规定。但本案有所不同，欧盟法院表示，鉴于《宪章》中的隐含性（underlying）权利就其可诉性而言可被视为一项原则，故而个人不得予以援引。[98] 这表明就 AMS 案而言，由于原则本身无法作为法律诉讼的来源和基础，为了使个人能够在诉讼中援引原则，需要出台实际赋予原则效力的次级措施。此外，如果仍然需要国家立法来执行这一措施，则个人只能在国家法不违反次级欧盟措施的情况下援引一项原则用于解释。但这并未对成员国违反欧盟法的情况做出解答，基于国家市场法背景下的公共健康考量，该情况经常发生。

尽管欧盟法院尚未根据《宪章》就成员国违反欧盟法做出决定性的判决，[99] 但基于对《宪章》适用性的广义解释可以认为，欧盟法本身赋予了成员国违反欧盟法的能力，例如为了保护公共健康。因此，此种违反行为将会被视为在欧盟法的"范围内行动"，从而使得《宪章》同样可以适用于成员国违反欧盟法的行为。[100] 就此而言，若对《宪章》提供之保护进行广义解释，则可将之视为与"欧盟法的原则"类似，[101] 后者同样被一些人认为可适用于违反欧盟法的行为。[102]

当然，此情形根本上需要存在一项欧盟义务，而在欧盟健康政策的场合，由于政策非为立法因而可能并不总是存在这样一项义务。然而，上文提及的 Fransson 案表明，当某项欧盟义务是一个相对技术性的问题，并且未具体提到其与基本权利的关系时，该问题很可能仍然会落入欧盟基本权利的管辖范围。不过，在 Fransson 案以及后续家庭法和移民背景下的案件中，法院必须找到方法来限制《宪章》对成员国在适用基本权利可能扩大欧盟权限的领域实施措施的适用。[103]

---

[98]　Case C-176/12 Case Association de médiation sociale v. Union locale des syndicats CGT, Hichem Laboubi, Union départementale CGT des Bouches-du-Rhône, Confédération générale du travail (CGT) [2014] NYR at para. 46.

[99]　但参见欧盟法的原则方面（《欧洲联盟条约》第6条）；以及 ERT 案，supra note 89。

[100]　A. Ward "Article 51 Field of Application" in S. Peers et al. (eds.) The EU Charter of Fundamental Rights (Oxford：Hart, 2014) at p. 1428, also see Lenaerts (2012) supra note 71 at p. 90.

[101]　《欧洲联盟条约》第6条。

[102]　Opinion of A. G. Sharpston in Case C-427/06 B. Bartsch v. Bosch und Siemens Hausgerate (BSH) ltersfursorge GmbHage [2008] ECR I-07245；Muir (2014) supra note 93 and see Ward (2014) supra note 100 at p. 1429.

[103]　Case C-400/10 PPU McB, EU：C：2010：582. Joined Cases C-570/07 and C-571/07 José Manuel Blanco Pérez and María Del Pilar Chao Gómez v Consejería de Salud y Servicios Sanitarios and Principado de Asturias, ECR [2010] I-04629.

（三） 基本权利在无欧盟法义务情形下的适用

第三项与健康政策有关的情况是，欧盟法并未课予成员国义务，但成员国在欧盟机构的推动下制定了欧盟层面的政策。在该情况下，有两个重要问题值得讨论。第一个问题是该情况是否属于《宪章》对于欧盟机构行为的适用范围，或者《宪章》在该情况下是否适用于成员国。就前者而言，《宪章》的适用性首先取决于由成员国合作在欧盟层面设立的实体能否被视为《宪章》第 51 条第 1 款中规定的 "机构"，[104] 其次取决于欧盟对于所制定的政策是否具有法律基础。鉴于欧盟在健康政策制定方面的权限相对狭窄，这可能成为《宪章》适用于欧盟机构行动者之参与行为的障碍，尤其是在 "行动者" 即便经过广义解释，也仍然无法被认定为《宪章》第 51 条第 1 款项下的机构行动者之时。但与此同时，为了绕过这一限制，欧盟的健康政策往往会在一些不同的内部市场目标中找到其法律基础，这将使其回到宪章的适用范围之内。

第二个问题是《宪章》对于成员国的适用性。在 2012 年的一起重要案件中，欧盟法院认为，成员国基于建立欧洲稳定机制的条约而实施的活动，不属于实施欧盟法。[105] 故此，当成员国在欧盟机构推动下制定欧盟层面政策的行为仅仅只是国际合作时，《宪章》将无法适用于成员国。鉴于此种政策活动基本上属于国家责任的履行，或者可能被视为成员国的一项集体责任，一个更具可行性的司法路径或许是将可能侵犯基本权利的行为提交给欧洲人权法院。然而，尽管已经尝试了在欧洲人权法院要求国家集体承担责任，但迄今为止欧洲人权法院从未确立过欧盟成员国的集体侵权行为。[106] 这表明欧盟健康政策可能触及敏感议题和作为欧盟政治体系之根本的价值，没有法律补救的可能。故此，对欧盟健康政策和法律之影响的分析，突出了在该领域落实促进或保护个人权利之特定义务的困难，同时也显示了成员国在参与欧盟政策制定活动中可能存在的紧张关系。

---

[104]　对该问题的深入讨论，see Ward（2014）supra note 100 at p. 1425。

[105]　Case C – 370/12 Thomas Pringle v. Government of Ireland，Ireland，the Attorney General [2012] NYR，尤其是第 180 段：应当注意的是，当成员国建立一项稳定机制如 ESM 时，其并非在《宪章》第 51 条第 1 款的意义上实施欧盟法，如本判决第 105 段明确所示，欧盟和欧共体的条约并未授予欧盟任何建立此等机制的权限。

[106]　尽管已经尝试了许多次，该方面的详细内容参见 Eckes（2013）supra note 66 at p. 260。

四　其他基本权利文件对于欧盟健康政策的适用性

就其他基本权利文件的适用性而言，一个重要方面是欧盟可能在某个时点加入《欧洲人权公约》和欧洲人权法院。尽管《欧盟运行条约》第263 条和《欧洲联盟条约》第 6 条第 3 款规定了《欧洲人权公约》作为一般原则的适用性，但欧盟加入《欧洲人权公约》后将会对欧盟基本权利的保护现状提出挑战，尤其是敏感政策领域。[107] 在此方面，必须注意到欧洲委员会和欧盟在不同法律体系方面的关系的特殊性。[108] 欧洲委员会（CoE）本质上是一个人权组织，其外交工作方法是在国际法的支持下通过公约和议定书。

鉴于对欧盟基本权利的承认具有非穷尽性，关于人权和健康还有一些其他的欧洲委员会公约发挥作用。[109] 不过，尽管这些公约已经被一些成员国批准，但欧盟并非其中的缔约方之一。例如，由欧洲委员会通过的《人权与生物医学公约（1977）》［the Convention on Human Rights and Bio-medicine（1997），以下简称《生物医学公约》］ 即为适例。[110] 该文件对于成员国健康法方面的法律体系具有重要影响。[111] 在已经批准《欧洲人权公约》的 47 个国家中，有 29 个国家批准、6 个国家签署了《生物医学公约》。总体而言，从欧洲人权法院的视角观之，国际法规则将排除《生物医学公约》对欧盟的拘束。[112] 然而，《生物医学公约》在欧盟层面可以间接适用于欧盟机构和成员国。欧盟法院可以发现，《生物医学公约》表明了大多数成员国广泛承认一项特定的健康权利，因而为认定存在一项欧盟

---

[107]　See ibid. ; and see P. Craig "EU Accession to the ECHR: Competence, Procedure and Sub-stance"（2013）Fordham International Law Journal（36）1114 - 50; also see Douglas - Scott（2011）supra note 28.

[108]　Eckes（2013）supra note 66.

[109]　Case C - 112/00 Eugen Schmidberger, Internationale Transporte und Planzüge v. Republik Österreich［2003］ECR I-5659; Case C-36/02 Omega Spielhallen-und Automatenaufstellungs-GmbH v. Oberbürgermeisterin der Bundesstadt Bonn［2004］ECR I-9609; R. Herrmann et al.（2011）"The European Union and Health and Human Rights" European Human Rights Law Review 4 419-36.

[110]　Convention for the Protection of Human Rights and Dignity of the Human Being with regard to the Application of Biology and Medicine: Convention on Human Rights and Biomedicine（Oviedo: 4 April 1997）.

[111]　H. Nys et al. "Patient Rights in EU Member States After the Ratification of the Convention on Human Rights and Biomedicine" in（2007）Health Policy 83 223-235.

[112]　On personal scope, see also part II of Section 1, United Nations Vienna Convention on the Law of Treaties, 23 May 1969, United Nations Treaty Series, Vol. 1155, p. 331.

法的一般原则创设了基础。[113] 考虑到《生物医学公约》除了通过《欧洲联盟条约》第 6 条第 3 款得到适用外,还可以通过《宪章》的解释规则得到间接适用,这一点尤其值得肯认。

对《宪章》第 52 条第 3 款的一种解释是,如果《宪章》中的权利与《欧洲人权公约》中的权利重合,则对其含义和范围的解释将与公约中的权利类似。然而,在欧盟层面还允许一项更加广泛的保护。《欧洲人权公约》在此方面创设了一项权利的基准。但就判例法而言,欧盟法院已经确定在解释方面,欧洲人权法院的判例将具有主导性。[114] 鉴于欧洲人权法院在其判例法中也会援引《生物医学公约》,例如,在《欧洲人权公约》第 2 条"生命权"语境下涉及胚胎和/或胎儿地位的疑难案件中,[115] 以及在《欧洲人权公约》第 8 条"私人和家庭生活"背景下对知情同意原则(《生物医学公约》第二章)的解释中,[116] 此时《生物医学公约》可以通过对《宪章》的类推解释发挥作用。

与之类似,欧洲委员会另一项关于健康的文件即《欧洲社会宪章》(the European Social Charter,ESC),可以经由欧洲人权法院在判例法中引用欧盟基本权利获得适用,尤其是《欧洲联盟条约》的序言也提到了成员国希望确认"它们对 1961 年 10 月 18 日在都灵签署的《欧洲社会宪章》中所界定的基本社会权利的重视"。不过,《欧洲社会宪章》与《生物医学公约》类似,有其自身的监管机制,这意味着两项文件中的权利仅在得到欧洲人权法院援引,或者被欧盟法院视为欧盟法一般原则的证据时,才对欧盟具有法律意义。[117] 适用于欧盟机构的基本权利文件的这种可能的双重或重叠适用,意味着《欧洲人权公约》和《欧盟基本权利宪章》

---

[113]　《欧洲联盟条约》第 6 条第 3 款。

[114]　虽然欧盟法院越来越多地只援引《宪章》,see G. de Burca "After the EU Charter of Fundamental Rights:The Court of Justice as a Human Rights Adjudicator?" (2013) Maastricht Journal of European and Comparative Law 20 (2) 168-84;Eckes (2013) supra note 66 at p. 258。

[115]　参见 ECtHR Vo v. France Application No. 53924/00 8 July 2004 一案判决的第 84 段:充其量,胚胎/胎儿属于人类可以被视为各国的共识。胚胎/胎儿的潜力以及其成为人的能力——此外,在许多国家如法国、英国等,还在继承和赠与方面享受民法保护——要求以人格尊严的名义为之提供保护。事实上,《生物医学公约》不对"所有人"这一术语进行定义是谨慎的,其解释性报告表明,各成员国在就定义缺乏一致意见的情况下,决定允许国内法基于适用该公约的目的进行解释。

[116]　ECtHR Glass v. The United Kingdom Application No. 61827/00 9 March 2004.

[117]　A Hendriks,"The Council of Europe and Health and Human Rights",Health and Human Rights in Europe (Intersentia:Antwerp 2012) at p. 44 et seq.

都可以适用于基本权利与健康交叉的特定问题（参见表2.3）。

表 2.3　　《欧洲人权公约》（ECHR）和《欧盟基本权利宪章》
（CFREU）之间的权利重叠

权利/原则	欧洲的规定 *	涉及的健康话题
生命权	ECHR 第 2 条 CFREU 第 2 条	堕胎 临终问题，安乐死 通过公共健康措施保护生命 死亡调查义务 环境健康威胁
人格尊严 **	CFREU 第 1 条	临终问题，医疗保健可及性，老年人和残疾人的护理
禁止酷刑以及不人道和有辱人格的待遇	ECHR 第 3 条 CFREU 第 4 条	对精神残疾者的监禁 囚犯的医疗服务可及性 强奸，性虐待 医疗保健服务可及性的不当拖延
隐私和家庭生活	ECHR 第 8 条 《生物医学公约》第 7、10 条 CFREU 第 7、8 条	身体和精神完整性，包括医疗干预场合的个人自主权 个人数据保护，医疗方案的保密 禁止强制使用避孕药具，非自愿绝育或堕胎
家庭生活，组建家庭	ECHR 第 12 条 CFREU 第 9 条	禁止强制使用避孕药具，非自愿绝育或堕胎；生殖治疗的可及性
信息和参与	ECHR 第 8、10 条 《生物医学公约》第 5—9 条 CFREU 第 11 条	健康相关信息的可及性知情同意
救济的可及性	ECHR 第 13 条	医疗过失，健康部门失职或滥用职权的问责（监督和检查）
非歧视	ECHR 第 14 条；ECHR 的附件 12 《欧洲社会宪章》第 3 条 《生物医学公约》第 1、11、14 条 CFREU 第 20—26 条	获取医疗保健服务和预防性保健服务的非歧视
健康，包括生殖健康	《欧洲社会宪章》第 11、13 条 《生物医学公约》第 3 条 CFREU 第 35 条	医疗保健服务和其他（公共）健康服务的可及性 预防性保健服务的可及性 公共健康保护 生殖健康 影响公共健康的环境保护 职业健康
充足的生活标准	《欧洲社会宪章》第 30 条	食物、住房和衣物的充分可及性
科学进步的益处		健康研究的促进，包括针对弱势群体的健康研究 发展经济实惠的治疗方法
社会保障	《欧洲社会宪章》第 12、14、16、23 条 CFREU 第 33 条	社会保障作为健康的社会决定因素

续表

权利/原则	欧洲的规定 *	涉及的健康话题
母亲、儿童和家庭的保护	《欧洲社会宪章》第 7、8、16、17 条 CFREU 第 24 条	带薪和充足的产假 社会和家庭福利 保护儿童免遭暴力
食物	《欧洲社会宪章》第 11 条	安全营养的食物 食物作为健康的社会决定因素
住房	ECHR 第 8 条 《欧洲社会宪章》第 31 条	住房作为健康的社会决定因素 残疾人士的独立生活
教育	ECHR 的附件 1 CFREU 第 14 条	教育作为健康的社会决定因素 作为公共健康的性教育
就业	《欧洲社会宪章》第 1—4、7—10、18—22、24—29 条 CFREU 第 15、31、32 条	职业健康 就业作为健康的社会决定因素

　　* 欧洲委员会，《欧洲防止酷刑和不人道或有辱人格的待遇或处罚公约》，斯特拉斯堡，1987 年 11 月 26 日（ECPT）；《欧盟基本权利宪章》（2000）（CFREU）；《人权与生物医学公约》（1997）；欧洲委员会，《欧洲防止酷刑和不人道或有辱人格的待遇公约》［Ref：CPT/Inf/C（2002）］，斯特拉斯堡，1987 年 11 月 26 日；欧洲委员会，《欧洲社会宪章》（修订版），1996 年 5 月 3 日，ETS 163（ESC）。

　　** 人格尊严系通过《欧洲人权公约》的判例法以及进一步的附件进入《欧洲人权公约》的法律领域；C. McCrudden "Human Dignity and Judicial Interpretation of Human Rights"（2008）European Journal of International Law 19，655。

　　除了适用于欧盟的《欧盟基本权利宪章》和《欧洲人权公约》外，⑪ 表 2.3 所列的能够因颁布健康政策而受到影响的基本权利，对于欧盟层面的政策制定也同样重要。在解释欧盟法的"一般原则"时，欧盟法院还有限地援引了联合国人权条约。⑲ 国际基本权利文件发挥作用的另一路径，是欧洲人权法院和欧盟法院在解释《宪章》时对其进行援引。与此相关的一个重要案件是欧洲人权法院审理的 ECtHR Opuz v. Turkey 案，该案中欧洲人权法院广泛援引了《联合国消除所有形式的针对女性的歧视公约》这项保护妇女权利的公约，该公约中也包含健康相关的规定。⑳ 尽管是通过一种迂回的方式，但欧盟法院在解释《宪章》时可能会使用这

---

　　⑱　如前所述，欧盟法院在某些案件中已经直接援引了《欧洲人权公约》，对此详见 Eckes（2013）supra note 66 at p. 258.

　　⑲　See e. g. Case C-540/03 European Parliament v. Council of the European Union（Family Reunification）［2006］ECR I-5769（涉及欧盟成员国在规定儿童家庭团聚权利的指令方面的判断余地问题）；第 37 段特别提到了《公民权利与政治权利国际公约》。

　　⑳　ECtHR Opuz v. Turkey Application No. 33401/02 9 June 2009 at para. 147.

样一个案例，并且对联合国文件和其他文件中的权利赋予实质意义。与此同时，国际人权文件还可以作为政策制定的工具进入人们的视野。例如，欧盟基本权利专门机构（设立于 2007 年）在报告欧盟及其成员国基本权利保护的状况时，也明确援引了联合国的人权条约。[121]

另一项可适用于欧盟的非欧盟法律文件，是世界医学协会通过的《赫尔辛基宣言——涉及人体的医学研究伦理原则》，[122] 原因在于关于药品的临床试验系由欧盟层面进行监管，且该宣言中的原则已被医学界和成员国的健康法普遍接受。[123]《赫尔辛基宣言》在许多方面已经被纳入欧盟法。在临床试验中保护患者的赫尔辛基原则被包含在欧盟法之中，并由欧洲药品管理局（EMA）负责就有关人用药品的问题提出意见的委员会，即人用医药产品委员会（the Committee for Medicinal Products for Human Use，CHMP）等机构通过良好临床实践指南予以应用。[124]

第四节　公共健康和医疗保健领域的欧盟基本权利

至此，本章已经阐明了基本权利在健康政策和法律方面对权力行使设定限制的作用。与人体健康特别相关的基本权利在个人权利和社会经济权利领域都有体现。在欧盟，这些不同"代际"的权利在《宪章》和相关法律文件中得到了明文确立，同时适用于欧盟及其成员国，但其适用不得扩张欧盟在健康领域相对有限的法律权力（权限）（《欧盟运行条约》第

---

[121]　European Agency for Fundamental Rights（2009），Housing Conditions of Roma and Travellers in the European Union：Comparative Report，12-14；and see further United Nations（2010）The European Union and International Human Rights Law，UN Office of the United Nations High Commissioner for Human Rights，Brussels.

[122]　World Medical Association Declaration of Helsinki（1964）—Ethical Principles for Medical Research Involving Human Subjects，adopted at the eighteenth WMA General Assembly，Helsinki，Finland（又称《赫尔辛基宣言》）。

[123]　R. V. Carlson et al. "The Revision of the Declaration of Helsinki：Past，Present and Future"（2004）British Journal of Clinical Pharmacology 57（6）695-713.

[124]　Directive 2001/20/EC of the European Parliament and of the Council of 4 April 2001 on the Approximation of the Laws，Regulations，and Administrative Provisions of the Member States Relating to the Implementation of Good Clinical Practice in the Conduct of Clinical Trials on Medicinal Products for Human Use（OJ L 121/34，01-05-2001）；Commission Directive 2005/28/EC of 8 April 2005［（laying down principles and detailed guidelines for good clinical practice as regards investigational medicinal products for human use，as well as the requirements for authorization of the manufacturing or importation of such products（L 91/13，09-04-2005）］.

168 条）。本章最后一节概述了基本权利的两个分支，其将被用于描述欧盟在医疗保健和公共健康方面的权力扩张的影响。两大分支大致对应于《宪章》的第二部分（社会权利）和第一部分（尊严与自由）。然而，健康政策通常会对多种基本权利产生影响（参见图 2.1），因此每一分支都允许与健康政策相关的若干权利相互重叠和联系。

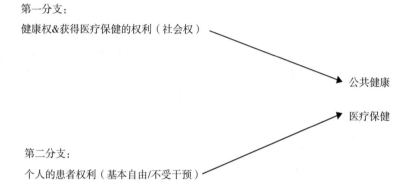

图 2.1　基本权利的两大分支，对公共健康和医疗保健的影响

一　第一分支：医疗保健和公共健康中的健康权

1946 年，世界卫生组织的章程承认了"享有可达到的最高标准的健康是每个人的基本权利之一"[125]。健康权的核心理念是公共机构对健康负有一定的责任。[126] 对于公共健康而言，这一点早已得到承认。[127] 此外，"医疗保健权"在所有成员国中也获得了普遍承认，该权利至少为公民享受国家医疗保健体系提供了保障。[128] 对于这些权利之存在本身的法律讨论，远远不及对其范围和适用的讨论。[129] "健康权"是一项公共机构无法保障的权利。疾病和虚弱不是人可以绝对控制的因素，这意味着不存在保持健

---

[125]　《世界卫生组织章程》（1946）。

[126]　B. Toebes The Right to Health and Other Health-Related Rights, in Health and Human Rights in Europe（Cambridge：Intersentia, 2012）at p. 86.

[127]　卫生设施、清洁水和其他公共健康政策已经存在了几个世纪，see G. Rosen A History of Public Health（Baltimore：Johns Hopkins University Press, 1958）。

[128]　Council Conclusions on Common values and Principles in European Union Health Systems（2006/C 146/01）（OJ 146/1）.

[129]　Hendriks（1998）supra note 22；also see Toebes（1999）supra note 19；San Giorgi（2012）supra note 39；M. Langford（ed.）Social Rights Jurisprudence：Emerging Trends in International and Comparative Law（Cambridge：Cambridge University Press, 2008）；Muller（2009）supra note 38.

康的权利（right to be healthy）。[130] 另外，公共机构和医疗保健系统拥有的资源是有限的。因此，健康权被认为极其难以在法院获得强制执行。[131] 欧洲委员会通过的《欧洲社会宪章》第 11 条规定，为保障保护健康的权利，缔约方应当采取下列措施：

（1）尽可能消除导致健康不良的原因；

（2）提供咨询和教育设施，以促进健康和鼓励个人在健康方面的责任；

（3）尽可能预防流行病、地方病和其他疾病的发生。[132]

然而，欧盟并非《欧洲社会宪章》的缔约方，因此除非欧盟加入了该宪章，否则欧洲人权法院不太可能对欧盟适用该条规定。此外，鉴于《欧洲人权公约》中并未包含社会权和健康权，欧盟法院也将无法援引《欧洲社会宪章》第 11 条。不过，在欧洲政策的语境下，该第 11 条可以和《宪章》第 35 条（健康权）一道，例如作为政策通过前的"影响评估问题"，被用于评估欧洲健康政策对基本权利的影响，尤其是考虑到《欧洲社会宪章》在《欧洲联盟条约》的序言中得到了确认。[133]

与此同时，《宪章》中也规定了许多可以在健康权和欧盟健康政策方面发挥作用的个人权利。不过，这些权利的适用与特定情境相关。例如，《宪章》第 21 条关于禁止歧视的规定对于平等获得医疗保健服务非常重要，或者在政策可能影响特定风险群体的情况下，对于公共健康也非常重要，例如为阻断疾病传播而追踪疾病或采取隔离措施。[134] 将社会权与（获

---

[130]　See UN general comment 14, para. 8, UN Committee on Economic, Social, and Cultural Rights, General Comment 14 on the Right to the Highest Attainable Standard of Health, UN Doc. E/C. 12/200/4, 11 August 2000.

[131]　See Hervey（2003）supra note 28；also see Toebes（1999）supra note 19；but see ECtHR Nitecki v. Poland Application No. 65653/01 21 March 2002；以及详见接下来的内容。

[132]　表 2.3 罗列了国际法中表达健康权的其他来源。《1948 世界人权宣言》的著名条款第 25 条规定："人人有权享受为维持其本人和家人的健康和福祉所必需的生活标准，包括食物、衣物、住房、医疗和必要的社会服务。"

[133]　Communication from the Commission, Strategy for the effective implementation of the Charter of Fundamental Rights by the European Union［COM（2010）573 final］.

[134]　例如在 20 世纪 80 年代艾滋病流行的情况下，公共健康政策很快就瞄准了同性恋者。S. Michalowski "Health Care Law" in S. Peers and A. Ward（eds.）The EU Charter of Fundamental Rights：Politics, Law and Policy（Oregon：Hart, 2004）at p. 291.

得）医疗（保健）相结合，可以被视为一种"社会权+"的方法，其可被用于强化社会权的可诉性。⑬《宪章》第 35 条规定：

> 每个人都有权利在国家法律和实践创立的条件下，获得预防性保健服务，以及从医学诊疗中获益。在确定和实施所有欧盟政策和活动时，应确保高水平的人体健康保护。⑬

是故，欧盟的健康权一般指获得医疗保健服务和健康保护的权利。⑬《宪章》第 35 条反映了健康权的两个方面。然而，该条的法律适用范围如前所述存在争议，因为《宪章》在第 52 条第 5 款中对原则和权利做出了"一个不幸的区分"。⑬ 这意味着《宪章》某条款中的"权利"可能会被解释为一项原则，从而导致其没有创设直接可强制执行的权利，而是"仅能在解释行为⑬并裁决行为的合法性时获得司法承认"⑭。

（一）健康权：公共健康

《宪章》第 35 条第 2 句是对《欧盟运行条约》第 9 条和第 168 条的体现，因为其使得健康问题在所有欧盟活动中成为主流，并且为与健康一般相关的"立法和行政行为"的合法性进行司法审查创造了可能性。⑭ 赫维（Hervey）将之称为"超级主流化"条款，该条款构成了健康作为所有欧盟公共政策之根本基石的依据。⑭ 故此，一方面，该条款可以被视为"检验欧盟行动的试金石"⑭；另一方面，由于很难确定何为"高水平的健

---

⑬　Hervey（2003）supra note 28 at p. 204.

⑬　该条中有关获得预防性保健服务的权利和从医学诊疗中获益的权利，与欧洲委员会的《欧洲社会宪章》第 11、13 条的规定类似。

⑬　Hervey（2003）supra note 28.

⑬　Douglas-Scott（2011）supra note 28.

⑬　《宪章》第 51 条第 5 款规定为："欧盟的机构、机关、办公室和专门机构采取的立法行为和行政行为，以及成员国在执行欧盟法时采取的行为。"

⑭　《宪章》第 52 条第 5 款；参见近期的一个关于《宪章》在私人当事方之间的争议中适用的判例，欧盟法院在该案判决第 48 段认为《宪章》第 27 条没有赋予个人权利，Case C-176/12 Association de médiation sociale v. Union locale des syndicats CGT（CGT）[2014] NYR.

⑭　《宪章》第 52 条第 4 款。

⑭　详细内容可参见 Hervey（2003）supra note 28 at p. 202；also see Michalowski（2004）supra note 134 at p. 291。

⑭　K. Lenaerts and P. Foubert "Social Rights in the Case-Law of the European Court of Justice: The Impact of the Charter of Fundamental Rights of the European Union on Standing Case-Law" Legal Issues of Economic Integration（2001）28（3）267 at p. 271.

康保护"，该句能否被解读为一项直接可强制执行的权利，是一个更富争议的问题。[144]

考虑到欧盟在食品、医疗器械、烟草、药品、血液、安全环境、传染病和公共健康计划方面对公共健康的参与，如果欧盟法院基于《宪章》第35条认为某项欧盟行为无效，将可能影响存在于争议欧盟行为之下的可执行权利。然而，该权利将根据既存的或受该特定联盟行为影响的个人权利而产生。[145]与此同时，假设《欧洲社会宪章》第11条被认为是一项一般原则，如果我们考虑第11条对国家施加的更具体的缔约国积极义务，[146]那么这些义务在欧盟层面是否可诉是存有疑问的，即使《宪章》第35条第2句暗含着对欧盟施加类似的义务。[147]在此方面存在一系列限制。其一，《宪章》第35条更多是对立法的程序性说明。要对欧盟机构提起诉讼，诉争立法须对诉争个人产生直接和个别的影响，或者在涉及监管行为的场合，监管行为须对个人具有直接的影响，且不涉及执行行为（《欧盟运行条约》第263条）。[148]鉴于《宪章》第35条针对的是公众而非个人，因此这些前置条件使得该条的可诉性更加困难。[149]其二，《欧盟运行条约》第263条将司法审查的对象限于"有法律约束力的行为"，这意味着欧盟专门机构的许多"准备性"工作将落入诉讼范围之外。[150]

---

[144]　关于欧盟法中个人权利的授予在何种情况下存在问题的一般信息，see Case T-13/99 Pfizer Animal Health SA v. Council of the European Union［2002］ECR II-3318，尤其是第81段及以下和第88段；欧盟法院注意到，自然人或法人只有在由于自身特性或自身区别于所有其他人的情况而受到影响时，才可以主张一项普遍适用的措施对其有个别影响。还可以参见更进一步的案例参考，限制性的如 Case 25/62 Plaumann v. Commission［1963］ECR 95 at para. 77。

[145]　《欧盟运行条约》第263条。

[146]　重申《欧洲社会宪章》第11条，采取适当措施："（1）尽可能地消除不健康的原因；（2）提供咨询和教育设施，以促进健康并鼓励个人在健康方面的责任；（3）尽可能地预防流行病、地方病和其他疾病。"

[147]　See O. de Schutter "Article 52 in Commentary of the Charter of Fundamental Rights of the European Union" in the EU Network of Independent Experts on Fundamental Rights（ed. ）（Brussels：European Union, 2006）at p. 407.

[148]　另一条路径是依据《欧盟运行条约》第267条提出初步问题。然而，该路径针对欧盟机构会受到《欧盟运行条约》第263条之"标准"的限制。See Case C-370/12 Thomas Pringle v. Government of Ireland, Ireland, The Attorney General［2012］NYR.

[149]　但在预防性原则方面，参见 Case T-13/99 Pfizer Animal Health SA v. Council of the European Union［2002］ECR II-3318。

[150]　这方面的详细情况，参见 Ward（2014）supra note 100 at p. 1426。

另一个问题是,《宪章》第 35 条和一项直接可强制执行的权利相结合能否被构造为一项《宪章》上的权利（"社会权+的方法"）。对此,援引在欧洲委员会背景下被视为可诉的与公共健康相关的公共机构的积极义务,仅在该积极义务系通过援引由《宪章》和《欧洲人权公约》共同保护的个人权利（如生命权）予以解释的范围内,才能为《宪章》第 35 条（《宪章》第 52 条第 3 款）提供一个解释背景。在近期的一起案件中,欧盟法院讨论了《宪章》在个人之间的适用问题,其强调《宪章》适用于"由欧盟法调整的所有情形"。[51] 防止生命损失在此情况下格外重要,此时欧盟拥有权限的可能性更大,因为欧盟广泛参与了一系列公共健康相关的安全和风险监管活动。

在此方面,欧洲人权法院有时会接受将生命权解释为公共机构采取措施防止可避免的生命损失的义务。欧洲人权法院对于公共机构在此方面的积极义务的一般规则是,"应当以一种不会给机构带来不可能或不成比例的负担的方式解释"生命权。[52] 然而,在后来的一起案件中,欧洲人权法院也承认了生命权会给国家带来防止人之生命被不必要地置于风险之中的积极义务。在该案中,英国将军事人员暴露在危险水平的辐射当中,该辐射给军事人员的后代带来了风险。英国空军的一名前餐饮助理的女儿发现自身罹患的儿童白血病,与其父亲接触放射性物质有关,遂提起诉讼。但法院基于当时能够获得的有关儿童白血病和接触辐射之联系的信息,驳回了该诉讼请求。[53]

基于健康权,欧盟在此方面可能有义务采取的一项相关预防措施是向公众警示有关公共健康的风险。在欧洲人权法院审理的 Oneryildiz v. Turkey 案中,健康权创设了向公众告知公共健康风险的义务。该案涉及 Oneryildiz 家族的 13 名成员因 Ümraniye（伊斯坦布尔）的市政垃圾场发生甲烷气体爆炸而死亡。爆炸造成的山体滑坡导致垃圾山下的十座贫民窟住宅被埋,共 39 人死亡。欧洲人权法院在该案中承认了生命权包含公共机

　　[51]　Case C – 176/12 Association de médiation sociale v. Union locale des syndicats CGT（CGT）［2014］NYR at para. 42.

　　[52]　ECtHR Osman v. United Kingdom［1998］EHRR 101 28 October 1998（该案判决否认了原告依据《欧洲人权公约》第 2 条提起的生命权请求,因为在该案中,据称原告没有意识到一个人对其生命构成了威胁）。

　　[53]　ECtHR L. C. B. v. the United Kingdom（14/1997/798/1001）9 June 1998；ECtHR Calvelli and Ciglio v. Italy Application No. 32967/96 17 January 2002.

构向公众警示公共健康风险的义务。[154]

在加入《欧洲人权公约》后，欧盟在成员国之外采取预防措施，也可能因未确保可能与个人权利相关的健康权而在类似案件中承担责任。欧盟主管许多监测和应对机制，这些监测和应对机制使可能具有公共健康风险的产品贸易得以进行。在直接涉及欧盟层面的公共健康保护水平的Pfizer案中，欧盟法院强调：

> 共同体机构有权为了人体健康利益，基于尚不完备的科学知识，采取可能严重损害受法律保护之地位的保护措施，且其在此方面享有广泛的裁量权。[155]

这意味着对于欧盟机构而言，可能存在一项防止生命损失并确保健康权的积极义务。与此同时，在成员国享有广泛自由裁量权的场合，近期的Association Mediation Sociale and Fransson案似乎表明，无论成员国在落实欧盟法方面享有多大的自由裁量权，只要与一项欧盟义务存在关联，就必须遵守《宪章》的规定。在该情形下，可以说成员国也有义务维护积极义务意义上的生命权（健康权）。

（二）健康权：医疗保健服务的可及性

医疗保健服务的可及性或者说获得医疗保健服务的权利，在《宪章》第35条中是一项"原则"，严格来说，在《宪章》的法律语境下，这意味着该条并不涉及个人权利。与"健康权"类似，对于医疗保健权理论上也可以采用一种"社会权+"的方法，当生命权、尊严权、不受歧视权等个人权利也同时受到影响时，这种方法可以使医疗保健权具有可诉性。[156]在此方面重要的是，被视为赋予了一项个人权利的《宪章》第21

---

[154]　参见第63段：虽然依据《欧洲人权公约》，并非每一个假定的生命威胁都要求公共机构采取具体措施来避免风险，但如果可以确定公共机构在当时知道或应当知道对于某人或某几个人的生命存在一项真实和直接的风险，而其未能在自身权力范围内采取原本有望避免该风险的措施，则情况将有所不同。Chamber Judgment ECtHR Case of Oneryildiz v. Turkey Application No. 48939/99 18 June 2002 and see Grand Chamber Judgment ECtHR Case of Oneryildiz v. Turkey Application No. 48939/99 30 November 2004 paras 87-90.

[155]　Case T-13/99 Pfizer Animal Health SA v. Council of the European Union〔2002〕ECR II-3318 at para. 170.

[156]　Hervey（2003）supra note 28 at p. 196.

条规定的平等对待权,[157] 特别提及了遗传和残疾等问题。因此,在涉及平等获得医疗保健服务时,理论上可以援引《宪章》第 21 条。[158]

《宪章》(以及《欧洲人权公约》第 2 条)第 2 条规定的与医疗保健权相关的生命权也可以援引。[159] 在欧洲委员会的背景下,与健康相关的该项权利已经在一些案件中得到了明确。[160] 尽管欧盟在提供医疗保健服务方面仅享有有限的权限,[161] 但鉴于由欧洲人权法院审理的这些案件讨论了可以同《宪章》中的条款进行类比的《欧洲人权公约》中的条款,故通过解释,欧盟法院未来也可能被要求对这些高度微妙的医疗保健问题做出裁决。患者可能会在另一成员国寻求堕胎或生殖治疗,而且实际上患者也可以为了安乐死而去旅行;在这些情况下,可能会对与获得医疗保健权相关的生命权或家庭生活权产生影响。[162]

当结合《宪章》第 4 条关于施加不人道或有辱人格的待遇的规定对《宪章》第 35 条关于医疗保健权的规定进行解读时,可以提出另一项理论主张。[163] 在该情形下,处于疼痛或残疾状态的患者如果被要求在其母国等待治疗,而不得寻求跨境医疗,则其可以主张自身受到了与获得医疗保健权相关的不人道或有辱人格的待遇。有趣的是,在欧盟法院的判例法中,获得医疗保健权从未以此种方式得到过认可,该权利可能与《欧盟运行条约》第 168 条第 7 款产生直接冲突,后者强调了成员国在组织医疗保健体系方面享有自主权。然而,在近期的一起案件中,欧盟法院总法务官(Advocate-General)基于自由流动规则表示:

---

⑰　Case C-555/07 Seda Kücükdeveci v. Swedex GmbH & Co. KG [2010] ECR I-00365.

⑱　还可参见《欧洲人权公约》第 14 条和《生物医学公约》第 11 条。

⑲　See Case C-467/10 Baris Akyüz v. Germany Judgment of the Court(Second Chamber)[2012] OJ C 328,该案中德国援引了生命权以保护公众免遭不安全驾驶人的侵害。

⑳　ECtHR Powell v. the United Kingdom Application No. 45305/99, 4 May 2000; ECtHR Calvelli and Ciglio v. Italy Application No. 32967/96, 17 January 2002; particularly ECtHR Cyprus v. Turkey Application No. 25781/94, 10 May 2001(法院在该案判决的第 219 段指出,缔约国不允许个人获得其他民众可获得的医疗保健服务,会将个人的生命置于风险之中); see further San Giorgi (2012) supra note 39 at p. 104。

㉑　《欧盟运行条约》第 168 条第 7 款。

㉒　See generally McHale (2012) supra note 29 at p. 306 et seq.

㉓　关于禁止不人道和有辱人格的待遇与医疗保健之间的联系,see San Giorgi(2012)supra note 39 at p. 104 et seq.(提到了欧洲人权法院的一系列案件,这些案件涉及《欧洲人权公约》第 3 条在监狱中缺乏医疗保健服务情况下的适用,主要针对的是患有疾病者、被驱逐者以及精神残疾者); also see Hendriks(2012)supra note 22。

　　虽然判例法将条约中确立的基本自由作为主要参考依据，但在共同体的范围内另一方面正变得越来越重要，即《宪章》第35条规定的公民的医疗保健权，原因在于健康"作为一项根本性资产"不能仅仅从社会支出和潜在经济困难的角度进行考虑。该权利被认为是一项和个人与社会保障的关系无关的个人待遇，法院不能忽视这一方面。[164]

　　尽管欧盟法院未根据《宪章》第35条考虑该案，但上面这些话说明了对欧盟参与健康政策适用基于权利的方法，可能会带来潜在的"宪法斗争"。这显示出基于自由流动原则以及与个人权利相结合的《宪章》第35条，而由条约推动的欧盟层面的获得医疗保健权，与成员国为落实国家层面的获得医疗保健权所主张的自主权相冲突。然而，获得医疗保健权（《宪章》第35条）的另一重要方面是，其为评估欧盟行为的合法性创设了一项法律标准。这甚至可能包括声称欧盟对特定领域的健康政策的参与，通过影响成员国管理和维持国家医疗保健体系的自主权，侵害了获得医疗保健权。例如，通过使跨境提供特定处方成为现实来实现欧盟层面获得药品的权利，可能会侵害成员国管理医疗保健服务成本的自主权。[165] 医疗保健待遇的配给，是在国家层面建立全民医疗保健的一项主要因素。

　　对于从健康权的角度分析欧洲健康政策的影响，尤其是公共健康和医疗保健方面，如果欧盟机构在法庭上受到挑战，那么将健康权和个人权利相联系可能会具有更大的分量和程序优势。然而，对于更广泛地分析欧盟健康政策对关涉价值的基本权利的影响，以及从基本权利关涉（内生于欧盟法律体系的）合法性的视角进行分析，欧盟法所承认的健康权为欧盟机构提供了大量在制定健康政策时可以纳入考虑的参考点。[166]

---

　　[164]　AG R. - J. Colomer Opinion Case C - 44/05 Aikaterini Stamatelaki v. NPDD Organismos Asfaliseos Eleftheron Epangelmation（OAEE）AG Opinion［2007］ECR I-3185 at para. 40.

　　[165]　See ECtHR Nitecki v. Poland Application No. 65653/01，21 March 2002；also see European Commission（2013）Impact assessment roadmap "Implementing Measures for Improving the Recognition of Prescriptions Issued in Another Member State" under Article 11 para. 2 of the Directive on the Application of Patients' Rights in Cross-Border Healthcare（CBHC）.

　　[166]　T. K. Hervey "We Don't See a Connection：The 'Right to Health' in the EU Charter and European Social Charter" in G. de Burca and B. de Witte（eds.）Social Rights in Europe（Oxford：Oxford University Press，2005）.

二　第二分支：个人的（患者）权利

《宪章》为一些在健康语境下格外重要的个人权利提供了保护。同时，由于《宪章》的适用范围不得超过欧盟在特定政策领域的既定权限，这些权利的法律意义可能因此而被削弱。医疗服务的提供，尤其是患者与医疗专业人员的关系，就不在欧盟的一般权限范围之内。因患者可能想要保护其身体的完整性，个人权利在此种关系中发挥着作用。然而，在公共健康的场景下可能也同样如此，此时的关系体现为向个人施加公权力，以实现保护公共健康的目的，如遏制某种传染病的传播。在公共健康的场景下，个人权利提供重要保护的情形包括强制服用特定药物这类强制性精神干预、强制搜身、强制采集血液样本或 DNA 拭子等。在能够于欧盟健康政策方面发挥作用的下列个人权利中，首先予以特别关注的是与人格尊严和人身完整权相关的知情同意权，其次是数据保护和隐私权。如此安排是为了建构一个更加精简的分析框架，但与此同时也承认，正如对健康权的解释所示的那样，生命权、平等对待权和禁止酷刑等个人权利与健康权和获得医疗保健权相结合，能够为发现欧盟健康政策对基本权利的影响创造基础。

（一）公共健康和医疗保健中的知情同意

《宪章》第 1 条关于人格尊严的规定是所有法律要素和健康参与的基础，因而可以被作为一些具体的患者权利的基石。[167] 然而在欧盟层面，人格尊严要求什么这一问题基本是由各成员国决定。[168] 但人格尊严的问题也可能同时成为一个欧洲议题；《宪章》第 3 条关于人身完整性（integrity of the person）的规定与人格尊严的原则密切相关。[169] 在此方面，人格尊严可以指涉两方面的内容，一是个人的人身完整，二是保护社会公众。《宪章》第 3 条所列的原则总体而言也是《欧洲人权公约》的一部分，但知情同意除外，知情同意目前仅仅只是基于《欧洲人权公约》第 8 条在欧

---

[167]　See McHale（2012）supra note 29.

[168]　See Case C-36/02 Omega Spielhallen und Automatenaufstellungs-GmbH v. Oberbürgermeisterin der Bundesstadt Bonn［2004］ECR I-9609 and see Douglas-Scott（2011）supra note 28.

[169]　Case C-377/98 The Netherlands v. European Parliament and Council of the European Union［2001］ECR I-07079；关于依据人格尊严不允许对人体要素申请专利，参见第 77 段和第 78 段。

洲人权法院的判例法中得到了发展。[⑩]《宪章》第 3 条第 2 款明确规定了在医学和生物学领域必须尊重知情同意，禁止优生学的实践，尤其是那些旨在对人进行选择的行为，禁止将人体及其组成部分作为获利来源，以及禁止对人类进行生殖性克隆。[⑪] 禁止生殖性克隆并非一项个人权利，但该规定本身可以在欧盟健康政策制定方面发挥作用，例如关于欧盟层面对临床试验的监管，甚或欧盟对医学研究基金的拨款。[⑫]

在考虑欧洲的药品监管问题时，也可以援引《宪章》第 3 条。例如，就欧盟层面的药品监管而言，基因疗法的批准即为适例。2013 年，欧盟委员会批准了药品 "Glybera"。这种药物利用病毒将编码一种脂质加工酶的 DNA 输送给缺乏这种基因突变的患者。基因疗法改变了人类的遗传密码，其中的问题在于这如何不同于 "优生学实践"，以及应当在何种程度上影响这些疗法在欧盟层面获得批准。[⑬]

此外，就知情同意而言，《宪章》第 3 条在医疗保健和公共健康领域都能产生影响。在医疗保健领域，知情同意权和人身完整权是医疗专业人员保护患者自决权的法律义务的一部分。[⑭] 自纽伦堡审判以来，知情同意一直是各成员国医患关系的核心法律基础之一。[⑮] 实践中，对于知情同意的责任会在信息提供有误以及医疗结果为负面时发生。此时患者可以主张，如果其拥有正确的信息，就绝对不会同意治疗。因此，由于同意系由信息所构成，"知情同意" 主要是指提供信息的义务。[⑯] 患者仅在就

---

⑩　See ECtHR Tysiąc v. Poland Application No. 5410/03, 20 March 2007, ECtHR K. H. and others v. Slovakia Application No. 32881/04, 28 April 2009, ECtHR R. R. v. Poland Application No. 27617/04, 26 May 2011 (这些是欧洲人权法院最近审理的一些关于罗马妇女被强迫绝育和因医疗原因堕胎的案件)。

⑪　《宪章》第 3 条第 2 款 d 项；《联合国人类基因组与人权宣言》和关于生物技术发明之法律保护的第 98/44 号指令也同样禁止这些行为 (OJ L213/13, p. 123)。

⑫　此处的一个案例是 case C-377/98, Kingdom of the Netherlands v. European Parliament and Council of the European Union [2001] ECR I-7149, 虽然基于人格尊严的请求在该案中得到了接受，但由于 "指令的目的不是取代在指令范围之外保障遵守特定伦理规则的限制性规定，包括通过知情同意的自我决定权"，有关知情同意的请求被法院驳回；参见第 80 段。

⑬　See ibid.；将该规定解释为一项个人权利可能会涉及人格尊严的问题。

⑭　G. Dworkin The Theory and Practice of Autonomy (Cambridge: Cambridge University Press, 1988) at p. 54.

⑮　医患关系中的双方通常存在知识鸿沟。设计这一信息条款是为了平衡双方的权力差异；详见 de Ruijter (2010) supra note 34。

⑯　《生物医学公约》在第 5 条中提到了 "知情同意"，但法语文本仅提及了 "同意" (consentment)；see Mason and McCall (2005) at p. 233。

可能的医疗行为和特定治疗的影响拥有足够信息时，才能做出自主的决定。[177]

在公共健康领域，知情同意权和人格尊严极其突出，因为全体人民的利益往往需要与个人权利相平衡，换言之，集体利益需要与个人权利相平衡。例如，在发生公共健康紧急事件的场合，可能会实施隔离和强制免疫政策，而这在过去也确实发生过。[178] 这些情形为保护知情同意权创设了例外，如果公共机构强制要求，患者可能会被迫接受医学治疗、非自愿试验或违背本人意愿的医疗检查。[179] 然而，由于在此方面欧盟行使权力的空间极其有限，因此，个人权利在采取特殊公共健康措施的场合受到影响，实际上一般仍然是成员国的事情。

与此同时，在涉及健康事宜的某些安全政策问题中，也有一些欧盟参与的例子。一个例子是对航空公司乘客的检查。欧盟依据内部市场法和运输法，对检查设备的使用和其中涉及的特殊健康风险进行了相当复杂的监管。[180] 然而，用于检查乘客的扫描仪可能涉及来自电离辐射技术的健康风险，因此欧盟对哪些扫描仪可以使用以及在何种情况下使用进行了监管。该例子说明了欧盟健康政策，尤其是关于保护公共健康的政策，在身体完整性甚至知情同意方面对基本权利具有影响。[181]

在《欧洲人权公约》的背景下，如前所述，知情同意权被明确规定

---

⑰ 详见 de Ruijter（2010）supra note 34。

⑱ S. Mounier-Jack and R. J. Coker "How Prepared is Europe for Pandemic Influenza? Analysis of National Plans"（2006）The Lancet 367（9520）1405-11.

⑲ 例如，参见《公民权利与政治权利国际公约》第 19 条（允许公共利益在一些情况下优先于个人权利，包括存在公共健康威胁和欧盟自由流动规则之公共健康例外的场合）；also see S. Gruskin "Is There a Government in the Cockpit: A Passenger's Perspective, or Global Public Health: The Role of Human Rights"（2004）Temple Law Review 77 313-34；also see Nuffield Council on Bioethics（2007）"Public Health: Ethical Issues" available at: < http://nuffieldbioethics.org/wp-content/uploads/2014/07/Public-health-ethical-issues.pdf>（last visited February 2014）.

⑳ European Commission, Commission Regulation（EU）No.185/2010 of 4 March 2010 laying down detailed measures for the implementation of the common basic standards on aviation security（OJ L 55 05-03-2010, p.1）.

㉑ European Commission, Commission implementing Regulation（EU）No.711/2012 amending Regulation（EU）No 185/2010 laying down detailed measures for the implementation of the common basic standards on aviation security as regards the methods used for screening persons other than passengers and items carried, 3 August 2012（OJ L 209/04-08-2012）；European Commission, Scientific Committee on Emerging and Newly Identified Health Risks SCENIHR, Health effects of security scanners for passenger screening（based on X-ray technology）, 26 April 2012.

于《宪章》之中，但在欧洲人权法院的判例法中，其通常系以《欧洲人权公约》第 8 条规定的私人生活权为基础。在欧洲人权法院审理的 Pretty v. UK 案中，欧洲人权法院明确了生命权不得"被解释为赋予了一项截然相反的权利，即死亡权"[182]。然而，在家庭生活权方面，法院明确将知情同意作为《欧洲人权公约》第 8 条之下的一部分。[183] 关于知情同意权存在一些欧洲人权法院的判例，但这些判例均发生于国家医疗的背景之下，欧盟原则上无管辖权。[184] 然而，在此方面存在一些未来发展的可能。例如，围绕帮助自杀的问题可能会对《宪章》第 7 条的适用范围提出疑问，该条也是对《欧洲人权公约》第 8 条的反映。虽然《欧洲人权公约》第 8 条允许公共政策的例外，但《宪章》第 7 条并不包含该项例外。欧洲人权法院的判例法基本上认为，患者有权依据《欧洲人权公约》第 8 条第 1 款决定其个人的死亡。[185] 是故，从理论上讲，除自由流动原则外，患者还有可能依据私人生活权于另一成员国寻求终结生命的治疗。但是，如果对于结束某人生命的规制在这些国家有所不同（如比利时和荷兰），且母国欲拒绝批准跨境医疗保健服务，那么依据《宪章》将不会存在任何公共政策的例外。该情况使得成员国愈发难以规制诸如安乐死这类高度伦理性的事项。[186]

（二）公共健康和医疗保健中的隐私与保密

《宪章》第 7 条中的私人生活权还包括对家庭生活的尊重。同时，这也涉及收集和存储的个人信息，如医疗数据和医疗记录的收集。此外，就隐私权而言，其还涉及医生对患者医疗和精神状况的保密义务。这些隐私问题可能适用于欧盟机构，例如在医生可能有义务报告由欧盟层面确定的传染病事件的场合，[187] 但是，对健康信息的保密被认为是保持患者对医疗

---

[182]　ECtHR Pretty v. United Kingdom Application No. 2346/02, 29 April 2002 at para. 39.

[183]　See ibid. at para. 63; also see ECtHR X and Y v. the Netherlands Application No. 8978/80, 26 March 1985.

[184]　See Hendriks（2012）supra note 22.

[185]　ECtHR Pretty v. United Kingdom Application No. 2346/02, 29 April 2002.

[186]　Hendriks（2012）supra note 22.

[187]　Decision No. 1082/2013/EU of the European Parliament and of the Council of 22 October 2013 on serious cross-border threats to health and repealing Decision No. 2119/98/EC（OJ L 293/1, 05-11-2013）；在此方面需注意《国际健康条例》也规定了报告义务；尤其参见《国际健康条例》第二部分之下的条款。

行业和健康服务之信心的关键。⑱ 如果向医生报告某种传染病会轻易地摧毁患者和医生之间的保密性，并因此导致患者被采取公共健康措施（疫苗接种、隔离等），那么患者可能倾向于不向医生进行报告。

然而，公共健康理由可能会对保护个人数据的权利做出限制。在此方面，更重要的是《宪章》第8条关于保护第三方可以获得或可能获得的个人数据的权利（在公共健康信息的交换中必然会出现此种情况），这包括医疗保健服务提供者跨越国界交换患者医疗数据的情形。⑲ 就此而言，保护个人数据的权利和保护患者健康状况的权利在欧盟层面得到了明确保护。⑳

在欧盟健康政策对个人权利产生影响的情形，这无疑将成为一个可以在法庭上质疑欧盟机构的问题。然而，大量的欧盟立法通常针对的是成员国而非个人。与此同时，如检查航空公司乘客的例子所示，欧盟健康政策的影响有时可能体现在相对低水平地执行直接适用于成员国的立法当中。仍以该检查为例，这可能是指欧盟对应当如何、在何种情况下、使用何种机器对欧洲公民进行检查，给出了极其清晰的指引。虽然在法庭上可能很难令欧盟对该方面可能产生的基本权利影响承担责任，但这并不排除欧洲公民的身体完整性和人格尊严等权利在此类案件中受到影响。

第五节 基本权利：超越法律框架

欧盟基本权利的两个分支塑造了分析欧盟人体健康领域权力扩张对欧盟基本权利之影响的框架。如本章第一节所述，使用基于权利的框架评估健康政策，被认为是对健康政策可能影响基本权利的一种承认。此外，该

---

⑱ R. Reintjes et al. "Benchmarking National Surveillance Systems: A New Tool for the Comparison of Communicable Disease Surveillance and Control in Europe" (2007) European Journal of Public Health 17 375 – 80; S. Gainotti et al. "Ethical Models Underpinning Responses to Threats to Public Health: A Comparison of Approaches to Communicable Disease Control in Europe" (2008) Bioethics 22 466–76.

⑲ Decision No. 1082/2013/EU of the European Parliament and of the Council (2013) supra note 187.

⑳ Case C-404/92 X v. Commission of the European Communities [1994] ECR I-04737. 《欧洲人权公约》第8条在该案中被解释为共同体法律的一项"一般原则"，保护欧盟委员会公务人员不接受艾滋病毒/艾滋病的血液测试的知情同意权；其他保护未经患者同意将医疗记录提供给另一医生情况下的隐私权；also see Case C-62/90 Commission v. Germany [1992] ECR I-2575.

框架还承认了健康政策背景下对基本权利的侵犯可以被视为"侵犯尊严",[191] 而这可能会打击一个社会为促进福祉所做之努力的核心。[192] 换言之，除了在政策制定过程中事前确定政策的合法性，以及在诉讼中事后确定政策的合法性的法律实践中的作用之外，基本权利具有超出其形式上的司法可执行性的价值和意义。基本权利可以为讨论合法性提供一个框架，因为其被认为超越了具体案件中的可诉性，内生于一个特定的政治体系 [在此处即欧盟政治（和法律）体系]。这一更广的范围尤其有助于将欧盟健康政策的广度纳入考虑范围，包括所讨论的成员国可以在正式立法权限之外，于欧盟机构的推动下参与健康政策制定的情况。[193]

总之，基于权利的欧盟健康政策分析框架为欧盟健康政策创造了一个法律"基准"，其立基于欧盟在欧盟机构和成员国两个层面的立法权限。如前所述，基本权利适用于欧盟政策的法律范围，受限于各条约中规定的欧盟权力和任务。欧盟健康政策可能以条约中明示的欧盟立法权限或其他立法依据为基础，例如在农业或内部市场的背景下。在这些情况下，欧盟健康政策是一个由欧盟法所涵盖的问题，欧盟基本权利将在欧盟机构和成员国于广义上"实施"欧盟法之时适用于欧盟机构和成员国。即使是《宪章》中包含"原则"而非"权利"的条款，也可被用于解释欧盟机构和成员国的行为以及对这些行为的合法性做出裁决。

考虑到所讨论的近期的判例法，从基本权利的角度分析欧盟健康政策合法性的基于权利的框架，已经布下了一张大网。在健康领域，除了受基本权利约束的欧盟机构外，成员国在落实欧盟法方面总体上也拥有相对较大的自由裁量权。但无论成员国有多大的自由裁量权，即使与欧盟行为义务只有相对薄弱的联系，成员国都仍然必须遵守欧盟基本权利。此外，虽然在此问题上尚不存在决定性的判例法，但鉴于欧盟法自身即确立了基于公共健康背离欧盟法的可能性，可以说成员国在背离欧盟法之时也仍需遵守欧盟基本权利。

然而，该分析框架也存在一些局限性，尤其在欧盟健康政策涉及实施

---

[191]　Mann et al.（1994）supra note 9.

[192]　《欧洲联盟条约》第 3 条。

[193]　L. O. Gostin "Public Health, Ethics, and Human Rights: A Tribute to the Late Jonathan Mann"（2007）Journal of Law, Medicine and Ethics 29（2）121-30（研究了在讨论健康与人权的关系时缩小分析框架的重要性）。

性法案（implementing acts），或者不清楚参与健康政策制定的欧盟行动者是公共机构、机构办公室还是专门机构之时，对欧盟机构的健康政策制定行为进行分析的场合。就成员国和欧盟机构而言，该法律框架的其他重要局限出现于成员国在正式的立法权限之外，于欧盟机构的推动下参与健康政策制定的情形。对于这些情形，应当采用一种超越严格法律框架的基于权利的健康政策分析方法，即允许一种"规范性语言"，将基本权利是对欧盟范围内重要共同价值之表达纳入考虑。[104]

另外，欧盟基本权利的视角能够显示欧盟健康政策引发的可能的紧张关系：基本权利方面的影响可以说明高度敏感的国家政策议题会如何被成员国参与欧盟政策制定活动所影响。据此，本书从对欧盟基本权利之影响的角度，检视了欧盟在人体健康领域的权力扩张。具言之，（获得）医疗（保健）的权利和个人的患者权利构成了基本权利框架的两大分支，将会被用于分析欧洲健康法律与政策的影响。

---

[104] 《欧洲联盟条约》第 2 条。

第三章 欧盟"公共健康"和"医疗保健"法律与政策

> 在确定和实施所有欧盟政策和活动时，应确保高水平的人体健康保护。[1]

基于构成欧盟参与健康领域之基础的上述条约规定，可以推断出欧盟公共健康和医疗保健政策与法律要么作为一个独立的政策领域并不存在，因为其已被纳入所有其他政策的主流之中，要么基本上无所不包，因为所有的欧盟公共政策都同时是健康政策。这一令人困惑的问题构成了本章的出发点，本章旨在描述目前欧盟在人体健康领域的权力的性质。作为初步探索，本章首先就欧洲是否存在一个权威的"健康"概念提出疑问；其次对欧盟的一般政策制定和健康政策制定的性质进行讨论，并发展出欧盟健康法律和政策的概念；最后就欧盟对健康领域的参与进行历史概览，以更具体地勾勒欧盟健康政策的范围。

第一节 欧盟的人体"健康"

描述欧盟在人体健康领域的权力性质的第一步是考虑：什么是"健康"以及是否存在一个权威的欧洲健康概念？本书旨在通过相关法律和政策的内容把握欧盟的角色，而健康，[2] 最终则是确定这些法律和政策的内容范围的决定性因素。同时，由于我们对健康的理解会因文化和历史背

---

[1] 《欧盟运行条约》第 168 条。

[2] 此处系将健康作为"概念"而非"权利"予以讨论，see Toebes（2012）at p. 15。

景的差异而不同，任何对健康的概念化都不可能不受批评。③ 关于"健康"之定义的辩论可以追溯到几个世纪前，并且具有哲学、宗教、文化、政治和法律方面的影响。④ 此外，将健康概念化也会产生规范性的社会或政治影响（此处的"规范性"是指健康状况不佳是对一项规范的偏离，而该规范则是指"一个人们认为处于正常状态的虚拟的人"的状况⑤）。例如，女性歇斯底里症曾经是一种公认的疾病，在 19 世纪据称影响了大约 1/4 的女性。虽然该疾病被归结为一些不同的症状，但总体是指对一项规范的偏离，即确诊的女性歇斯底里症是"不女性化的"行为。女性歇斯底里症通常会妨碍女性参与公共生活。⑥ 故此，被视为物种"正常功能"的内容可能是社会对正常功能的一种（规范性）建构。⑦

　　欧盟没有定义人体健康的权威法律文本。联合国世界卫生组织将健康定义为："一种完全的身体、心理和社会福祉（well-being）状态，而不仅仅是不生病体弱。"⑧ 该定义遭到了一些批评，⑨ 尤其是在其政治性而非描述性方面："世卫组织的定义有可能将所有社会哲学和社会政策都变成

---

③　See K. Jaspers General Psychopathology（Baltimore, MD：Johns Hopkins University Press, 1997）at p. 780（"相较于医生的判断，疾病的一般含义可能更多地取决于患者的判断和当代文化的主流观念"）；also see J. Bircher "Towards a Dynamic Definition of Health and Disease"（2005）Medicine, Health Care and Philosophy 8 335-41；and see K. Bergdolt Wellbeing：A Cultural History of Healthy Living（Cambridge：Polity Press, 2008）（描述了西方医学界中，健康概念从传统的整体健康概念，即在健康生活中寻求平衡的个人责任，转变为目前循证医学背景下更富技术性的健康概念）。

④　Bergdolt（2008）supra note 3.

⑤　Quote by L. A. Quetelet 1869, Belgian physician cited in ibid. at p. 277.

⑥　例如，哈佛大学校长爱德华·克拉克（Edward Clarke）曾在 1873 年反对女性接受教育。其声称，大脑学习所需的血液会阻碍生殖系统的正常发育，参见 L. Briggs "The Race of Hysteria：'Overcivilization' and the 'Savage' Woman in Late Nineteenth-Century Obstetrics and Gynecology"（2000）American Quarterly 52（2）246-73 at p. 248。

⑦　N. Daniels Just Health：Meeting Health Needs Fairly（Cambridge：Cambridge University Press, 2008）at p. 40（作者在罗尔斯的公平正义理论的基础上，提出了一种将健康与机会联系起来的健康正义理论）。

⑧　See WHO Preamble to the Constitution of the World Health Organization as adopted by the International Health Conference New York, 19-22 June 1946；signed on 22 July 1946 by the representatives of sixty-one States（Official Records of the World Health Organization no. 2 at 100）and entered into force on 7 April 1948.

⑨　M. Huber et al. "How Should We Define Health?"（2011）British Medical Journal 343（4163）；Editorial "What Is Health? The Ability to Adapt"（2009）The Lancet 373（781）；J. S. Larson "The Conceptualization of Health"（1999）Medical Care Research and Review 56 123-36；A. R. Jadad and L. O'Grady "How Should Health be Defined?"（2008）British Medical Journal 337.

医疗保健。"⑩ 世卫组织的概念被认为过于宽泛，而采用一个更加生物医学的健康概念，将会为健康赋予更加实证主义的科学含义。健康的生物医学概念使用科学的生物医学判断来确定某种状况是否偏离了（人类）物种的正常功能；对此种功能障碍是否属于"健康需求"进行规范性判断，则只是下一步的工作。⑪ 是故，生物医学上的健康概念是指"身体稳健（soundness）的状态，即身体机能得到适当和有效的发挥"⑫。

然而，在生物医学的科学层面上，关于病态和功能正常之间的区别也存在激烈的辩论。⑬ 一个例子是女性性功能障碍（FSD），其通常被认为是由制药行业制造出来的一种人造功能障碍，目的在于为新药创造一个市场，以反映向患有"勃起功能障碍"的男性出售"伟哥"所获得的利润。⑭ 另外，除作为一项生物医学标准外，健康还是一种与"个人同自身和谐相处"有关的主观体验。⑮ 在此意义上而言，健康无疑是一个积极的事物：

> 追求的是存活、长寿、生育能力、体能、力量、极少的疲劳、无痛苦，以及除了对身体存在的愉悦感受外，尽可能忽略身体的一种持久的状态。（雅斯贝尔斯，1883—1969）⑯

另外，从社会学的视角而言，"健康是三项因素进行复杂和动态相互作用的结果：代表生物彩票和社会彩票的命运；个人责任；来自社会环境的支持"⑰。健康并不仅仅是一项生物医学评估和个人体验，其还可以被归因于群体（公共健康）。就此而言，群体的社会环境可以影响某人的健

---

⑩ N. Daniels Just Health：Meeting Health Needs Fairly（Cambridge：Cambridge University Press，2008）at p. 37.

⑪ Ibid. 该书第 42 页在此方面提到了"减轻自然彩票"的影响。"自然彩票"是指"个人在生物学上所具有的部分潜力，该潜力最初系由个人的基因构成或出生前的发育而产生。因此，其因人而异，是生物学的不公平的一部分"；Bircher（2005）supra note 3 at p. 337。

⑫ See J. Simpson and E. Weiner（eds.）The Oxford English Dictionary（Oxford：Clarendon Press，1989）definition of health，and see Daniels（2008）supra note 10 at p. 37.

⑬ Daniels（2008）supra note 10 at p. 42.

⑭ R. Moynihan "The Making of a Disease：Female Sexual Dysfunction"（2003）British Medical Journal 326（7379）45-7；L. Tiefer "Female Sexual Dysfunction：A Case Study of Disease Mongering and Activist Resistance"（2006）PLoS Medicine 3（4）.

⑮ Bergdolt（2008）supra note 3.

⑯ Jaspers（1997）supra note 3 at p. 780，and see further Bergdolt（2008）supra note 3.

⑰ Bircher（2005）supra note 3 at p. 338.

康，而某人的个人健康也可以影响群体：

> 如果没有起码的健康水平，人们将无法充分参与社会交往、参与政治程序、行使公民权利、产生财富、创造艺术，以及提供共同的安全。安全和健康的群体为国家的治理结构、社会组织、文化禀赋、经济繁荣和国防建立了坚实的根基。由于一定程度的人体机能是从事对公众的社会、政治和经济福利至关重要的活动的前提，群体健康成为一项超越性的价值。[18]

例如，肥胖在影响个人健康的同时，对于群体健康也同样是一个问题。此外，其还能够对个人的福祉和心理健康产生影响，这些已经超越了由超重引发的生理问题。[19] 就此而言，世卫组织的定义将重点放在人体健康对于促进总体福祉（well being）[20] 的重要性上是正确的，因为我们所说的健康可能不仅仅指个人身体的物理稳健性。同时，健康促进福祉，也是欧盟的核心目标之一。[21] 当然，健康与福祉并不等同，因为个人幸福和社会福祉可以独立于健康状态而存在。[22] 此外，为了将欧盟健康政策概念化，我们需要更多的概念重点。如果欧盟的核心目标之一是促进其民众的福祉，且我们将世卫组织对于健康的"完全福祉"定义，甚或是本章开头援引的《欧盟运行条约》第 168 条作为定义标准，则所有的欧盟公共政策都可能落入欧洲健康政策的概念当中。

---

[18] L. O. Gostin "A Theory and Definiton of Public Health Law"（2007）Journal of Health Care Law and Policy 10 1-12 at p. 2.

[19] 更不必说肥胖带来的社会污名化。

[20] 此处的福祉一般指的是比健康更为宽泛的概念。其包含的方面：可能是运气问题的主观福祉、基因或性格、自给自足或收入、公共服务的可及性、教育和智力发展、健康和营养、休闲娱乐、人际关系、文化或精神活动、流动性、清洁的环境，以及其他影响生活品质的方面；see European Commission, Communication from the Commission to the Council and the European Parliament, GDP and beyond：Measuring progress in a changing world ［COM（2009）433 final］；also see European Commission "Wellbeing Aggregate Report"（2011）Eurobarometer Qualitative Studies（Brussels）。福祉一词还有一个重要的哲学用途，其在美德伦理学和相关哲学中经常被用于指涉亚里士多德的某种版本的幸福（eudaimonia）概念；see generally J. L. Jost and R. A. Shiner（eds.）Eudaimonia and Well-Being, Ancient and Modern Conceptions（Kelowna BC：Academic Printing and Publishing, 2003）。

[21] 《欧洲联盟条约》第 3 条第 1 款、《欧盟运行条约》第 9 条。

[22] D. Callahan "The WHO Definition of 'Health'"（1973）Hastings Center Studies 1（3）77-87 and ibid.

一 欧盟定义健康的法源

欧洲并无权威（法律）文本以《世界卫生组织章程》（*the WHO Constitution*）的方式对欧洲的健康概念进行定义。[23] 尽管从概念狭窄性的角度而言，采用生物医学的健康概念有诸多可取之处，但在欧洲政策背景下，有证据表明，健康的内涵被认为超越了（人类）物种的"正常机能"。对此的最佳例证是欧盟统计局（Eurostat）每年用来衡量欧洲人健康状况的健康寿命年数（healthy life years，HLY）指标。[24] HLY 是一项人体健康指标，其不仅包含关于死亡率和发病率/残疾率的统计数据，还包含关于自我感知之健康（self-perceived health）的数据。[25] 根据死亡率、发病率/残疾率和自我感知健康的综合数据，即可估算出健康状况良好的预期寿命年数。欧洲政策背景下对自我感知健康数据的纳入，承认了健康实际上是几乎无法确定的，因为该概念本身即具有流动性："健康寿命（health expectancy）是预期寿命和健康概念的结合；有多少健康概念，潜在地就有多少健康寿命。"[26]

欧盟的条约中同时提到了"人体健康"（human health）和"公共健康"（public health）。艾伦·沃斯（Ellen Vos）认为，条约中的公共健康和人体健康所指不同：公共健康的保护规定于《欧盟运行条约》第 168 条的标题 14 中，而人体健康的保护，同在自由流动条款中的含义一样，其在《欧盟运行条约》第 36 条中是指保护"人的生命和健康"，在《欧

---

[23] 在由赫维（Hervey）和麦克海尔（McHale）撰写的关于欧盟法对国家健康法之作用的最早的综合法律书籍之一中，健康的生物医学概念或者两位作者所称的健康的"工程模型"——与蒙哥马利（Montgomery）的观点一致——被作为概念范围。健康的"工程模型"概念将健康界定为运行良好的人体机器，在发生故障时需要修理；T. K. Hervey and J. V. McHale Health Law and the European Union（Cambridge：Cambridge University Press，2004）at p. 10；and see their discussion of J. Montgomery Health Care Law 2nd edn（Oxford：Oxford University Press，2002）at pp. 2-4，7。

[24] 欧盟一般会收集大量其他的公共健康统计资料，如关于针对传染病的保护、社会人口背景对健康的影响等。See Regulation（EC）1338/2008 of the European Parliament and of the Council on Community Statistics on Public Health and Health and Safety at Work（OJ L354/70，31-12-2008）。

[25] 在关于健康和公共健康的广泛的社会科学（和公共健康）研究中，自我感知的健康是一个公认的健康指标。See S. M. Hunt and J. McEwen "The Development of a Subjective Health Indicator"（1980）Sociology of Health & Illness 2（3）231-46。

[26] See methodological annex to HLY，Healthy life expectancy based on self-perceived health，available at ＜http：//appsso. eurostat. ec. europa. eu/nui/show. do？dataset = hlth _ silc _17&lang = en＞（last accessed January 16，2013）。

盟运行条约》第 114 条第 3 款中则是指"健康和安全"。㉗ 根据沃斯
（Vos）的看法，欧洲背景下对公共健康的理解更为狭窄，因为公共健康
指的是以预防疾病和打击药物依赖性等为目标的理念。㉘ 然而，条约并不
支持"人体健康"和"公共健康"所指不同这一看法。《欧盟运行条约》
第 45 条和第 52 条将公共健康作为工人自由流动和设立权的一项例外，这
同时也是欧盟自由流动法中比较重要的条款。另外，随着《里斯本条约》
的通过而被引入条约的《欧盟运行条约》第 9 条，提到了人体健康的保
护。《欧洲共同体条约》第 3 条（p）项曾经也提到了人体健康的保护，
指出其是一个成员国和欧盟共同享有管辖权的领域。㉙ 然而，目前的《欧
盟运行条约》第 4 条关于共享管辖权的规定仅仅只提到了公共健康。

与此同时，新的《欧盟运行条约》第 6 条（a）项提到了欧盟在改善
人体健康方面补充成员国行动的额外权限。因此，虽然各条约中都提到了
人体健康和公共健康，但两个概念系交替使用，所指皆为保护群体健康是
欧盟法律背景下的公共政策的合法目标。该目标完全契合公共健康的传统
概念，因为其指的是为广大民众的健康。㉚ 与沃斯（Vos）的主张不同，
欧盟在产品和食品的健康与安全提供方面的作用是一个典型的公共健康保
护问题，尽管欧盟系通过不同的（监管）方式参与其中。㉛

㉗ 沃斯（Vos）在此援引的是《欧洲共同体条约》。但鉴于这些特定条款中有关健康的文本在之
后的条约修订中并未改变，故沃斯（Vos）引用的条款等同于《欧盟运行条约》中的相应条款。

㉘ See E. Vos, Institutional Frameworks of Community Health and Safety Regulation: Committees,
Agencies and Private Bodies（Hart Publishing, 1999）, at p. 18.

㉙ 欧盟法律范式中的"权限"是指条约中赋予欧盟机构采取法律措施之权力的法律依据，
以及该权力的界限；详细内容参见 P. Craig and G. de Búrca EU Law: Text, Cases, and Materials
（Oxford: Oxford University Press, 2008）at p. 83 et seq。

㉚ 公共健康通常被视为一个独立的科学领域，流行病学在其中具有核心的重要性。然而，
其同时也被视为一个独立的公共政策和法律领域，因为其主要涉及公权力机构和个人之间的法律
关系。See L. O. Gostin Public Health Law: Power, Duty, Restraint（Berkeley, CA: University of
California Press, 2000）at p. 3 et seq。

㉛ 对此的反驳是条约当中以及欧洲经济共同体/欧共体/欧盟的判例法所确立的公共健康例
外，经常作为一项工具被用于统一国家公共健康障碍，以实现流动自由并建立欧盟市场。然而，
规定可能有助于建立特定商品市场并保护公众健康的事实，并不意味着欧盟层面的这些监管安排
不需要公共健康规定通常所需要的所有技术性和科学性专业知识。此外，建立市场和保护公共健
康的双重目标，也存在于欧盟在非内部市场法律背景下实施的"典型"公共健康活动之中。例
如，欧盟的大多数公共健康计划在健康的劳动力和经济增长之间建立了联系。针对公共健康计划
（2014—2020）的最新建议提出："健康不仅仅是一项价值本身，其也是增长的驱动力。只有健
康的人口才能充分实现其经济潜力。" See European Commission, Proposal for a Regulation of the Eu-
ropean Parliament and of the Council Establishing a Health for Growth Programme, the Third （转下页）

　　欧盟法院在关于商品自由流动的判例法中也交替使用"人体健康"和"公共健康"的概念。㉜更为实质性的是，关于欧盟法院在提及公共健康，以及在涉及医疗保健服务可及性的案件中提及个人健康时对健康概念的理解，有迹象表明，生物医学证据应当作为评估违反欧盟法行为的指南。㉝与此同时，欧盟法院还接受了在生物医学的科学层面，关于商品或服务对健康有害抑或有利可能存在分歧。故此，欧盟法院为成员国证明某些健康例外对于自由流动具有必要性留下了裁量空间。㉞当然，欧盟法院在这些案件中并未将健康概念化，相反只是承认了追求健康的方式可能不同，这种不同不仅涉及科学分歧，也关乎国家差异。

二　超越生物医学的概念

　　故此，基于欧盟政策制定的一些权威来源中对"健康"一词的总体使用情况，欧盟并不存在一个明显的健康概念。正如 HLY 指标对自我感知健康的纳入所暗示的那样，健康在欧盟范围内所指的并非只是一个纯粹的生物医学概念。这同样也是欧盟法院判例法的要旨。换言之，在欧洲（法律/政策）背景下，欧盟法院和政策制定者看起来的确接受了，至少是隐含性地接受了，根据个人和社会（国家）背景的不同，在欧盟各成员国的（公共）健康生活体验可能有所不同。例如，欧盟各成员国对怀孕的立场即差异甚巨——有的国家将之视为一种"正常机能"，有的国家则将之视为需要医治的人体"异常状态"。㉟

———————————

（接上页）multi‐annual Programme of EU Action in the Field of Health for the Period 2014‐2020 ［COM（2011）709 final］at p. 1。

　㉜　Vos（1999）at supra note 28 p. 18.

　㉝　在公共健康领域，商品自由流动是一个典型方面。In the field of public health, the area of the free movement of goods is exemplary. 在 case 272/80 Frans‐Nederlandse Maatschappij voor Biologische Producten 案（［1981］ECR 3277）中，欧盟法院认为，除非存在相反的（国际）科学证据，否则成员国可以就必要的且满足自由流动要求的健康保护程度做出决定（比例原则）。关于个人健康，参见 Case C‐157/99 B. S. M. Geraets‐Smits v. Stichting Ziekenfonds VGZ and H. T. M. Peerbooms v. Stichting CZ Groep Zorgverzekeringen［2001］ECR I‐5473（欧盟法院在判决书第 108 段表示，如果在国外的医疗"在相关专业领域内是正常的"，则国家健康保险机构不得拒绝对国外医疗的事前批准；此处的"正常"应被解释为"经国际医学充分试验和验证"，补充强调）。

　㉞　Case 178/84 Commission v. Germany ECR［1987］1227 and Case 174/82 Officier van Justitie v. Sandoz BV ECR 2445；进一步的讨论，参见 Craig and de Búrca（2008）supra note 29 at p. 702 et seq。

　㉟　D. Lupton Medicine as Culture：Illness, Disease and the Body 3rd edn（London：SAGE, 2012）at p. 155 et seq。

　　就此而言，单纯的生物医学的健康概念过于狭窄，不符合欧洲政策背景下对健康概念的使用情况，因为后者还考虑了主观和社会意义上的身心福祉。而且，虽然目前关于健康概念并无权威参考，但考虑到许多不同的法律文件、政策文件和机构行动者已经使用了这一概念，健康概念在欧盟政策背景下是存在的。因此，对于定义欧盟人体健康而言，第一个出发点就是将健康作为人体"正常机能"的生物医学方法。国际公认的循证医学是其中的一个关键方面，这体现在欧盟经常强调需要将有关健康的活动建立在可靠的科学数据基础之上。㊱ 然而，也有迹象表明，欧盟公共政策领域所接受的欧洲健康概念包含主观和社会方面的因素，这些因素是在特定情况下使用健康概念的特征。据此，欧盟政策和法律背景下的人体健康概念不仅指（人类）物种的正常机能，也指对身心福祉的（社会）状态的更主观的表达，具体根据个人和社会（国家）背景的不同而有所差异。㊲

三　区分欧盟"公共健康"和"个人健康（医疗保健）"

　　欧盟的法律和政策中有许多"公共健康"或保护"人体健康"的权威提法，涉及保护公众免受欧盟共同市场内的经济活动可能造成的特定健康损害。在此方面，可以将欧盟政策背景下的"公共健康"与"个人健康"区分开来。这一区分在健康政策领域总体而言并不新奇，因为从法律的角度而言，公共健康方面的法律关系通常具有公共性（政府 v. 个人），而个人健康方面的法律关系则通常是私人性的〔患者 v. 医生；医

　　㊱　循证医学（EBM）是指"患者管理中的临床和流行病学研究，其特别关注诊断测试、筛查计划和治疗方案的收益、风险和成本的平衡，同时考虑到每位患者的情况，包括基线风险、共患病情况、文化和个人偏好"。See M. A. Porta Dictionary of Epidemiology 5th edn（New York：Oxford University Press，2008）at p. 87. 在欧洲，此处最突出的参考是非常重要的欧盟健康战略，因为其旨在汇集并适用于所有与健康相关的欧盟活动；European Commission，Together for Health：A Strategic Approach for the EU 2008-2013〔COM（2007）630 final〕at. p. 3；but see also European Centre for Disease Prevention and Control Evidence-based Methodologies for Public Health -How to Assess the Best Available Evidence When Time is Limited and There is Lack of Sound Evidence（Stockholm，2007）；and see in the area of pharmaceuticals the European ban on non-evidence-based pharmaceuticals Directive 2004/24/EC，amending，as regards traditional herbal medicinal products，Directive 2001/83/EC on the Community code relating to medicinal products for human use（OJ L 136/85，31-03-2005）。

　　㊲　See Callahan（1973）supra note 22，其在限缩世卫组织的定义时也提到了"身体福祉"（physical wellbeing）。

院 v.（商业）保险；等等]。㊳ 据此，就本书研究而言，之后在提及欧盟法律语境下的"健康"时，同样会进行此种区分，并且会根据概念使用场景的不同，区分涉及公众健康（保护）或（获得）个人健康（医疗保健）的不同场合，要么表述为"公共健康"，要么表述为"个人健康"。当然，这并非一个完善的区分；健康的综合体（health complex）在许多成员国和欧盟都是错综复杂的，在公共健康和个人健康的安排方面存在许多重叠之处。

总而言之，欧盟政策背景下的"健康"概念是指（人类）物种的正常功能，其不仅系由生物医学上的要素所界定，也受身心福祉状态这一更主观的描述影响，且根据个人和社会（国家）背景的不同会有所差异。与此同时，欧盟公共政策背景下的健康可能指"公共健康"，也可能指"个人健康"，具体取决于概念使用的场景是涉及公众健康（保护）还是（获得）个人健康（医疗保健）。

第二节 欧盟的权力：人体健康领域的政策和法律

欧盟政策背景下的健康概念，是确定欧盟在人体健康领域的权力范围的首要元素。故此，为了将"欧盟健康政策"概念化，首先要将通常旨在实现某种程度的个人和公众身体（与心理）福祉，作为健康政策的第一个标识。㊴ 健康政策是一种特殊的公共政策，健康决策的性质涉及生死、道德与伦理选择，这一点使得健康政策有别于其他社会议题。就个人健康安排而言，大多数人一生中至少会有一次与医疗保健部门接触，而这可能是一件意义深远的事情。医疗保健部门是成员国经济的重要组成部分，其雇用了大量的职工，吸收了大量的国家资源，并且在知识和创新竞争中扮演着核心角色。㊵

与此同时，健康政策总体上是一个交叉性的政策领域，因为其受到其

㊳ Gostin（2007）supra note 18.

㊴ G. Walt Health Policy：An Introduction to Process and Power 5th edn（London：Zed Books，2001）.

㊵ 欧盟成员国在医疗保健方面的支出平均约占其 GDP 的 8%。See ibid. at p. 10；T. Stahl et al.（eds.）Health in all Policies：Prospects and Potentials（Brussels：European Observatory on Health Systems and Policies，Finnish Ministry of Social Affairs and Health，2006）；and see generally W. H. Reinicke Global Public Policy：Governing Without Government?（Washington，DC：Brookings Institution Press，1998）at p. 222.

他公共政策部门的高度影响或形塑，如环境政策、社会政策、经济监管、内外安全政策等。旨在实现健康的欧盟政策也同样如此，因为其可能在欧盟内部市场政策、农业政策、环境政策背景下得到发展，或者作为就业战略的一部分得到发展。然而，诚如政治学家理查森（Richardson）所言："健康作为福利国家的核心，一直是欧洲化进程最慢的（部门）之一。"⑪这似乎与欧盟层面旨在解决健康问题的大量监管活动相悖。如何理解这一令人困惑的现象呢？

一 人体健康作为欧盟监管国的一部分

一种解释是监管作为欧盟公共政策的一种形式，直接贯穿了欧盟在健康领域的参与。一方面，欧洲化已经能够基于监管而发生，⑫尤其是在公共健康领域。另一方面，欧盟通过影响个人获得医疗保健服务的安排，对福利待遇（再）分配仅产生了轻微的影响。⑬马佐尼（Majone）的"社会监管"概念提出，欧盟社会变革的核心工具是旨在解决"市场失灵"的监管，而非资源的再分配，后者是成员国社会变革的关键。就此而言，欧盟一直被称为"监管国"而非"福利国"。⑭换言之，欧盟能够接替或分

⑪ J. Richardson "The Onward March of Europeanization: Tectonic Movement and Seismic Events" in J. Richardson（ed.）Constructing a Policy-Making State? Policy Dynamics in the EU（Oxford: Oxford University Press, 2012）at 337；［理查森（Richardson）在此处使用"欧洲化"一词，不仅是指国家对于欧盟的自上而下的适应，而且也指欧盟和国家政策风格的融合（场景转换）］at p. 5。欧洲化涉及"关于公共政策的关键决定被逐渐转移到欧洲层面（或者新的政策领域逐渐出现于欧盟层面）的过程"；see Richardson（ed.）（2012）at p. 4；and see Greer（2012）。

⑫ D. S. Martinsen "The Europeanization of HealthCare: Processes and Factors" in T. Exadaktylos and C. M. Radaelli（eds.）Research Design in European Studies: Establishing Causality in Europeanization（Basingstoke: Palgrave MacMillan, 2012）（该书以自上而下的方式讨论了这一过程，但系与医疗保健的规定相关）。

⑬ European Commission（2013），Impact asssessment roadmap "Implementing measures for improving the recognition of prescriptions issues in another Member State under Article 11 para. 2 of the Directive on the Application of Patients" Rights in Cross-Border Healthcare（CBHC）.

⑭ G. Majone "The European Community Between Social Policy and Social Regulation"（1993）Journal of Common Market Studies 31 153-70. 欧盟在健康监管而非与健康有关的福利问题上的作用，被认为增加了欧盟在该领域之作用的可信度或正当性。向欧盟专门机构等专门化的非多数派机构授权，可以实现对重要长期目标的可信承诺，如食品安全等，使得这些事项可以脱离选民和政治家的风险和不确定领域。Also see e. g. S. Krapohl "Risk Regulation in the EU Between Interests and Expertise: The Case of BSE"（2003）Journal of European Public Policy 10（2）189-207；G. Permanand and E. Vos "EU Regulatory Agencies and Health Protection" in E. Mossialos et al.（eds.），Health Systems Governance in Europe: The Role of EU Law and Governance（New York: Cambridge University Press, 2010）；Vos（1999）supra note 28.

享成员国关于健康的权力，但不得明显地重新分配欧盟公民个人的任何福利安排。欧盟在该方面的权力被批评为"在促进市场效率的政策和促进社会保护与平等的政策之间，制造了宪法上的不对称"。民族福利国家在法律和经济上都受制于欧洲一体化规则，[45] 但在重建欧盟层面的福利国家方面，欧盟的立法空间极其有限。

健康方面的宪法不对称的情况可以由一个事实说明，即在条约规定的辅助性原则之外，[46] 成员国已经感觉到有必要重申其认为欧盟不享有《欧盟运行条约》第 168 条第 7 款规定的组织医疗保健体系的权限，这等同于对欧盟在此方面之立法权限的双重否定。因此，欧盟无权通过社会保险、福利权或其他方式，对个人医疗保健安排的可及性进行实质性的再分配。然而，成员国仍然认为有必要对欧盟通过健康立法以外的其他渠道参与健康领域的权力进行双重否定，如通过欧盟监管活动和基于其他公共政策目标的立法，以及通过或多或少的非立法路径。[47]

故此，尽管欧盟对健康相关的福利待遇进行再分配的能力相对有限，但其仍然通过不同的政策制定战略高度参与了健康事宜。与此同时，欧盟机构追求健康和健康目标的这些不同方式，并非仅限于监管活动，因此监管国的概念并不能概括欧盟在人体健康领域之权力的全貌。[48] 对（公共）健康风险的监管可能构成了欧盟层面影响健康事宜的主要工具，[49] 但欧盟机构还使用了一些其他的政策制定战略，这些战略符合公共政策制定的"再分配"功能。[50] 在一系列自下而上的活动中，各成员国在欧盟层面互相协调，协调有时系由欧盟委员会推动或在欧盟理事会

---

[45] See F. Scharpf "The European Social Model: Coping with Challenges of Diversity" (2002) Journal of Common Market Studies 40 (4) 645-70 at p. 645.

[46] 欧盟的辅助性原则（《欧洲联盟条约》第 5 条）规定，欧盟不得在其被授予的权限范围之外采取行动，除非成员国无法充分实现拟采取行动的目标。

[47] Hervey and McHale (2004) supra note 23.

[48] 马佐尼（Majone）区分了政府的三项职能——再分配、稳定和监管，而欧盟主要从事监管工作，旨在提升"市场的分配效率"，而非"将资源从一个群体转移到另一群体"（再分配）或者"保持经济增长"（稳定）；see G. Majone "The Rise of Statutory Regulation in Europe" in G. Majone (ed.) Regulating Europe (London: Routledge, 1996) at p. 54。

[49] see G. Majone "The Rise of Statutory Regulation in Europe" in G. Majone (ed.) Regulating Europe (London: Routledge, 1996) at p. 57.

[50] See ibid. and see Majone (1993) supra note 44.

的范围内推动。[51] 此外，通过公共健康计划、结构性基金、欧洲社会基金或者为研究提供资助，欧盟层面也创设了许多旨在追求健康目标的经济激励。[52]

二 权威：政策制定与权力

为了把握欧盟权力在健康领域的参与，并将此种参与的结果定性为"政策"，可以将欧盟政治体系解释为至少权威性地分配了健康相关的"价值"。依据政治学家伊斯顿（Easton）的观点，"政治体系"是指参与社会价值分配的机构和程序。[53] 这些价值可能具有实体形式，可能是服务的形式，也可能指伦理价值或形而上的价值。[54] 对这些价值的分配是公共机构创设、授予或否认这些价值的程序，其中之一即为制定和修改法律与政策的程序。[55]

在此方面，理查森（Richardson）将欧盟描述为一个"政策制定国"，[56] 包括但不限于欧盟在监管政策中的角色。政策制定国的概念并非在"国家性"（stateness）的意义上描述欧盟，相反其侧重点在于欧盟创设和制定大量政策制定战略的能力，这些战略能够以包括监管战略在内的不同方式，对社会变革产生权威影响。[57] "监管国"的概念只是合法化了欧盟政治体系的一个特定功能，而"政策制定国"的概念则描述了欧盟政治体系的核心功能。例如，欧盟对食品安全监管的高度参与，通过在欧

---

⑤ 突出的例子包括：Presidency Conclusions, Gothenburg European Council, 15 and 16 June, 2001; Council Conclusions on Common Values and Principles in European Union Health Systems（OJ C 146/1, 2006）; also see L. Trubek et al. "The Construction of a Healthier Europe: Lessons from the Fight Against Cancer"（2008）Wisconsin International Law Journal 26（3）; and see A. -M. Farrell （2005）"The Emergence of EU Governance in Public Health: The Case of Blood Policy and Regulation" in M. Steffen（ed.）Health Governance in Europe: Issues, Challenges and Theories（New York: Routledge, 2005）。

⑤ European Commission（2013）supra note 43.

⑤ D. Easton "An Approach to the Analysis of Political Systems"（1957）World Politics 9 （3）383-400 at p. 384.

⑤ D. Easton "An Approach to the Analysis of Political Systems"（1957）World Politics 9 （3）383-400 at p. 384.

⑤ D. Easton "An Approach to the Analysis of Political Systems"（1957）World Politics 9 （3）383-400 at p. 384; also see Walt（2001）supra note 39.

⑤ Richardson（ed.）（2012）supra note 41.

⑤ 该方面的欧洲化被描述为"关于公共政策的关键决定被逐渐转移到欧洲层面（或者新的政策领域逐渐出现于欧盟层面）的过程"; Richardson（ed.）（2012）supra note 41。

盟政治体系中对这一政策的权威分配创设了价值（食品安全）。另一个例子则是为遏制公共支出的成本，欧盟权威性地确定了基础医疗（primary care）作为欧盟患者的医疗保健通道，居于核心位置。[58] 这一有关人体健康的相对低水平的政策，通过欧洲政治体系的政策制定程序（在经济政策协调的背景下，即创造政策共识）得以分配。故此，在不对欧盟的性质做任何具体描述的情况下，欧盟的政治体系正通过各种政策制定战略和工具，如监管、激励措施以及一系列协调与非立法实践，权威性地分配健康相关的价值。[59]

基于描述欧盟权力行使的"政策制定"视角，可以将欧盟健康政策定义为以保护和促进人体健康为目的，通过欧盟政治体系对价值所做的权威性分配。这是一个宽泛的定义，因为其既包含欧盟广泛的机构实践，也包含一个相对宽泛的健康概念。与此同时，上述对欧盟健康政策的概念化也能够区分和描述其他欧洲政策背景下所追求的健康政策，而非将健康政策下的所有欧盟公共政策均囊括在内。例如，如果欧盟农业政策旨在建立一个欧洲牛奶市场，那么其就是农业政策。不过，如果在建立牛奶市场的背景下，欧盟层面实施了针对牛结核病的强制检测，那么基于此处对欧盟健康政策所做的定义，相关政策即为欧盟健康政策。

三　欧盟"医疗保健"和"公共健康"政策的区分

尽管对欧盟健康政策的概念化有助于描述欧盟健康政策的范围和内容，但与此同时，寻找欧洲健康政策的位置，并不像登录成员国健康部门网站寻找国家健康政策那样清晰。[60] 令情况更加复杂的是，除了欧盟使用不同的政策制定模式制定健康政策外，欧洲政治体系还推动着国际机构、

---

[58] European Commission and the Economic Policy Committee（AWG）Joint Report on Health Systems, European Economy, Occasional Papers 74.

[59] T. A. Birkland An Introduction to the Policy Process: Theories, Concepts and Models of Public Policy Making 2nd edn（New York: M. E. Sharpe, 2005）at p. 17; See T. Stahl et al.（eds.）（2006）supra note 40; also see K. Lee et al.（eds.）Health Policy in a Globalising World（Cambridge: Cambridge University Press, 2002）at p. 10; also see I. Crinson Health Policy: A Critical Perspective（London: SAGE, 2009）at p. 9.

[60] 尽管人们可能会发现，国家健康政策的定位也并不像宪法所规定的由健康部门负责健康政策那样清晰。健康政策在许多成员国都是碎片化的，并且因职责共担和公私合营而被分割开来。

非政府组织和私人利益游说团体参与健康领域。[61] 鉴于欧盟健康政策在法律上（和部门上）的碎片化，如何对其加以识别？一般而言，"公共政策包括文本和实践中可识别的设计，借由这些设计公共政策得以传达并产生后果"[62]。这意味着公共政策不仅仅包含在法律或规章当中。法律或规则制定后，政策将在实施过程中继续制定和发展，并在其中伴随着关于何者从政策中受益和何者承担成本的决策。[63] 是故，识别欧盟健康政策的第二个关键是将目光投射到正式的法律结构和欧盟权限之外，把作为实施机制的一部分或体现为成员国之间协调形式的、非立法之实践范围内的欧盟政策制定表面之下的活动，纳入考虑。

除了识别欧盟健康政策外，还可以将该政策分为两大不同类别，亦即在概念化欧盟对"健康"的理解时所发现的公共健康和个人健康的二元性。该二元性在对象、目的和法律工具方面与欧盟健康政策相关。一方面，欧盟健康政策具有管理集体健康风险和预防重大疾病灾害的目标；此种健康政策可以被称为公共健康政策。[64] 作为该健康政策领域之工具的法律，通常是公法，因为其调整的是公权力享有者与公民之间的关系。[65] 另一方面，欧盟健康政策涉及与医疗服务提供和个人健康相关的目标。此处的对象主要是私人主体。目标包括建立医疗保健服务的普遍可及性，这意味着一般性地管制医疗领域，并允许医药产品、医疗保健专业人员和健康保险的可及性。[66] 该政策领域的法律关系主要通过合同关系形成，如医院和医生的合同关系、医生和患者的合同关系、保险机构和医院的合同关系等。但值得注意的是，这些法律关系在政府更集中地组织医疗保健体系时

---

[61]　See S. L. Greer et al. "Mobilizing Bias in Europe：Lobbies，Democracy and EU Health Policy-Making"（2008）European Union Politics 9（3）403 – 33；also see S. L. Greer（2009）；also see S. L. Greer "Choosing Paths in European Union Health Services Policy：A Political Analysis of a Critical Juncture"（2008）Journal of European Social Policy 18（3）219-31.

[62]　A. L. Schneider and H. M. Ingram Policy Design for Democracy（Lawrence，KS：Kansas University Press，1997）.

[63]　See T. A. Birkland An Introduction to the Policy Process：Theories，Concepts and Models of Public Policy Making 3rd edn（New York：M. E. Sharpe，2005）at p. 18.

[64]　J. Orme et al.（eds.）Public Health for the 21st Century：New Perspectives on Policy，Participation and Practice 2nd edn（Open University Press，2007）（在该政策制定领域，欧盟已经能够在《欧盟运行条约》第 168 条中相对有力地确立其权限）.

[65]　Gostin（2000）supra note 30.

[66]　Montgomery（2002）supra note 23.

会发生改变。⑥⑦ 不过，在该"医疗保健政策"领域，作为政策制定工具的通常是私法或者对私人关系的公法管制。在欧洲范围内，该健康政策领域是一个通常由不同的市场监管模式所管制的领域，并无自身的"医疗保健"立法基础。⑥⑧

公共健康政策和医疗保健政策这两个政策领域并非脱离对方而单独运行。对此的一个例证可能是欧洲医药市场。一方面，就市场监管而言，这是一个极其重要的部门，其中的公共健康因素为：一批不安全的药品上市会对公众健康产生灾难性影响。⑥⑨ 另一方面，通过健康专家获得药品、由健康保险公司对药品费用提供补偿以及药品的公共采购等，均受制于欧洲的医疗保健政策。⑦⑩ 在此意义上而言，欧盟在公共健康和医疗保健政策领域的活动形成了两个相对不同的欧洲健康政策类别。⑦①

概言之，欧盟健康政策可以被定义为通过欧盟政治体系对价值的权威分配，其目的在于保护和促进人体健康。鉴于该定义的相对宽泛性，为识别欧盟健康政策，需要超越正式的法律结构和欧盟权限，将正式的欧盟政策制定表面之下的活动纳入考虑范围。最后，欧盟健康政策包含公共健康政策和医疗保健政策，两个领域被认为存在区别但又有所重叠。

第三节 欧盟公共健康政策和法律

在本节中，欧盟健康政策的概念构成了追溯欧盟参与健康领域的演化过程和造成这种情况的各种压力的基础。本节将集中讨论欧盟近年来在公共健康政策领域之参与的不断增长。第四节将关注欧盟参与医疗保健政策领域的演化过程。欧盟对健康领域的参与可以追溯到 1951 年签署的《欧

---

⑥⑦ 此处的核心例证是英国国家健康服务和集中式的东欧"谢马斯科"（shemasko）医疗保健体系。

⑥⑧ Hervey and McHale（2004）supra note 23 at p. 18.

⑥⑨ 此处的例子是 20 世纪 60 年代的沙利度胺悲剧，其引发了欧洲层面对公共健康的一些最初的监管，参见 Directive 65/65/EEC of 26 January 1965 on the approximation of provisions laid down by law, regulation or administrative action relating to medicinal products（OJ 2, 09-02-1965）。

⑦⑩ See generally L. Hancher "The EU Pharmaceuticals Market：Parameters and Pathways" in E. Mossailos et al.（eds.）Health Systems Governance in Europe：The Role of European Law and Policy（New York：Cambridge University Press, 2010）at p. 635 et seq.

⑦① 参见《欧盟运行条约》第 9、114、168 条；《宪章》（OJ C 364/01, 18-12-2000），尤其是第 35 条。

洲煤钢共同体条约》（*European Coal and Steel Community*，ECSC 1951），其中包括有关煤矿工人和钢铁工人安全与健康的规定。[72]《欧洲煤钢共同体条约》第 69 条为取消对钢铁工人自由流动之限制这项义务，创设了一项公共健康例外，同时该条第 4 款还规定了为确保工人的自由流动，应当做出社会保障安排。[73] 随着时间的推移，欧洲法律和政策逐渐开始影响成员国的健康安排，欧洲层面的法律和政策也越来越多地考虑到健康问题。

伴随着工业革命和跨境贸易的兴起，公共健康逐渐成为一个国际政治问题。19 世纪中叶，作为欧洲社会对霍乱威胁的回应，第一届国际卫生会议在巴黎举行。[74] 可以说，这次会议标志着国际公共健康的诞生。[75] 国际公共健康的一个重要方面是，其为在人口和商品的自由流动带来公共健康威胁时（如传染病的场合）限制自由流动（如隔离），提供了共识。[76] 在此方面，1957 年的《罗马条约》（*Treaties of Rome*）同样基于公共健康的理由规定了对自由流动的限制。《欧洲经济共同体条约（1957）》[*EEC Treaty*（1957）] 第 36、48、56 条基于公共健康的因素，创设了人员、商品和服务自由流动的例外。或许自相矛盾的是，随着时间的推移，这些例外逐渐成为欧盟越来越多地参与公共健康的关键。另一个重要方面则是基于《欧洲经济共同体条约》标题 2（第 38 条及以下）引入了《共

---

[72]　这基本上是欧盟职业健康和安全政策的"摇篮"，下文将详加讨论。D. Gagliardi et al. "Occupational Safety and Health in Europe: Lessons from the Past, Challenges and Opportunities for the Future"（2012）Industrial Health 50 7-11.

[73]　参见《欧洲煤钢共同体条约》（OJ, unpublished）；see S. Guerrieri "The Evolution of the European Parliament's Role before Direct Elections" in D. Preda and D. Pasquinucci（eds.）The Evolution of the EEC/EU Institutions and Policies（Brussels: Peter Lang, 2010）at p. 205; also see European Community Information Service（1966）Social Policy in the ECSC 1953-1965 Community Topics 20。

[74]　在英国，1848—1849 年有 61000 人死于霍乱，1853—1854 年有 26000 人死于霍乱；在巴黎，1849 年有 20000 人死于霍乱；see M. Liverani and R. Coker "Protecting Europe from Diseases: From the International Sanitary Conferences to the ECDC"（2012）Journal of Health Politics, Policy and Law 37（6）913-32; G. Rosen A History of Public Health（Baltimore, MD: John Hopkins University Press, 1958）at p. 267。

[75]　Rosen（1958）supra note 74，在此方面，该书第 267 页及以下指出了原先在国际背景下为达成国家间公共健康协议所做的若干努力；also see Liverani and Coker（2012）supra note 74 at p. 914。

[76]　世卫组织为需要采取隔离措施的情形做出了一些规定；World Health Organization International Health Regulations 2005 2nd edn（2008）。欧盟层面有关该方面的立法自 1964 年便已存在：Council Directive 64/221/EEC of 25 February 1964 on the co-ordination of special measures concerning the movement and residence of foreign nationals which are justified on grounds of public policy, public security or public health（OJ 56, 04-04-1964）at pp. 850-7。

同农业政策》（*Common Agricultural Policy*，CAP）。

一　《共同农业政策》中的公共健康

在《共同农业政策》这一首项真正超国家的欧洲经济共同体政策中，公共健康成为一个重要政策领域。[77] 1964 年，随着《共同农业政策》中涉及公共健康的第一项指令的通过，欧盟委员会对健康的作用进行了如下表达：

> 立法的统一也应当考虑制定共同体规则以保护人类和动物健康与生命的需求。统一的主要困难之一事实上是贸易自由和健康保护两项目标之间的调和。[78]

《共同农业政策》背景下对健康的关注不仅体现在食品安全领域，而且还延伸到了卫生监督和抗击传染病方面的典型的公共健康保障。一个重要例证是对肉类和牛奶中结核病强制检测的统一。结核病在当时构成了一项重大的公共健康威胁，牛结核病通常通过未经消毒的牛奶或肉类传播给人类，并且会跨越国界。[79]《共同农业政策》在许多方面都是最早的欧盟政策之一，其不仅涉及取消贸易障碍（消极一体化），还引入了超国家层面的监管（积极一体化）。[80] 在公共健康方面，农业政策下的积极一体化

[77]　S. Hix "The EU as New Political System" in D. Caramani（ed.）Comparative Politics（Oxford：Oxford University Press，2008）；E. Rieger "Agricultural Policy：Constrained Reforms" in H. Wallace et al.（eds.）Policy-Making in the European Union 5th edn（Oxford：Oxford University Press，2005）at p. 574.

[78]　EEC Commisison（1964）"Veterinary Matters：Harmonisation of Legislation, and other Activities" Newsletter on the Common Agricultural Policy No. 24 at p. 2.

[79]　Case 6/64 Flaminio Costa v. ENEL［1964］ECR 584, 593；Council Directive 64/432/EEC of 26 June 1964 on animal health problems affecting intra-community trade in bovine animals and swine（OJ L 121, 29-07-1964）（这些指令是最先将动物健康作为人类健康的先导的指令。例如，它们涉及鲜肉销售和生产的健康条件，并统一了各成员国的结核病检测规则）。

[80]　尤其是在共同农业政策为欧盟的农民创设了个人福利待遇的意义上，详见 Rieger（2005）supra note 77；消极一体化和积极一体化是用于一般性地指涉创造市场政策和矫正市场政策的术语；F. W. Scharpf "Negative and Positive Integration in the Political Economy of European Welfare States" in G. Marks（ed.）Governance in the European Union（London：SAGE，1996）at p. 18。然而，两个术语也常常在取消和制定新政策的意义上使用；see Vos（1999）supra note 28 at p. 14 and J. H. H. Weiler "The Community System：The Dual Character of Supranationalism"（1982）Yearbook of European Law 1（267）。

包括食品安全监管、卫生监督和动物健康，对于减少人畜共患的动物疾病尤为重要。[81]

二　促进商品自由流动的欧盟公共健康

商品自由流动的公共健康例外，促使欧盟层面制定了大量的公共健康法律。[82] 然而，国际公共健康创设贸易障碍和欧盟参与公共健康之间存在的一项重要区别是，欧洲层面的公共健康通常有助于消除自由贸易障碍。[83] 这方面的一个例子是药品监管，最初作为对沙利度胺悲剧的回应，欧盟开始对药品进行公共健康监管。沙利度胺被提供给妇女，以减轻怀孕期间的晨吐症状。20 世纪 60 年代初，人们发现这种药物会导致儿童严重的肢体畸形和其他出生缺陷。[84] 然而，尽管公共健康保护是一项重要的前提条件，但 65/65/EEC 指令的目标主要是创建一个欧洲药品市场。该指令要求所有在欧共体上市的药品必须拥有成员国主管部门的上市批准。[85]

自 20 世纪 60 年代通过最初的指令以来，欧盟在药品方面对保障公众健康的参与已经成倍增长。[86] 目前，欧洲药品市场受到高度监管。大部分

---

[81]　这些疾病可能由动物转移到人类；see supra note 79。

[82]　目前，公共健康领域依据欧盟次级法律采取的实施措施，在欧盟委员会的监管产出中居第二位，Report from the Commission in the Working of Committees during 2009 ［COM（2010）354 final］ p. 6。农业领域采取的实施措施数量最多，其中也包含一些处理食品相关的公共健康问题的委员会和工作组。

[83]　在公共健康措施是消除欧洲内部市场扩张之"负外部性"的重要工具的意义上。See Hix（2008）supra note 77 at p. 584.

[84]　G. Permanand EU Pharmaceutical Regulation：The Politics of Policy - making（Manchester：Manchester University Press，2006）.

[85]　1975 年成立了专有医药产品委员会（the Committee for Proprietary Medicinal Products，CPMP），负责评估即将被批准进入欧洲市场的新药的公共健康风险，以完善已有的相互承认制度；see Council Directive 65/65/EEC of 26 January 1965 on the approximation of provisions laid down by law，regulation or administrative action relating to medicinal products（OJ L 22，09. 02. 1965）amended by Directives 66/454/EEC，75/319/EEC，83/570/EEC；also see Hervey and McHale（2004）supra note 23 at p. 49。下一章将会对欧盟多年来参与健康领域的机构行动者进行更加详细的介绍。关于药品领域机构行动者的更加详细的内容，可参见 Vos（1999）supra note 28；also see Hancher（2010）supra note 70；McKee et al. "Public Health Policies" in E. Mossialos et al.（eds.）Health Systems Governance in Europe：The Role of European Union Law and Policy（New York：Cambridge University Press，2010）；and Permanand（2006）supra note 84。

[86]　此时，所有的人用和兽用医药产品都必须经过成员国或共同体层面的批准，参见 Directive 2011/62/EU of the European Parliament and of the Council of 8 June 2011 amending Directive 2001/83/EC on the Community code relating to medicinal products for human use，as regards the prevention of the entry into the legal supply chain of falsified medicinal products（OJ L 174/74，01-07-2011）.

医药产品在欧洲层面系由欧洲药品管理局（EMA）批准,[87] 该局负责管理欧洲市场的药品审批和药物警戒系统。[88] 与此同时,在药品的可及性、采购、价格和利润控制方面,成员国仍然牢牢掌控着市场。[89]

在更一般的商品领域,20 世纪 70 年代制定的保护公共健康的规定愈加增多。虽然欧共体在 20 世纪 60 年代到 70 年代的立法活动受到了卢森堡妥协的阻碍,[90] 但统一公共健康标准的压力仍然存在,这可以说是功能外溢（functional spillover）逻辑的结果。[91] 外溢逻辑是新功能主义理论对欧盟逐渐增加的一体化的核心解释之一。[92] 依据该逻辑,如果欧盟一体化最初系在一个领域开展,那么为实现最初的政策目标,其本身将会制造将一体化的范围扩张至其他政策领域的压力。[93] 这方面的一个例子是医疗器械领域的安全措施统一。《欧洲经济共同体条约》未规定任何公共健康措施的法律依据。[94] 然而,实现技术产品市场,包括医疗器械灭菌产品和电

---

⑧⑦　该局成立于 1994 年,负责评估经过批准程序的医药产品的质量、安全和疗效,Regulation（EC）No. 726/2004。

⑧⑧　有一个名为 "Eudralex" 的专门汇编,其收录了药品领域的所有欧盟立法和指南,以使该领域密集的欧盟法律更易于管理;详细内容以及最新的修改,参见 Eudralex, available at:<http://www. ec. europa. eu/health/documents/eudralex/index_en. htm>。

⑧⑨　Hancher（2010）supra note 70.

⑨⑩　由于 1965 年最后几个月的空位危机（the empty chair crisis）,1966 年 1 月的卢森堡妥协允许理事会在认为涉及重大利益的情况下以否决权的方式阻止措施。否决权的威胁对委员会在接下来几年里提出立法建议的企业家精神产生了特别的影响。例如,参见 J. Palayret et al.（eds.）Visions, Votes and Vetoes:The Empty Chair Crisis and the Luxembourg Compromise Forty Years On（Brussels:P. I. E. Peter Lang, 2006）;K. Neureither "Transformation of a Political Role:Reconsidering the Case of the Commission of the European Communities"（1972）Journal of Common Market Studies 10（3）233-48。

⑨①　在政治上和立法上以卢森堡妥协为标志的时期,《欧洲经济共同体条约》第 235 条的使用频率相对较低且相对受限,但在食品安全和货物自由流动领域,如果相关措施明显是条约中明确授予的权力的延伸,则可以第 235 条为依据采取公共健康措施;See J. H. H. Weiler "The Transformation of Europe"（1991）The Yale Law Journal 100（8）2403-83 at p. 2444。

⑨②　E. Haas The Uniting of Europe:Political, Social, and Economic Forces, 1950-1957（Stanford, CA:Stanford University Press, 1958）.

⑨③　E. Haas The Uniting of Europe:Political, Social, and Economic Forces, 1950-1957（Stanford, CA:Stanford University Press, 1958）;and see M. A. Pollack "Creeping Competence:The Expanding Agenda of the European Community"（1994）Journal of Public Policy 14（2）95-145;also see Hix（2008）supra note 77 at p. 577。

⑨④　欧洲法律秩序中的权限是欧洲机构的正式法律行动权力的核心前提。创立条约即《欧盟运行条约》和《欧洲联盟条约》,仅在特定领域授予了该项行动权力;cf. Craig and de Búrca（2008）supra note 29 at p. 98。

子医疗设备灭菌产品的市场化，需要一种解决公共健康问题的方法。⑨ 与此同时，在欧盟法院于 Dassonville 案中就成员国的监管何时能被视为自由贸易障碍做出宽泛解释后，欧盟在公共健康领域开展更多活动的压力也随之增加。⑨ 除非欧洲层面存在统一性立法，否则成员国仍可保留其公共健康措施，即使该措施构成对他国商品的歧视。⑨ 欧洲层面对公共健康规定的统一因而成为一项重要的建立共同市场的工具。⑨

三　互认（mutual recognition）

20 世纪 70 年代末，在"里程碑式"的 Cassis de Dijon 案中确立的互认原则，也为在欧盟层面解决公共健康问题提供了动力，该原则与共同市场的建立有关。该案判决认为，成员国必须允许已在另一成员国合法上市的商品进入其本国市场，除非公共健康这类强制性要求提供了一项合法的"合理规则"。⑨ 是故，Cassis de Dijon 案不仅拓宽了《欧盟运行条约》第

---

⑨　这可以被视为一种积极一体化的形式，或者市场矫正政策；Commission of the European Communities，Information Memo：New proposals by the Commission to eliminate obstacles to intra-Community merchandise trade resulting from technical regulations，Brussels，July 1968（P-47/68）；Commission Des Communautes Europeennes，Note d'Information：Le Conseil des Ministres adopte 12 directives concernant l'élimination des entraves techniques，Brussels，December 1972（P-54/72）。

⑨　欧盟法院在此方面有时强力推动了内部市场一体化的加深。See generally J. H. H. Weiler（1991）supra note 91；A. -M. Burley and W. Mattli "Europe before the Court：A Political Theory of Legal Integration"（1993）International Integration 47（1）41-76；and see further A. J. Obermaier，The End of Territoriality? The Impact of ECJ Rulings on British，German and French Social Policy（Farnham：Ashgate，2009）at p. 41；对法律学者和政治学家对欧盟法院在欧盟一体化中之作用的不同解释的清晰描述，参见 K. A. Armstrong and S. J. Bulmer，The Governance of the Single European Market（Manchester：Manchester University Press，1998）at p. 47 et seq。在 Case 8/74 Procureur du Roi v. Dassonville 案（［1974］ECR 837）中，欧盟法院表示，"与数量限制效果等同的措施"（《欧盟运行条约》第 36 条）是指"成员国制定的能够直接或间接、实际或潜在地阻碍共同体内部贸易的所有贸易规则"（成员国的某些措施可被视为被禁止的自由贸易壁垒，欧盟法院在此极大拓宽了对这类措施的解释）。

⑨　《欧洲经济共同体条约》第 36 条（如今的《欧盟运行条约》第 36 条）排除了《欧洲经济共同体条约》第 34 条中基于保护人之健康和生命等理由而得以正当化的禁止或限制。

⑨　然而，诉诸第 36 条也受到了限制；在 Simmenthal 案中，欧盟法院裁决道："第 36 条……允许国家法律偏离商品自由流动原则，但仅限于该偏离对于该条提及的目标而言具有且持续具有正当性"；see Case 35/76 Amministrazione delle Finanze dello Stato v. Simmenthal ［1976］ECR 1871。

⑨　Rule of Recognition para. 14 Case 120/78 Rewe-Zentrale AG v. Bundesmonopolverwaltung fur Branntwein ［1979］ECR 649，para. 8（补充强调）：因有关产品上市的国家法律之间的差异而导致的共同体内部的相关流动障碍，必须被解读为这些规定是必要的，以便满足特别是与财政监督有效性、公共健康保护、商业交易公平性和消费者保护相关的强制性要求。

34 条关于成员国非歧视（但有害于共同体贸易）措施之规定的范围，也扩张了合法化这一禁止之例外的方式。就健康而言，欧盟法院在 Cassis 案中还明确提及了"公共健康"，尽管《欧洲经济共同体条约》/《欧盟运行条约》第 36 条中均已将保护健康作为例外的理由。[100]

赫维（Hervey）和麦克海尔（McHale）认为，互认原则降低了在欧盟层面采取统一的公共健康措施的必要性。[101] 然而，有迹象表明，统一公共健康规定的压力依然存在，尤其是考虑到成员国在之后的司法案件中，经常将公共健康作为适用《欧盟运行条约》第 34 条的例外，且法院对于否定这些例外持谨慎态度。[102] 随着 20 世纪 80 年代中期对统一的"新方法"的采用，公共健康措施在商品领域的积极一体化真正开始起步：20 世纪 80 年代，有关商品自由流动的判例法与愈发详细和缓慢的一体化进程，导致跨国企业给政府施加了更大的建立内部市场的压力。[103] 基于《欧洲经济共同体条约》有关内部市场建立和运行的第 100 条和/或第 235 条的统一不得不被成员国一致通过，并且被认为非常详细而无法跟上成员国各自市场的变化。[104]

随着内部市场项目的重新启动，[105] 一种新的统一公共健康措施的方法得到采纳。该新方法意味着此后仅"基本的健康和安全要求"属于统一

---

[100]　关于该判例法的广泛讨论，可进一步参见 Craig and de Búrca（2008）supra note 29 at p. 680 以及其中提及的进一步的参考资料（除了在 Cassis 案中具体辩论过或者欧盟法院只是列举了一些合法理由的例子外，并不清楚 Cassis 案中为何明确提及公共健康是适用合理规则的一项理由）。See P. J. G. Kapteyn et al. Introduction to the Law of the European Communities：After Maastricht（Deventer：Kluwer，1995）at p. 396［其中解释道，欧盟法院院长后来承认，在合理规则的背景下再次提及公共健康，是一个"笔误"；非常感谢施劳文（A. A. M. Schrauwen）教授提醒我注意这一参考资料］。

[101]　See Hervey and McHale（2004）supra note 23.

[102]　See Vos（1999）supra note 28 at p. 18.

[103]　See W. Sandholtz and J. Zysman "1992：Recasting the European Bargain"（1989）World Politics 42（1）95－128 at p. 104 et seq.（解释了在 20 世纪 80 年代末，由于技术变革和国际市场的转变，如日本的崛起，而导致的欧洲一体化项目的重新定位，以及这在 20 世纪 80 年代如何影响商业经营和欧盟委员会）；关于从若干政治学角度对刺激单一市场发展的这些因素和其他因素的广泛讨论，也可参见 Armstrong and Bulmer（1998）supra note 96 at p. 35 et seq.

[104]　统一的"老方法"被调整为满足每个产品类别的要求（详细的统一）；see Council Resolution of 7 May 1985 on a new approach to technical harmonisation and standards（OJ C 136/01, 04-06-1985）。

[105]　European Commission, White paper from the Commission to the European Council, Completing the Internal Market［COM（1985）310 final］.

对象；对于非基本要素而言，适用 Cassis 案中的互认原则即为已足。[106] 这一新方法将欧盟层面的监管活动重新集中在公共健康方面。[107] 特别是结合随《单一欧洲法》（*the Single European Act*）而引入的《欧洲经济共同体条约》第 100a 条（现为《欧盟运行条约》第 114 条第 3 款），该条首次允许在运行和建立内部市场的背景下采取公共健康保护措施，但须经理事会的特定多数投票。[108]

新方法允许在欧盟层面采取统一措施，对某类产品需要满足的公共健康要求做出宽泛指示，至于复杂的健康标准细节则留由标准化机构处理。[109] 与此同时，在敏感的公共健康领域，自 20 世纪 60 年代便已存在的委员会（committees）的角色变得更加重要，并引发了监管的深化，尤其是食品领域。[110] 但在启动单一市场计划后，专门机构的重要性的提高也导致了欧洲层面对公共健康事项的监管深化。[111] 就此而言，欧盟在建立现代欧洲市场背景下对于公共健康之参与的革命性增长，是一个典型的公共健康问题，因为其涉及：

---

[106]　然而，白皮书强调了需要制定共同的健康标准，以实现商品自由流动；see ibid. at paras. 39-43。

[107]　Craig and de Búrca（2008）supra note 29 at 621.

[108]　与此同时，第 100 条第 4 款允许一项程序，通过该程序成员国仍可通过国家规定以保护《欧洲经济共同体条约》第 36 条提及的公共利益（包括公共健康）；该项规则可被视为成员国为保留部分其先前的"卢森堡权力"所做的尝试，但后来因在欧盟法院受到质疑而被废除；see Weiler（1991）supra note 91 at p. 2459。

[109]　《医疗器械指令》系在该机制的基础上通过；see Council Directive 90/385/EEC of 20 June 1990 on the approximation of the laws of the Member States relating to active implantable medical devices（OJ L 189/17, 20-07-1990）；also see Council Directive 93/42/EEC of 14 June 1993 concerning medical devices（OJ L 169, 12-07-1993）；and Directive 98/79/EC of the European Parliament and of the Council of 27 October 1998 on in vitro diagnostic medical devices（OJ L 331/1, 07-12-1998）。统一的标准具有自愿性，这意味着医药产品的生产者对其并非必须遵守。指令的附录中列出了基本要求，但产品的特殊技术规格系由相关领域有能力的欧洲标准组织制定，以便能将现阶段的技术知识纳入考虑。

[110]　下一章将会详细介绍委员会的作用；see E. Vos "The Rise of the Committees"（1997）European Law Journal 3（3）210-29；and see Vos（1999）supra note at p. 136；also see Communication from the Commission to the Council and the European Parliament on the completion of the internal market：Community legislation on foodstuffs［COM（1985）603 final］；批判性意见，参见 O. Brouwer "Free Movement of Foodstuffs and Quality Requirements：Has the Commission Got It Wrong?"（1998）Common Market Law Review 25 237-62。

[111]　Permanand and Vos（2010）supra note 44；Vos（1999）supra note 28.

　　我们，作为一个团体，为保障人们保持健康的条件集体所做的事情，这要求成功应对持续的和新出现的公共健康威胁。这些威胁包括……现代经济的有害副产品……⑫

不过，欧盟公共健康监管的泛滥也制造了紧张关系，因为其要求：

　　风险的可接受性必须与深深植根于国家传统和文化中的规范性价值相衡量；这一微妙的过程解释了成员国在健康和安全监管方面的政治敏感性。⑬

四　内部市场和公共健康目标之间的紧张关系

　　随着欧盟在保护公共健康方面权力的扩张，市场目标和公共健康保护之间的紧张关系也在加剧。1972 年巴黎峰会（the Paris Summit）召开后，各国元首和政府首脑决定通过更多地利用《欧洲经济共同体条约》第 235 条来恢复欧洲共同市场项目，该条为非明确属于欧共体权限的立法提供了法律依据。⑭ 同时，健康和消费者保护构成"基础权利"也得到了同意。⑮ 尽管当时被称为"附带游戏"（side game），⑯ 但巴黎峰会标志着消费者和健康保护计划的诞生，该计划至今仍发挥着重要作用。⑰ 然而，尽管《欧洲经济共同体条约》第 2 条将提高生活标准作为共同体的目标之一，但制定欧盟层面公共健康政策的立法基础在很长一段时间里并不存在。

　　虽然缺乏立法基础，但在公共健康规定于商品自由流动背景下的

---

　　⑫　See Institute of Medicine The Future of Public Health（Washington, DC：National Academy Press, 1998）at p. 1；also cited in Gostin（2000）supra note 30 at p. 13.

　　⑬　Vos（1999）supra note 28.

　　⑭　Weiler（1991）supra note 91 at p. 2445 et seq.

　　⑮　See Council resolution on the preliminary programme of the EEC for a consumer protection and information policy（OJ 92/1, 25-04-1975）.

　　⑯　Weiler（1991）supra note 91 at p. 2449.

　　⑰　然而，该计划目前已被分成健康和消费者两个计划。关于目前的消费者计划，参见 Communication from the Commission to the European Parliament, the Council, the European Economic and Social Committee and the Committee of Regions to the European Parliament, the Council, the Economic and Social Committee and the Committee of the Regions, A European Consumer Agenda— Boosting confidence and growth ［COM（2012）225 final］；关于目前的公共健康计划，参见下文。这些计划也是"市场矫正"政策意义上的积极一体化的例证；Vos（1999）supra note 28 at pp. 18-20.

"官僚主义、新自由主义的故事"之外，⑪ 欧洲自 20 世纪 70 年代起也开始参与传染病控制工作，这是公共健康的一个典型方面。在已经开展了传染病监测工作的农业领域之外首次参与传染病监测，发生在 1972 年欧洲与世卫组织换文的背景之下。⑲ 20 世纪 70 年代，欧洲为一些传染病建立了监测网络，如艾滋病毒/艾滋病、结核病、军团菌和流感。⑳ 最终，欧洲在 1984 年启动了一项关于艾滋病毒/艾滋病的严重传播和线程的公共健康计划。㉑ 该计划导致了欧洲最早的公共健康计划之一——"欧洲抗击艾滋病计划"的建立，后者促进了安全血液、培训和信息交换的措施。㉒ 该计划也使各成员国的计划在方法和数据方面达成了相对"高度"的一致。㉓

（一）艾滋病毒/艾滋病计划和血液制品

然而，对艾滋病毒/艾滋病的担忧制造了公共健康与欧洲内部市场之间的紧张关系。20 世纪 70 年代末，欧洲血液贸易的结构开始变成一个公私混合的市场：虽然"纯"血液来自当地的自愿、无偿捐献者，但血液

⑪　Trubek et al. （2008） supra note 51 at p. 804.

⑲　Exchange of letters between the European Communities and the World Health Organization laying down the procedure for cooperation between the two organizations; Memorandum defining the arrangements for cooperation between the World Health Organization and the European Communities （72/725/ECSC, EEC, Euratom） （OJ L 300, 28-10-1982, pp. 20-22）.

⑳　Liverani and Coker （2012） supra note 74; also see L. MacLehose et al. "Responding to the Challenge of Communicable Disease in Europe" （2002） Science 295 2047-50; the surveillance of diseases in the EU is currently disseminated through a scientific, peer-reviewed publication, Eurosurveillance, available at: <https://www. eurosurveillance. org/>.

㉑　Community Programme of Research into AIDS （OJ C 46, 20-02-1984）.

㉒　Hervey and McHale （2004） supra note 23 at p. 337, and see for example Resolution of Representatives of the Governments of Member States meeting within the Council of 29 May 1986 on AIDS （OJ C 184/21, 23-07-1986）; Proposal for a Decision of the Council and the Ministers for Health of the Member States meeting within the Council adopting a plan of action in the framework of the 1991-1993 "Europe against AIDS" programme ［COM （90） 601 final］; Programme 1991 to 1993 Europe Against AIDS. Report from the Commission on the implementation of the plan of action in 1991-1992 ［COM （93） 42 final］; Communication from the Commission concerning a Community action programme on the prevention of AIDS and certain other communicable diseases within the framework for action in the field of public health. Proposal for a European Parliament and Council Decision adopting a programme of Community action on the prevention of AIDS and certain other communicable diseases within the framework for action in the field of public health ［COM （94） 413 final］.

㉓　进一步的参考，参见 Hervey and McHale （2004） supra note 23 at p. 340，该书指出该计划也有一些实施方面的困难，但可以认为总体上相对有效。

制品如血浆和由血液制成的药物,则系来自欧洲内外的有偿和无偿捐献者。[124] 20 世纪 80 年代曾出现了一些因输血感染艾滋病毒的丑闻。[125] 这些丑闻和各成员国已经在欧洲血液制品市场上开展合作的事实一起,引发了欧共体对血液制品公共健康安全的参与,并且在 20 世纪 80 年代末通过了一项指令作为欧洲药品市场的一部分。[126]

当时,《欧洲共同体条约》中关于公共健康并不存在法律依据,血液本身在欧洲层面无法获得监管。尽管 1986 年,《单一欧洲法》在《欧洲经济共同体条约》第 100a 条第 3 款中规定,如果关于血液的指令是基于《欧洲经济共同体条约》第 100a 条第 3 款,即当时唯一的公共健康法律依据,这将使血液成为一种商品,那么在提议内部市场措施时应考虑"高水平的健康保护",[127] 但几乎所有成员国都认为人体血液或人体组成部分的商品化,存在极大的伦理问题。[128] 与此同时,欧洲层面"有所作为"的压力也在增加。[129] 20 世纪 90 年代,由于公众对血液污染的恐惧仅在欧洲层面才能真正得以解决,欧洲通过了一些关于献血安全的无约束力建议。[130]

---

[124] A. -M. Farrell "Is the Gift Still Good? Examining the Politics and Regulation of Blood Safety in the European Union" (2006) Medical Law Review 14 155-79 at 161; and see P. Hagen Blood: Gift or Merchandise? Towards an International Blood Policy (New York: A. R. Liss, 1982); P. Hagen Blood Transfusion in Europe: A White Paper (Strasbourg: Council of Europe Press, 1993).

[125] Farrell (2005) supra note 51.

[126] Council Directive 89/381/EEC of 14 June 1989 extending the scope of Directives 65/65/EEC and 75/319/EEC on the approximation of provisions laid down by Law, Regulation or Administrative Action relating to proprietary medicinal products and laying down special provisions for medicinal products derived from human blood or human plasma (OJ L 181, 28-06-1989) pp. 44-6.

[127] R. Titmuss The Gift Relationship: From Human Blood to Social Policy (London: reprinted by the New Press, LSE Books, 1997) [该项开创性的研究显示,美国的血库通常会向献血者支付报酬,其血液更为危险(因为肝炎污染),英国则是自愿献血。这一发现在过去和现在都是反对血液商品化的一个极其重要的理由]。

[128] Hervey and McHale (2004) supra note 23; and see T. K. Hervey "Mapping the Contours of European Union Health Law and Policy" (2002) European Public Law 8 (1) 60-105.

[129] 由于对来自发展中国家的血液缺乏公共健康控制,人们主要呼吁欧共体在血液方面实现自给自足。See inter alia J. Leikola "Achieving Self Sufficiency in Blood across Europe" (1998) British Medical Journal 316 489-90 and see Hervey and McHale (2004) supra note 23 at p. 345 et seq., and see Blood self-sufficiency in the European Community, Communication from the Commission to the Council, the European Parliament and the Economic and Social Committee [COM (93) 198 final]; Communication from the Commission Blood safety and self-sufficiency in the European Community [COM (94) 652 final].

[130] Farrell (2006) supra note 124; Hagen (1993) supra note 124.

　　内部市场目标和公共健康目标之间的这一特殊紧张关系，最终引发了《阿姆斯特丹条约》对《欧洲共同体条约》的修订，《阿姆斯特丹条约》允许采取"为人体器官和物质、血液和血液衍生物的安全制定高质量标准"的措施，这也是《血液指令》的法律依据。[130] 故此，相较于内部市场领域，欧盟目前对于在该领域的公共健康参与拥有相对强大的立法依据，但该参与仅以单一的公共健康保护目标为基础，而非像《欧盟运行条约》第 114 条第 3 款（之前系《欧洲经济共同体条约》第 100a 条/《欧洲共同体条约》第 95 条）中有关商品安全的公共健康保护那样，需要一个二元目标。

　　对于在 20 世纪 80 年代成为监测网络之监测对象的其他传染病，各国传染病监测中心的负责人于 1994 年设立了一个宪章小组（后来被称为网络委员会），[132] 以在欧盟委员会的支持下，建立一个统一的传染病监测和流行病学干预培训（EPIET）框架。[133] 这引发了第 2119/1998 号决议的通过，该决议将几种传染病的监测结构精简为一个网络，建立了一个早期预警和应对系统（EWRS），并通过将传染病网络委员会正式纳入委员会工作程序来确保系统运行。[134] 2004 年，随着欧洲疾控中心的设立，欧盟在传染病方面的工作得到进一步巩固。[135]

　　（二）关于烟草广告的宪法紧张关系

　　再次回溯历史会发现，由于 20 世纪 80 年代的欧洲抗击癌症计划，市场与公共健康之间的紧张关系真正成为欧洲内部市场范围的宪法战场。切尔诺贝利灾难之后，在癌症专家——特别是时任法国总统弗朗索瓦·密特

---

[130]　Directive 2002/98/EC of the European Parliament and of the Council of 27 January 2003, setting standards of quality and safety for the collection, testing, processing, storage and distribution of human blood and blood components and amending Directive 2001/83/EC（OJ L 33, of 08-02-2003）.

[132]　J. Giesecke and J. Weinberg "A European Centre for Infectious Disease?"（1998）The Lancet 352（9136）1038.

[133]　J. Weinberg et al. "On Behalf of the Charter Group: Establishing Priorities for European Collaboration in Communicable Disease Surveillance"（1999）European Journal of Public Health 9（3）236-40.

[134]　Decision No. 2119/98/EC of the European Parliament and of the Council of 24 September 1998 setting up a network for the epidemiological surveillance and control of communicable diseases in the Community（OJ L 268/1, 03-10-1998）.

[135]　Regulation（EC）No. 851/2004 of the European Parliament and of the Council of 21 April 2004 establishing a European Centre for Disease Prevention and Control（OJ L 142/1, 30-04-2004）; Liverani and Coker（2012）supra note 74.

朗（Francois Mitterand）的密友莫里斯·图比亚纳（Maurice Tubiana）教授的政治压力下，癌症作为一个需要欧洲广泛关注的公共健康问题被提上议程。1986 年，欧洲启动了一个关于癌症的公共健康计划，[136] 涵盖癌症的预防、筛查和治疗等议题。从一开始，该计划就把重点放在反吸烟运动上，以遏制癌症的发病率。这些活动并非欧盟委员会和欧盟法院的企业家精神的结果，相反其来自成员国层面的政策团体的"自下而上"的动态活动，它们在欧洲层面寻找彼此，以产生新的想法和最佳的实践。[137]

由于不存在公共健康立法依据，"欧洲抗击癌症"计划与上文提及的艾滋病毒/艾滋病计划类似，只能以《欧洲共同体条约》为依据。[138] 20 世纪 80 年代末，作为欧洲抗击癌症计划的一部分，欧洲癌症专家委员会起草了一份关于烟草广告指令的提案。该指令以《欧洲经济共同体条约》第 100a 条（《欧盟运行条约》第 114 条）为基础，为烟草广告施加了部分限制。与此同时，该指令的基本原理明确旨在遏制癌症的发病率。[139] 1989 年，健康部长理事会会议以特定多数批准了《烟草广告指令》。[140] 用维勒（Weiler）的话讲，该紧张关系是：

> 成员国在此种情形下不仅面临通常完全或部分违背其意愿而采取的措施的规范性，而且还面临该规范性在广大公共政策领域的实行。[141]

此外，在欧洲议会的压力下，该指令被修订，并制定了全面禁止烟草广告的规定。[142] 该指令对烟草广告的全面禁止引发了烟草业的大规模游说

---

[136]　A Programme of Action of the European Community Against Cancer（OJ C184, 23-07-1986）.

[137]　Trubek et al.（2008）supra note 51 at pp. 811-12.

[138]　See The Europe Against Aids Programme, Decision 91/317/EEC of the Council of Ministers of Heath of the Member States（OJ L 175/26, 04-07-1991）; and see Hervey and McHale（2004）supra note 23 at p. 73.

[139]　Proposal for a Council Directive on the Authorized Advertising of Tobacco Products in the Press and by Means of Bills and Posters（OJ C 124, 19-5-1989）.

[140]　See S. Boessen and H. Maarse "The Impact of the Treaty Basis on Health Policy Legislation in the European Union: A Case Study on the Tobacco Advertising Directive"（2008）BMC Health Services Research 8（77）.

[141]　See Weiler（1991）supra note 91 at p. 2463.

[142]　Amended Proposal for a Council Directive on the Authorized Advertising of Tobacco Products in the Press and by Means of Bills and Posters［COM（90）147 final］.

（"歌利亚"）。⑭³ 这场游说则引起了关于该指令之法律依据的辩论，因为全面禁止根本无助于内部市场的运行，或者完全不具有经济目的。⑭⁴ 是故，相关的主张为通过该指令将会超越欧共体的立法权限。

这一争议导致成员国多年来一直拖延采用特定多数表决程序。在该指令最终得以通过之际，⑭⁵ 德国在欧盟法院对其提出了质疑，主要的法律论证理由是该指令被赋予了错误的法律依据。⑭⁶ 作为抗辩，欧洲的机构提出《欧盟运行条约》第 114 条（当时是《欧洲共同体条约》第 95 条）也允许对内部市场的监管，即使该监管的目标不在于实现市场自由化。然而，法院否定了这一主张，并且首次裁决道，由于被赋予了错误的法律依据，该指令必须被整体废除，因为保留该指令将"赋予共同体立法机构监管内部市场的一般权力"，这有悖于辅助性原则。⑭⁷ 内部市场目标和公共健康目标之间的这一紧张关系和"拉锯战"，也体现了条约中公共健康目标的日益增多。矛盾的是，条约中欧盟公共健康权限的逐步增长，是各成员国在法律上确定自身权限范围的方式，也是为了遏制欧盟在健康领域的进一步"权限攀升"（competence creep）。每当引入或扩大公共健康的条约依据时，都会扩大欧盟的公共健康政策，而非限制其发展。⑭⁸

---

⑭³　Boessen and Maarse （2008） supra note 140; N. Gray "Tobacco Industry and EC Advertising Ban" （2002） The Lancet 359 （9314） 1264-5; M. Hall "EU Lawmakers Ready to Confront Tobacco Industry 'Goliath'" （2013） Euractiv; M. Neuman et al. "Tobacco Industry Strategies for Influencing European Community Tobacco Advertising Legislation" （2002） The Lancet 359 （9314） 1323-30.

⑭⁴　Neuman et al. （2002） supra note 143.

⑭⁵　原因在于英国政府刚刚换届，布莱尔领导的工党上台后承诺在全国范围内禁止烟草广告；对于之后的诉讼和政治争议的详细介绍，参见 Hervey and McHale （2004） supra note 23 at p. 97 et seq.。

⑭⁶　Case C-376/98 Germany v. Parliament and Council （Tobacco Advertising） ［2000］ ECR I-8419, Case C-380/03 Federal Republic of Germany v. European Parliament and Council of the European Union ［2004］ ECR I-08419.

⑭⁷　Case C-376/98 Germany v. Parliament and Council （Tobacco Advertising） ［2000］ ECR I-8419, Case C-380/03 Federal Republic of Germany v. European Parliament and Council of the European Union ［2004］ ECR I-08419, paras 78, 83. 第一项烟草广告指令被废除后又通过了一项新的指令。在新指令通过后的诉讼中，欧盟法院指出，依据《欧盟运行条约》第 114 条的立法无须将内部市场作为其核心目标，但除了采取可能的公共健康措施外，还必须以建立一个运行良好的市场为目标，Case C-380/03 Federal Republic of Germany v. European Parliament and Council of the European Union ［2004］ ECR I-08419, at para. 62。

⑭⁸　Hervey and McHale （2004） supra note 23 at p. 104; also see Opinion of Advocate General Geelhoed in Case C-491/01 BAT and Imperial Tobacco v. Secretary State of Health ［2002］ ECR I-11453; also see T. K. Hervey "Community and National Competence in Health after Tobacco （转下页）

五　公共健康的条约基础：调和不同目标

随着欧盟在商品自由流动相关的公共健康问题中发挥越来越大的作用，以及围绕抗击艾滋病毒/艾滋病和癌症计划产生的争议，当 20 世纪 90 年代初就《马斯特里赫特条约》进行磋商谈判时，《欧洲共同体条约》中加入了第 129 条，作为对公共健康的正式安排。[149] 虽然有些成员国可能将《欧洲共同体条约》第 129 条视为遏制欧盟权限攀升的手段，但其他成员国则认为该条给欧盟正式参与公共健康领域提供了机会。[150]《欧洲共同体条约》第 129 条规定：

> 共同体应当通过鼓励成员国合作，并在必要情况下为成员国行动提供支持的方式，为高水平的人体健康保护做出贡献。[151]

《欧洲共同体条约》第 129 条还规定，健康应当在其他政策领域成为"主流"。这意味着共同体在其所有活动中都必须考虑公共健康。这一主张构成了后来发展"健康融入万策"（Health in all Policies，HiaP）方法的基础，该方法系在芬兰担任主席国期间被首次提出。[152]"健康融入万策"之方法的目的在于研究能够改善健康但系在其他政策部门中被控制的健康决定因素。其目前是近期"欧盟健康战略"的一个核心特征，也是"更新的欧盟社会议程"、欧盟经济战略（2020）以及欧盟凝聚政策（EU's

---

（接上页）Advertising"（2001）Common Market Law Review 38（6）1421-46；对于权限攀升的法律视角的分析，参见 S. Weatherill "Competence Creep and Competence Control"（2004）Yearbook of European Law 23（1）1-55（其主张欧盟权限的法律安排不应当脱离这样一个事实，即此处的法律最终是为了促进一个相对灵活的政治程序）；政治学上则有学者将权限攀升的发生解释为取决于欧盟机构或成员国正在考虑的管制的类型（监管性、再分配性或分配性）；但其也补充道，关于立法程序的机构规则在每一种政策类型中都具有决定性意义，参见 Pollack（1994）supra note 93。

　　[149]　The Treaty on European Union（TEU）signed in Maastricht on 7 February 1992, entered into force on 1 November 1993（OJ C 191/1, 1992）.

　　[150]　See Hervey and McHale（2004）supra note 23；also see M. McKee et al. "The Influence of European Law on National Health Policy"（1996）Journal of European social policy 6（4）263-86. 这些不同的目标并不必然互斥。

　　[151]　欧盟的行动针对的是一些特定领域，如重大健康挑战、对这些疾病及其传播的研究以及健康相关的信息和教育提供。这些领域的行动表明，依据《欧洲共同体条约》第 129 条所采取的行动主要针对的是公共健康而非公民个人的医疗保健权利。

　　[152]　Giesecke and Weinberg（1998）supra note 132；Stahl et al.（eds.）（2006）supra note 40.

Cohesion Policy）的一部分。[153] 然而，尽管为支持"健康融入万策"的主流化，已经发展出了健康影响评估（Health Impact Assessment，HIA）和健康系统影响评估（Health Systems Impact Assessment，HSIA）的方法，但无论是在欧盟委员会服务部门（Commission Services）层面还是在成员国层面，该机制的实效似乎都处于较低水平。[154]

六　通过公共健康计划的再分配

《欧洲共同体条约》第 129 条同时也排除了对于成员国公共健康规定的任何统一。[155] 但在条约文本通过之后，还需要将之转化为"政策文本"。这促发了一系列公共健康（疾病）计划，虽然研究的交流也是这些计划的一个重要方面，但它们还提供了实际的政策机制，如培训和教育、开展宣传运动以及健康监测等。[156] 然而，这些计划的预算有限，且对其的采用也非常零散。[157] 1998 年，欧盟委员会提议将所有不同的计划精简为一个公

---

[153]　See European Commission, White paper: Together for Health, A Strategic Approach for the EU 2008–2013［COM（2007）630 final］; Communication from the Commission to the European Parliament, the Council, the European Economic and Social Committee and the Committee of the Regions of 2 July 2008—Renewed social agenda: Opportunities, access and solidarity in 21st century Europe［COM（2008）412 final］; Communication from the Commission, EUROPE 2020, A strategy for smart, sustainable and inclusive growth［COM（2010）2020 final］; See Health investments in Structural Funds 2000–2006: learning lessons to inform regions in the 2007–2013 period（EUROREGIO III）, available at: http://www.ec.europa.eu/eahc/projects/database.html? prjno=20081218，其为健康项目的投资分配了大约 50 亿欧元。

[154]　See European Commission, Impact Assessment Board Report for 2012, at p. 27: 尽管欧盟委员会之前建议详尽评估社会影响，但其也注意到对这些影响的最初评估没有任何进展。虽然这可能也反映了提交的影响评估类型的组成略有不同（例如，涉及健康、消费者或公平问题的影响评估比例较高），但仍有必要加强社会影响分析的质量。See also M. Wismar "Is HIA Effective? A Synthesis of Concepts, Methodologes and Results" in M. Wismar et al.（eds.）The Effectiveness of Health Impact Assessment. Scope and Limitations Supporting Decision–making in Europe（Copenhagen: European Observatory on Health Systems and Policies, World Health Organization, 2007）（健康影响评估在成员国的总体效果依然相对不确定，因为其作为一项因素被用于决策过程的情形非常多样）。

[155]　《欧洲共同体条约》第 129 条正式授予了共同体委员会建议和推动协调措施的权力。理事会和议会则被授予了依据共同决策程序制定"激励措施"的权力，或者可以基于委员会的提议而做出建议；参见《欧洲共同体条约》第 152 条（原第 129 条）。

[156]　Resolution of the Council and the Ministers for Health, meeting within the Council of 27 May 1993 on future action in the field of public health（OJ C 174, 25-06-1993）.

[157]　首先通过了一项关于公共健康领域的提升、信息和教育的行动计划。后来又增加了艾滋病毒/艾滋病以及癌症、药物依赖和健康促进。此外，连续的欧洲公共健康计划在协调和融资方面也发挥了作用。Communication from the Commission to the Council, the European Parliament, and the Economic and Social Committee on the framework for action in the field of public health in （转下页）

共健康计划。^⑱ 继该首个综合公共健康计划之后，综合公共健康计划目前已实行到了第三个周期。^⑲ 该计划系在欧盟委员会的主持下，通过一个 "计划委员会" （programme committee） 得以执行。2004 年，欧盟委员会设立了公共健康计划执行专门机构 （the Executive Agency for the Public Health Programme） （当时的名称），以管理 2003—2008 年的公共健康计划。该专门机构目前的职责范围更广，且名称为消费者、健康、农业和食品执行专门机构 （the Consumers，Health，Agriculture，and Food Executive Agency）。^⑯

这些公共健康计划是欧盟层面积极一体化的例证，其实际上对社会福利领域的资金进行了再分配。而且，虽然多年来公共健康计划不得不在非常低的预算下运行，^⑯ 但它们与欧盟研究计划的更大预算有联系，该计划为健康事业拨款超 60 亿欧元。公共健康计划的计划委员会所确定的优先事项，会在研究总局 （Directorate General Research） 领导的健康计划的计划委员会所选择的优先资助事项中得到体现。^⑯ 另外，许多公共健康预算系通过共同资金获得拨款，这意味着任何活动或行动通常都需要至少40%来自其他来源的资助。与此相关的另一方面是欧盟公共健康计划在欧盟结构基金的分配中发挥着作用，因为公共健康计划的目标与结构基金中

（接上页）the European Community ［COM （93） 559］；例如，参见公共健康领域的第一项共同体行动计划 （2003—2008）、健康领域的第二项共同体行动计划 （2008—2013）。

　　⑱　该计划系基于三个方面——公共健康发展的信息改善；公共健康威胁的快速反应；通过健康促进和疾病预防来处理健康决定因素。该计划的规模仍然很小，只有 3.12 亿欧元的资金，自 2003 年运行至 2008 年。

　　⑲　Third Health Programme （2014-2020） Regulation 282/2014/EU for the third Health Programme （OJ L 86，Vol. 57 of 21 March 2014）.

　　⑯　Commission Decision of 15 December 2004 setting up an executive agency，the "Executive Agency for the Public Health Programme"，for the management of Community action in the field of public health—pursuant to Regulation （EC） No. 58/2003 （2004/858/EC） （OJ L 369/73，16-12-2004）；and see the amending decision to include the consumer programme into the work of the public health agency Commission Decision of 20 June 2008 amending Decision 2004/858/EC in order to transform the "Executive Agency for the Public Health Programme" into the "Executive Agency for Health and Consumers" （2008/544/EC） （OJ L172/27，03-07-2008）.

　　⑯　平均 3 亿—5 亿欧元。

　　⑯　与欧盟层面的研究和健康的联系可以追溯到 20 世纪 50 年代欧洲煤钢共同体对职业病领域研究计划的资助。在 20 世纪 70 年代尤其是 80 年代，对传染病的研究也得到了共同体的资助，这主要是在共同市场和农业的背景之下。然而，在研究和技术领域，生物医学研究也得到了欧洲层面的资助。Commission of the European Communities，Biology and Health Protection Prgramme，Research Programme 1976-1980 ［COM （75） 351 final］.

健康优先事项的预算相一致。[163]

七 条约的给予和接受：立法依据

鉴于《欧洲共同体条约》第 95 条第 3 款（现为《欧盟运行条约》第 114 条）已经允许了统一公共健康规定，原《欧洲共同体条约》第 129 条第 4 款最初禁止统一公共健康规定，是令人费解的。这一自相矛盾的局面是由成员国所造成，成员国提出要确保欧共体的权限不会从建立市场的公共健康活动，攀升到会导致成员国失去国家预算自主权的公共健康活动。此种对不同目标的调和连同一些公共健康危机，标志着条约中公共健康规定的进一步发展。

20 世纪 90 年代初，由于几乎控制了欧洲兽医安全委员会，英国掩盖了牛海绵状脑病（bovine spongiform encephalitis，BSE，又称疯牛病）可能导致克雅氏病（Creutzfeldt-Jacob disease）的事实，这促使欧洲议会通过了一份关于欧洲行政机构在采取公共健康措施方面的角色的重要报告。[164] 因此，随着 1997 年《阿姆斯特丹条约》的通过，公共健康的条款被修订，以允许统一各成员国对器官和物质质量与安全，以及兽医和植物检疫措施的规定，这些规定的直接目的是保护公共健康。[165] 与此同时，欧盟在个人健康方面的参与也在增加，本章第四节将对此进行详细论述，由于对统一纯粹公共健康措施的全面禁止被废除，《阿姆斯特丹条约》又增加了新的一款，该款重申了成员国在组织个人医疗保健服务可及性方面的自主权。[166]

《里斯本条约》的最新修订是对传染病领域公共健康危机和生物恐怖主义的回应。如今的《欧盟运行条约》第 168 条除了包含改善公共健康

---

[163] J. Watson Health and Structural Funds 2007-2013 (2013) Country and Regional Assessment (Hungary) (2009) EUREGIO III Project for DG SANCO.

[164] Resolution of the European Parliament on the Report of the Temporary Committee Instructed to Follow up the Recommendations on BSE (19 February 1997) (R4-3135/97). 欧洲议会甚至考虑完全解散欧盟委员会。当时的欧盟委员会主席雅克·桑特 (Jacques Santer) 于是承诺公共健康自此将居于"欧洲发展的首要位置"。

[165] 被《阿姆斯特丹条约》修订后的《欧洲共同体条约》第 152 条第 4 款 (a) 项和 (b) 项；See H. D. C. Roscam Abbing "Public Health in the Treaty of Amsterdam: An Analysis" (1998) Journal for Health Law at pp. 75-80。

[166] 第 152 条第 5 款 (第 152 条系《阿姆斯特丹条约》修订前的第 129 条)："共同体在公共健康领域的行动应当充分尊重成员国在组织和提供健康服务与医疗服务方面的职责。"

以及预防身体和心理疾病外，还包括对跨境健康威胁的监测、早期预警和抗击。对公共健康威胁的关注系肇因于一系列危机，对于这些危机各成员国曾试图协调应对措施。[167] 这些威胁首先是"9·11"事件后的炭疽威胁，接着是后来的 SARS 和禽流感威胁。实践中，这促使欧盟对公共健康的参与进入共同外交和安全政策领域。[168]

随着《里斯本条约》的批准，公共健康被增加到了《欧盟运行条约》第 9 条之中。《欧盟运行条约》第 9 条将公共健康作为欧盟的重要目标，规定在确定或执行欧盟的政策或活动时应当考虑公共健康。这意味着公共健康不再只是对内部市场规定的补充，其已成为所有欧盟政策的一个独立目标。在此意义上而言，其重申了不仅是内部市场措施，所有的欧盟活动都能够产生公共健康影响。然而，该目标可能产生何种实践影响依然有待观察。[169]

总之，欧盟目前对公共健康的参与是不断调和的结果。一方面，成员国希望遏制欧盟在公共健康领域的作用。矛盾的是，这样做的工具，即在条约中为欧盟设定权限，其中包括重申对该权限之限制的条款，随着时间的推移似乎产生了相反的效果。另一方面，成员国也在寻求相互合作以应对欧盟层面的公共健康危机，欧盟公共健康政策作为一个制造市场的工具在不断扩张。与此同时，贯穿这些对立压力的是"政策专家自下而上的动态活动"，由于医学和流行病学专业知识的国际化，他们在欧盟层面寻求相互合作，以为共同的问题找出解决方案。此外，面对重大的健康威胁和传染病，成员国建立了欧洲同盟（European alliances），以应对癌症和艾滋病毒/艾滋病等重大疾病，并提出政策解决方案。欧盟公共健康政策的另一个重要方面是公共健康计划的发展，通过向特定的公共健康目标分配资金，欧盟得以展示其"社会形象"（social face）。虽然这些计划多年来的规模相对有限，但它们与

---

[167] 本条系应欧盟委员会、法国和斯堪的纳维亚代表团的要求，在 2003 年欧洲宪法的审议中被首次提出，Conference of the Representatives of the Governments of the Member States，Naples Ministerial Conclave：Presidency proposal CIG 52/03 addendum to the Presidency Note，Brussels，25 November 2003。

[168] A. de Ruijter，"EU External Health Security Policy and Law" in S. Blockmans and P. Koutrakos（eds.），Research Handbook，The EU's Common Foreign and Security Policy（Cheltenham：Edward Elgar，2018）。

[169] 如前所述，自从纳入第 129 条以来，在所有欧盟政策中将公共健康"主流化"一直是条约的一个目标，但在欧盟政策中实施健康影响评估依然受限，参见 supra note 58。

欧盟研究计划、结构基金或欧洲社会基金等领域的较高预算相互联系，仍然相当于为欧盟公共健康政策的资金进行了较大幅度的重新分配。

第四节　欧盟医疗保健政策和法律

欧盟医疗保健政策涉及与医疗服务提供和个人健康相关的目标。其中的重要之处在于，医疗保健政策通常会影响社会保险和福利，而社会保险和福利是福利国家安排和价值再分配的核心，原因主要在于所有欧盟成员国都坚持普遍可及性原则（principle of universal access）。[170] 随着《里斯本条约》的修订，成员国重申了其在个人医疗保健可及性方面的自主权。《欧洲共同体条约》第 152 条第 4 款最初规定：

> 公共健康领域的联盟行动应当充分尊重各成员国在组织和提供健康服务和医疗服务方面的责任。

然而，在《里斯本条约》中，如下内容被增加到了（重新编号的）《欧盟运行条约》第 168 条第 7 款之中：

> 各成员国的责任应当包括管理健康服务和医疗服务以及分配自身被分配得到的资源。

此处的问题是：欧盟的医疗保健政策是如何演变的，以至于成员国在该领域的自主权被认为有必要重申？在医疗保健可及性的规制或一般性的社会保障方面，并不存在欧盟法律依据，欧盟理事会必须就工人的社会保障和社会保护问题采取一致行动。[171] 此外，统一成员国法律法规的行动被排除在社会保护体系的现代化之外。[172] 个人医疗保健可及性具有极高的政治重要性。医疗保健涉及庞大的公共支出和复杂的国家社会保

---

[170]　Council Conclusions, "Council Conclusions on Common Values and Principles in European Union Health Systems（2006/C 146/01）（O. J. 146/1）" <https：//eur-ex. europa. eu/LexUriServ/LexUriServ. do? uri=OJ：C：2006：146：0001：0003：EN：PDF>.

[171]　《欧盟运行条约》第 153 条第 1 款（c）项和第 2 款（b）项的第 2 段。

[172]　《欧盟运行条约》第 153 条第 2 款（a）项。

险分配计划（distributive national social insurance schedules）。如下文所述，欧盟对该领域的参与主要肇因于人员自由流动背景下的私人诉讼，以及欧盟法院在此方面的强大作用。[173] 与此同时，公共采购法和欧洲竞争法影响了成员国的医疗保健监管，以至于为识别医疗保健服务的特殊性质，欧洲层面制定了特殊的规则。此外，由于欧盟层面的"软"宏观经济政策，个人医疗保健可及性已经成为开放式协调方法（open method of coordination，OMC）等治理机制的组成部分。

一　跨境医疗保健：愤怒的信件与私人诉讼

1958 年通过的建立欧洲经济共同体的《罗马条约》（*the Treaty of Rome*），为创设欧洲社会保障措施提供了法律依据。第 3 号条例（1958 年）结合共同市场的建立和《欧洲经济共同体条约》第 51 条关于工人自由流动的规定，为就业的移民工人、养老金领取者以及其扶养者提供了社会保障权利。[174] 不久后，该条例在允许移民工人跨境获得医疗保险方面变得重要起来。[175] 20 世纪 70 年代初，该条例被第 1408/71 号条例取代。[176] 第 1408/71 号条例建立了一个机制，通过该机制，欧洲人可以在本国以外的其他成员国获得医疗保健服务。然而，该条例并非旨在规定一个实际的共同社会保障计划；或者换言之，其旨在协调（coordinate）而非统一（harmonize）成员国社会保障体系的可及性。[177]

在该《社会保障条例》于 20 世纪 70 年代通过后不久，便出现了呼吁其改革的声音。该条例中设置的允许获得跨境医疗保健的程序机

---

⑰　A. P. Van der Mei Free Movement of Persons within the European Community: Cross-Border Access to Public Benefits (Oxford: Hart, 2003).

⑭　Regulation No. 3 of the Council on Social Security for Migrant Workers (OJ 30/561, 25-09-1958, p. 561).

⑮　European Commission, Medical expenses incurred during temporary residence in another country of the European Economic Community, Information Memo P-39/64, 1964; Commission Administrative pour la Securite Sociale des travailleurs migrants, Assurance maladie-maternité des travailleurs immigrant aux Pays-Bas avec leur famille, Guide No. 1 (1961); Commission Administrative pour la Securite Sociale des Travailleurs Migrants, Assurance maladie-maternité des membres de la famille residant au Luxembourg alors que le travailleur est occupe dans un autre pays de la Communaute Guide No. 5 (1961).

⑯　Council Regulation (EEC) No. 1408/72 on the Application of Social Security Schemes to Employed Persons, to Self-Employed Persons and to Members of their Families Moving within the Community (OJ L149, 05-07-1971).

⑰　Case C 100/78 Claudino Rossi v. Caisse de Compensation pour Allocations Familiales des Regions de Charleroi et Namur [1979] ECR 831.

制具有局限性，在实践中主要取决于所属成员国健康主管部门的批准。⑰ 事实上，该条例给欧盟委员会带来了最多的欧洲公民的愤怒或焦虑信件，每年大约 1800 封，约占委员会审查的投诉总数的 25%。⑲ 然而，社会保障立法被证明是最难进行立法改革的部门。在欧盟历史上的大部分时间里，跨境社会保障的可及性问题都要经过理事会的一致投票。⑱ 最终，经过大约 40 年的时间，新的"《社会保障条例》"（或"第 883/2004 号条例"）⑱ 的当前版本才得以生效，其并未在医疗保健可及性方面对 20 世纪 70 年代的条例进行重大修改。⑱ 随着 2004 年新社会保障条例

---

⑰ 如 E110（针对国际公路运输商）、E119（针对失业者/求职者）和 E128（针对在另一成员国的学生和工人）。See inter alia the Administrative Commission on Social Security for Migrant Workers（CASSTM）of 18 June 2003 aimed at introducing a European health insurance card replacing the forms necessary for the application of Council Regulations（EEC）No. 1408/71 and（EEC）No. 574/72 as regards access to health care during a temporary stay in a Member State other than the competent state or the state of residence（OJ L 276, 27-10-2003）; Decision No. 190 of the Administrative Commission on Social Security for Migrant Workers（CASSTM）18 June 2003 concerning the technical specifications of the European health insurance card（OJ L 276, 27-10-2003）; Decision No. 191 of 18 June 2003 concerning the replacement of forms E 111 and E 111 B by the European health insurance card（OJ L 276, 27-10-2003）.

⑲ Jerome Vignon（Director DG Employment Social Affairs and Equal Opportunities）Speech, "From Old to New Social Security Regulation", at the Conference on European Citizenship, Free Circulation and Social Protection, Brussels, 20-1 November 2008.

⑱ 随着《里斯本条约》的修订，规定了工人自由流动和社会保障的第 48 条如今要由欧洲理事会进行特定多数决的投票。然而，如果理事会的一名成员认为某项立法草案将影响其本国社会保障体系的重要方面，包括该体系的范围、费用、财务结构或财务平衡，则可以向欧洲理事会提请特别程序 [《欧盟运行条约》第 48 条（b）项]。

⑱ 接下来将交替使用"第 883/2004 号条例"与"《社会保障条例》"这两个概念。

⑱ 早在 1992 年 12 月 11—12 日在爱丁堡举行的欧洲理事会（DOC/92/8, 13-12-1992）在预期欧洲次级立法将会在《马斯特里赫特条约》通过的辅助性原则下受到全面审查的情况下，就呼吁对第 1408/71 号条例进行改革。五年后，欧盟委员会在 1997 年的工人自由流动行动计划中确认了这一点，该计划与《欧洲联盟条约》在马斯特里赫特的通过有关。See An action plan for free movement of workers—Communication from the Commission [COM（1997）586 final]. 然而，直至 2001 年 12 月 14 日和 15 日在莱肯举行的欧洲理事会会议做出主席结论（SN 300/1/01 REV 1）之时，该改革都尚未取得重大进展，但欧洲理事会在此处再次决定社会保障权在欧盟范围内应当可转移。在 2002 年的巴塞罗那理事会上，成员国重申了其在"里斯本议程"的背景下改革该条例的决心，以通过创造灵活的劳工市场来提高竞争性。新条例将在 2003 年年底前通过，参见 Presidency Conclusions, Barcelona European Council 15 and 16 March 2002（SN100/1/02 REV 1）。此外，在巴塞罗那理事会上，欧洲理事会还形成了一些医疗保健政策领域的政策倡议。重点是社会保障措施的可转移性和灵活劳工市场之间的相互联系，为此，欧洲人将可获得欧洲健康保险卡。Presidency Conclusions, Barcelona European Council 15 and 16 March 2002（SN 100/1/02 REV 1）para. 34.

的最终通过，欧洲健康保险卡于 2005 年开始实行。这为第 883/2004 号新条例的欧洲社会保障机制提供了新的程序工具。⑱

正如欧洲公民的投诉数量所证明的那样，欧洲社会保障机制极其缓慢的改革可以说给欧洲患者在《社会保障条例》之外，依据条约中基础性的欧洲自由流动法，通过法院寻求获得跨境医疗保健服务带来了压力。⑱多年来发生了一些由欧盟法院审理的诉讼，在这些诉讼中，欧盟法院依据《社会保障条例》对健康福利机制进行了深入阐述。在 20 世纪 70 年代末的 Pierik 案中，欧盟法院对"工人"的法律定义以及《社会保障条例》规定的相关工人权利，采纳了一种广义解释。⑱ 然而，在随后对第 1408/71 号条例的修订中，成员国又重申了其对社会保险待遇范围的控制权。⑱尽管如此，与《社会保障条例》相关的欧洲人跨境医疗保健的可及性，很快便受到了挑战。在 1984 年的 Luisi and Carbone 案（涉及限制以购买其他成员国医疗保健服务为目的的货币兑换）和 1991 年的 SPUC v. Grogan 案（涉及以终止妊娠为目的在另一成员国寻求医疗保健服务）中，欧盟法院确立了医疗保健服务属于提供和接受服务自由的范畴。⑱

（一）医疗旅行还是医疗需要？

20 世纪 90 年代，患者越来越多地开始通过欧盟法院实现其跨境医疗保健的可及性。这些关于跨境医疗保健的案件一直以来都饱受争议，因为它们被认为可能损害成员国管理其医疗保健体系的领土和财政自主权。在此背景下的一个重要方面是欧洲人获得跨境医疗保健服务的有限权利，因为前往国外接受医疗保健服务，并就医疗费用获得健康保险机制的报销，

---

⑱　其意味着对不同类别跨境人员的健康给付设有单独形式的复杂程序得到了简化；see references in supra note 175。

⑱　See D. S. Martinsen "The Europeanization of Welfare: The Domestic Impact of Intra-European Social Security" (2005) JCMS 43 (5) 1027-54.

⑱　Case 177/77 Bestuur van het Algemeen Ziekenfonds Drente - Platteland v. G. Pierik (Pierik I) [1978] ECR 825; Case 182/78 Bestuur van het Algemeen Ziekenfonds Drenthe - Platteland v. G. Pierik (Pierik II) [1979] ECR 1977.

⑱　V. Hatzopoulos "Health Law and Policy: The Impact of the EU" in G. de Búrca (ed.) EU Law and the Welfare State: In Search of Solidarity (Oxford: Oxford University Press, 2005).

⑱　Joined cases C 283/82 and C 26/83 Luisi and Carbone v. Ministero del Tesoro [1984] ECR-377; Case C-159/90 Society for the Protection of Unborn Children (Ireland) Ltd. v. Stephen Grogan [1991] ECR I-4685.

需要经过母国健康主管机构的"事前批准"。⑱ 很长一段时间里，成员国都可以利用事前批准这一手段限制跨境医疗保健服务的可及性。成员国通常会主张，跨境医疗保健服务只是医疗旅行，创设对另一成员国医疗保健服务的可及性并无医疗上的必要。

然而，欧盟法院在开始直接使用条约中的基础规定来确立欧洲的医疗保健权利时，改变了这一游戏规则。曾经甚至有人认为，欧盟法院在此方面采用了一种"以患者为中心"和"以需求为基础"的方法。⑲ 在 1991 年的 Grogan 案中，欧盟法院裁定，医疗终止妊娠属于欧盟法下提供服务自由意义上的"服务"。在该案中，爱尔兰学生协会的官员向孕妇提供了关于在国界之外获得堕胎服务的信息。而爱尔兰则依次通过普通法和制定法已经禁止了堕胎。⑳ 然而，欧盟法院的判决认为，爱尔兰公民原则上不得被禁止获得在另一成员国提供的医疗服务。㉑ 这一关于堕胎的案件之所以富有争议，不仅是因为其确立了医疗保健是条约（如今系《欧盟运行条约》第 57 条）意义上的"服务"，㉒ 还特别是因为其明确了任何欧盟成员国的公民原则上都应当被允许自由前往其他成员国接受医疗服务，而不受立法障碍和可能的伦理障碍阻止。这一早期案件引发了关于使用欧盟法规避基于伦理和道德因素的国家立法的辩论，例如"生殖旅行"和"终结生命旅行"。㉓

---

⑱ 欧盟法院关于医疗保健服务的所有判例法的专题概述，参见 V. Hatzapoulos Briefing note for the European Parliament The ECJ Case Law on Cross-Border Aspects of Health Services（2007）（IP/A/IMCO/FWC/2006-167/C3/SC1）。

⑲ G. Davies "The Effect of Mrs Watts' Trip to France on the National Health Care Service"（2007）King's Law Journal 18 158-67 at 160；虽然欧盟法院在此更有可能采用其通常的"市场驱动的"方法，以"保障自由流动领域的公平竞争环境"，参见 S. Douglas-Scott "The Problem of Justice in the European Union" in J. Dickson and P. Eleftheriadis（eds.）Philosophical Foundations of European Union Law（Oxford：Oxford University Press，2012）at p. 416。

⑳ See Case C-159/90 Society for the Protection of Unborn Children（Ireland）Ltd. v. Stephen Grogan [1991] ECR I-4685.

㉑ 然而，依据国家法，发布有关这些服务之获取途径的信息可能会被禁止。

㉒ 很明显，虽然《欧洲共同体条约》第 49 条（如今的《欧盟运行条约》第 57 条）仅提及了服务的提供，但该条也涵盖接受服务的自由。See Case C-204/90 Hanns-Martin Bachmann v. Belgium [1992] ECR I-149.

㉓ Hervey and McHale（2004）supra note 23 at p. 144 et seq. ；also see R. L. Lee and D. Morgan Human Fertilisation and Embryology：Regulating the Reproductive Revolution（London：Blackstone Press，2001）. Medical tourism generally is of course also a global issue，see I. G. Cohen（ed.）The Globalization of Health Care：Legal and Ethical Issues（New York：Oxford University Press，2013）.

当 1994 年一位 59 岁的女性从英国前往意大利接受试管婴儿治疗时，有声音开始呼吁欧盟禁止此种类型的自由流动。[194] 然而，欧盟层面对此的回应则"明显缺位"。[195] 相反，在之后的案件中，欧盟法院对于医疗保健采取了一种市场驱动的做法。在 1998 年的 Kohll 案中，欧盟法院裁定，事前批准程序作为成员国通过限制跨境医疗保健的可及性以强化其自主权的手段，可能直接违反基础条约法。该案涉及事实为：卢森堡的一名公民要求报销其女儿在德国接受牙科治疗的费用，但没有按照社会保障条例的规定寻求事前批准。欧盟法院解释道："某些服务的特殊性质并未将这些服务从流动自由之基本原则的适用范围中排除。"[196] 这意味着事前批准的要求违反了提供服务自由的规定。[197] 在同一天对 Decker 案做出的判决中，欧盟法院对于商品亦做出了同样的裁定，该案涉及一名卢森堡公民在比利时购买了一副眼镜。[198] 在这些案件后，欧盟法院于 20 世纪 90 年代及以后又审理了诸多其他案件。在其中的许多案件中，成员国确定其医疗保健体系之范围和可及性的自主权都受到了限制。不过，欧盟法院也裁决道，维持社会保障体系的平衡可以为推翻流动自由原则的适用提供理由。[199]

（二）欧盟法中的健康专业人员和健康服务

虽然成员国在关于基础条约文本的谈判中已经主张欧盟无权参与医疗保健体系的治理，但欧盟还有一系列其他参与方式。欧盟对医疗保健可及性之参与的增多，与欧盟法对健康专业人员和健康服务的适用间接相关。在健康专业人员迁往国外的场合，欧盟法规定了医疗专业资格的承认。[200]

---

[194]　R. Watson "Focus: Brussels, Which 'Europe' Should Deal With Ethical Issues?" (1994) British Medical Journal 308 (362).

[195]　Hervey and McHale (2004) supra note 23 at p. 149.

[196]　Case C-58/96 Raymond Kohll v. Union des caisses de maladie [1998] ECR I-1931 at para. 10.

[197]　《欧盟运行条约》第 57 条。

[198]　Case C-120/95 Nicolas Decker v. Caisse de maladie de employes prives [1998] ECR I-1831.

[199]　See inter alia Case C-158/96 Raymond Kohll v. Union des caisses de maladie [1998] ECR I-1931 at para. 41; also see Case C-157/99 B. S. M. Geraets-Smits v. Stichting Ziekenfonds VGZ and H. T. M. Peerbooms v. Stichting CZ Groep Zorgverzekeringen (Smits and Peerbooms) [2001] ECR I-5473 at para. 73; also see Case 368/98 Abdon VanBraekel and Others v. Alliance nationale des mutualités chrétiennes (ANMC) ECR I-5363 [2001] at para. 47.

[200]　M. A. Garcia-Perez et al. "Physicians Migration in Europe: An Overview of the Current Situation" (2007) BioMEd Central Health Services Research 7. 专业资格在欧盟范围内相互承认。对于许多医疗部门，关于对特定医疗专业人员所要求的最低培训标准都有具体国家准则。不过，一位医生只要满足了这些要求，就将自动获得在欧盟内部任何地方工作的资格；see Directive 2005/36/EC of the European Parliament and of the Council of 7 September 2005 on the recognition of （转下页）

虽然 20 世纪 90 年代，欧盟层面在一定程度上考虑了医疗专业资格的特殊性质，[201] 但目前在于另一成员国设立和提供（临时）服务方面，医疗专业资格是一个相互承认的问题。《欧盟运行条约》第 53 条第 2 款涉及设立自由，其专门针对医疗行业，并规定了对设立自由之限制的废除取决于各成员国之间的协调。然而，普遍的相互承认体系带来了一些挑战，尤其是在医疗保健服务质量方面，以及可能破坏许多成员国在医疗纪律法方面的自我管理制度。[202]

欧盟参与医疗保健的另一途径是通过设立和发展参考中心（Center for Reference），专门为需要专业医疗护理的罕见疾病发展网络和设施。[203] 在欧盟各地医院设立这些中心背后的思想是，通过这种方式，欧盟可以促进规模经济，并且有助于关注罕见疾病领域的治疗和研究。不过，此种欧盟参与形式系纯粹以成员国健康专家和医院代表之间的软协调为基础。目前，参考中心已经被纳入最近实施的患者权利指令；[204] 然而，这些中心的

（接上页）professional qualifications（L 255/22, 30-09-2005），replacing the more specific Council Directive 93/16/EEC of 5 April 1993 to facilitate the free movement of doctors and the mutual recognition of their diplomas, certificates, and other evidence of formal qualifications（OJ L 165, 07-07-1993, pp. 1-24）; see further Hervey and McHale（2004）supra note 23 at p. 197; also see J. Irwin "Migration Patterns of Nurses in the EU"（2001）Euro Health 7（13）. 与此同时，就业法领域的欧盟一般措施并未考虑医疗行业的特殊性，这在一项指令的范围内造成了一些显著的难题，该指令为 the Working Time Directive 2003/88/EC of the European Parliament and of the Council of 4 November 2003 concerning certain aspects of the organisation of working time（OJ L 299, 18-11-2003, pp. 9-19）。由于欧盟法院做出的一些判决 [最著名的包括 Case C-303/98 Sindicato de Medicos de Asistencia Publica v. Conselleria de Sanidad y Consumo de la Generalidad Valenciana（SIMAP v. CSCGV）[2000] ECR I-7963 和 Case C-151/02 Landeshauptstadt Kiel v. Jaegar [2003] ECR I-08389]，该指令得到了修改，其第 17 条第 4 款为受训医生的工作时间制定了一些例外。关于允许成员国要求医疗专业人员在行医前进行宣誓或庄严声明的措施，以及关于交换针对医疗专业人员的纪律处分、行政或刑事处罚的信息的措施，已得到确立。

[201] See Editorial "Doctors' training and the European Working Time Directive 375"（2010）The Lancet 375（9732）at p. 2121.

[202] 关于当前法律和判例法的详细介绍，参见 M. Peeters et al. "EU law and Health Professionals" in E Mossailos et al.（eds.）Health Systems Governance in Europe: The Role of European Union Law and Policy（Cambridge: Cambridge University Press, 2010）。

[203] 对于目前的欧洲罕见病参考中心的介绍，参见 State-of-the-art in 2006 and recommendations of the Rare Diseases Task Force to the The High Level Group on Health Services and Medical Care（December 2006）available at: http://www.ec.europa.eu/health/ph_threats/non_com/docs/contribution_policy.pdf（last accessed February 2014）。

[204] Directive 2011/24/EU of the European Parliament and of the Council of 9 March 2011 on the application of patients' rights in cross-border healthcare（OJ L 88/45, 04-04-2011）。

设立和管理，也依然要通过该背景下的软协调进行。

在电子健康（e-Health）领域，欧盟同样通过软协调和激励措施参与了医疗保健政策。通过此种治理模式，欧盟打算在一个更广泛的“数字议程”内发展电子监控和远程医疗。此处的想法是，与其让医生前往境外治疗患者，不如在必要情况下依据图像或通过“远程手术”的方式跨境治疗患者。[205] 电子健康的另一个分支涉及患者病历的数字化和这些系统在欧洲各国的互操作性，以及药品的电子处方。[206] 此处的政策旨在发展一个欧洲“电子健康领域”。[207] 电子健康同样是一个依赖软性合作和实施机制的政策领域。欧盟委员会内部有一个特别的跨部门小组，在委员会各部门之间开展电子健康工作。不过，来自国家电信部门、健康机构、医生和护士协会、业界以及患者和公民团体的成员国代表，也在该框架内工作。[208]

（三）竞争和采购法中对医疗保健的特殊考虑

对于国家医疗保健体系的自主管理而言，欧洲的公共采购规则是一个非常突出的问题，其关系到（再）分配福利的可能性。如果所有的医疗保健安排都受欧盟公共采购法调整，那么医疗保健体系在某种程度上将需要作为市场运行，无论医疗保健服务的购买者是政府还是私人保险公司。由于欧盟关于禁止国家援助的规则阻止公共机构干预市场，公共采购规则因而规定，公共合同必须根据允许竞争的具体规则授予。关于公共采购的

---

[205]　Communication from the Commission to the European Parliament, the Council, the European Economic and Social Committee, and the Committee of the Regions on telemedicine for the benefit of patients, health-care systems and society（COM/2008/689 final）；关于远程医疗目前的积极工作计划的概览，参见＜http：//www. ec. europa. eu/information_society/activities/health/policy/telemedicine/telemedicine2/index_en. htm＞. Communication from the Commission to the Council, the European Parliament, the European Economic and Social Committee, and the Committee of the Regions：e-Health—making health care better for European citizens：an action plan for a European e-Health Area［COM（2004）0356 final］；also see Commission Recommendation on cross-border interoperability of electronic health record systems［COM（2008）3282］.

[206]　Ibid.；also see European Commission Directorate General Information Society study, Study on the Legal Framework for Interoperable eHealth in Europe（SMART 2007/0059）.

[207]　See Conclusions of the European Council 25/26 March 2010（EUCO 7/10）；also see Commission Communication, EUROPE 2020 A strategy for smart, sustainable, and inclusive growth［COM（2010）2020］.

[208]　详见“欧盟数字议程2020”的官网，＜http：//www. ec. europa. eu/digitalagenda/＞。

第2004/18号指令对个人健康因素的重要性做出了特别承认。[209] 该指令的附录ⅡB特别提到了健康服务，并明确了"指令不得阻止制定或实施对于保护公共政策、公共伦理、公共安全、健康……具有必要的措施"[210]。

然而，除了该公共政策例外以外，该指令确实适用于医疗保健。因此，关于欧洲公共采购规则在法律实践中将如何适用仍然存在诸多不明之处。例如，什么会构成例外的理由？一家企业何时会与将成为指令第1条第9款意义上缔约当局（contracting authority）的国家或公共机构具有足够的联系？[211] 在与竞争相关的特殊领域，《欧盟运行条约》赋予了欧盟委员会排他的立法权。例如，《欧盟运行条约》第106条授予了欧盟委员会发布有关公共工程的指令的排他权利，以确保这些工程符合条约规定。利用这一排他权利，欧盟委员会还可以决定允许与公共企业有关的一般条约机制的例外，尤其是在国家援助和欧盟竞争规则的适用方面。就医疗保健而言，欧盟委员会在医院的公共资助方面事实上已经创设了这样一项例外。[212] 竞争法和公共采购明显与医疗保健中的财政制度有关。遏制医疗服务和商品费用的方式彼此间紧密相连，并且能在不同的医疗保健体系内产生各种各样的后果。就此而言，这些经济法领域与创造医疗保健的可及性、医院获得资助的方式以及医疗产品与器械的可及性相互关联。

（四）欧盟通过"软"治理工具的参与

最后，还有一些由欧盟委员会所推动的非立法方式，成员国通过这些方式在医疗保健方面开展合作。其中之一是"开放式协调方法"[213]。此种

---

[209]　Directive 2004/18/EC of 31 March 2004 on the coordination of procedures for the award of public works contracts, public supply contracts, and public service contracts (OJ L 134, 30 – 04 – 2004, pp. 114–240).

[210]　See ibid. at rec. 6.

[211]　See V. Hatzopoulos "Public Procurement and State Aid in National Health Care Systems" in E. Mossailos et al. (eds.) Health Systems Governance in Europe: The Role of European Union Law and Policy (Cambridge: Cambridge University Press, 2010) at p. 379.

[212]　See Commission Decision 2005/842/EC of 28 November 2005, on the application of Article 86 (2) of the EC Treaty on State Aid in the form of public service compensation granted to certain undertakings entrusted with the operation of services of general economic interest [notified under document number C (2005) 2673] (OJ L 312, 29-11-2005), at para. 16.

[213]　开放式协调方法原则上是一项体现为灵活合作形式的实施机制，建立在共同商定的指标或基准之上，没有约束力，但允许改变偏好。其涉及至少四级欧洲政策制定者。首先，欧洲理事会就总体目标达成一致，并列出总体目标的一般准则。其次，部长理事会选择更具体的定量和定性指标来评估国家实践。这些指标系基于欧盟委员会的建议或者与其他独立机关和专门（转下页）

治理形式摒弃了指挥和控制的方法，相反采用了共同学习、同行评议、制定基准和总结最佳实践的方法，[214] 有助于"欧盟颁布权威性框架并监督框架的实施"[215]。在《里斯本条约》的修订中，第 168 条第 2 款特别提及了此种治理形式，表示欢迎欧盟委员会提出倡议促进成员国健康政策之间的协调，以便"建立指导方针和指标，组织交流最佳实践，并为定期监测和评估准备必要的元素"。然而，关于健康和长期护理的"开放式协调方法"于 2003 年就已在"里斯本议程"（2000 年）的背景下启动。[216]

开放式协调方法通常被视为克服医疗保健等敏感政策领域的立法僵局的一种方式。[217] 然而，现实是目前并无迹象表明该方法已经能够克服沙普夫（Scharpf）所言的欧盟参与医疗保健政策的"宪法不对称性"。[218] 沙普夫提出，欧盟层面的机构制约因素和法律制约因素，制造了"市场纠正"（market-correcting）政策，这些制约因素有利于经济自由主义的利益和政

（接上页）机构共同选择。再次，国家或地区层面依据《国家行动计划》采取措施，其允许将地方特殊因素纳入考虑。最后，经成员国和理事会之间的相互评估和同行审查，该过程得以完成。See M. A. Pollock "Theorizing EU Policy-Making" in H. Wallace et al. （eds.）Policy-Making in the European Union （Oxford：Oxford University Press，2005）；K. Armstrong and C. Kilpatrick "Law，Governance，or New Governance? The Changing Open Method of Coordination" （2007）Columbia Journal of European Law 13 649-79.

[214] 因此一些人也认识到了开放式协调方法创设政策网络的潜力，通过这些网络可以在不因等级关系而对过程施加压力的情况下交换信息并制定政策。See T. K. Hervey "The European Union's Governance and the Welfare Modernisation Agenda" （2008）Regulation and Governance 2 （103-20）at p. 103；also see E. Szyszczak "Experimental Governance：The Open Method of Coordination" （2006）European Law Journal 12 （4）486-502 at p. 491.

[215] See C. Sabel and J. Zeitlin "Learning from Difference：The New Architecture of Experimentalist Governance in the EU" （2008）European Law Journal 14 （3）271-327 at p. 276［分析了新的治理形式，如职业健康与安全中的开放式协调方法，这些治理形式作为一种架构允许对监管过程进行"试验"，并允许通过相互学习和适应来实施政策，涉及的是权威（authority）而非强制（coercion）］。

[216] See A. de Ruijter and T. K. Hervey "Healthcare and the Lisbon Agenda" in P. Copeland and D. Papadimitriou （eds.）The EU's Lisbon Strategy：Evaluating Succes，Understanding Failure （New York：Palgrave MacMillan，2012）. Also see Opinion of the Social Protection Committee on the Commission's Communication on "Modernising social protection for the development of highquality，accessible and sustainable health care and long-term care：support for the national strategies using the open method of coordination"，endorsement （12410/04）.

[217] T. K. Hervey and L. Trubek "Freedom to Provide Health Care Services Within the EU：An opportunity for a Transformative Directive" （2007）Columbia Journal of European Law 13 （3）623-49.

[218] de Ruijter and Hervey （2012）supra note 216. See F. Scharpf "The Asymmetry of European Integration，or Why the EU Cannot be a 'Social Market Economy'" （2009）KFG Working Paper Series 6.

策，但反过来又限制了成员国在国家层面追求福利目标。沙普夫指出的欧盟层面政策的另一制约因素是社会制度的巨大多样性。[219] 这一限制在欧盟委员会提议将医疗保健纳入《服务指令》时变得尤为突出，[220] 为了克服它，欧盟委员会通过健康服务与医疗高级小组（the High Level Group on Health Services and Medical Care）建立了另一个"软政策"模式。21 世纪初，该高级小组主要致力于交换有关各成员国医疗保健体系的信息，同时也讨论和交换关于复杂政策事项的信息。虽然目前其中一些工作小组仍然处于欧盟委员会层面，但高级小组中的主要参与者已经转移到了欧盟理事会，在欧盟理事会它们已经被纳入 2007 年健康战略的治理机制之中。该战略旨在将欧洲健康政策纳入一个协调机制之下，同时也"借用"了开放式协调方法的一些主要方法，以便在邻近的欧洲公共政策中实施医疗保健政策并使之成为主流。[221]

（五）欧盟医疗保健政策的压力和限制

欧盟对医疗保健政策的参与，是在交互的压力和限制之间进行的。一方面，欧盟创设医疗保健政策的立法权限有限，且成员国一直努力限制欧盟参与组织其医疗保健体系，以及制定欧洲层面的医疗保健待遇规定。而各成员国医疗保健体系的巨大差异，以及在护理水平和质量及医疗服务性质方面的文化差异，则制造了更深层次的限制。另一方面，试图通过欧盟法院获得跨境医疗保健服务的患者，也给欧盟更多地参与医疗保健政策带来了压力。与此同时，压力也来源于公共采购和竞争法领域的欧洲内部市场政策，以及医疗人员资格的相互承认。可以预期的一项未来压力则来自欧盟在管理国家预算方面发挥的越来越大的作用，这是由金融危机所导致。在欧盟对国家预算的审查中，基于欧盟层面的医疗保健优先事项的削

---

[219] See F. Scharpf "The European Social Model: Coping with Challenges of Diversity" (2002) Journal of Common Market Studies 40 (4) 645-70 at p. 645；欧洲一体化在促进市场效率和促进社会保护与平等的政策之间制造了宪法上的不对称性。民族福利国家在法律和经济上受欧洲一体化规则的约束……而制定欧洲社会政策的努力在政治上又受到民族福利国家之多样性的阻碍，这些多样性不仅体现在民族福利国家的经济发展层面，也体现在其支付社会转移和服务的能力，以及其规范性期望和体制结构这一更重要的层面。

[220] Directive 2006/123/EC of the European Parliament and of the Council of 12 December 2006 on services in the internal market (OJ L 376/36).

[221] Together for Health: A Strategic Approach for the EU 2008－2013 [COM (2007) 630]; T. K. Hervey "The European Union and the Governance of Health Care" in G. de Búrca and C. Scott (eds.) New Governance and Constitutionalism in the EU and the US (Oxford: Hart, 2006).

减和优先事项，极有可能进入关于国家医疗保健体系之下存在哪些福利待遇的辩论当中。

然而，这些压力和限制也具有相互关联性。如医疗保健政策领域的开放式协调方法等软政策机制所示，成员国往往会相互讨论欧洲层面的政策选择，即使是在因缺乏立法权限而受到限制的领域。这些较软的政策机制可能与较硬的监管相联系，并对外部压力做出反应。在此方面的一个显著的例子是医疗服务与健康护理高级小组（the High Level Group for Medical Services and Health Care），其系由欧盟委员会主持设立，是对欧盟法院在医疗保健领域的判例的回应。这一成员国合作机制后来被纳入2008—2013年健康战略之中，并成为制定欧盟医疗保健政策的新体制路径的一部分。

二 欧盟公共健康政策和医疗保健政策的交叉重叠

截至目前对欧盟健康政策的讨论似乎提供了一个公共健康政策和医疗保健政策的二元整齐划分。然而，欧盟虽在公共健康方面拥有一些立法权限，但在医疗保健方面却并不享有任何立法权限。而且，欧盟参与公共健康政策和参与个人健康政策之间的区分，在许多方面都并不像看起来的那样清晰。这方面的一个重要例证是职业健康，其一方面具有保护公众和工人免受工作相关的健康危害之目标，另一方面又可能创设个人对特定治疗的医疗保健权利。[22]

欧盟对职业健康的参与由来已久。1951年签署的《欧洲煤钢共同体条约》，就曾委托对钢铁工人和矿工疾病的健康和安全进行研究。类似地，《欧洲原子能共同体条约》第3章中，也涉及保护工人健康免受电离辐射危险。[23] 多年来，这些初始研究计划促成了目前欧盟层面的行动计划，并得到了一些（框架）指令的支持。[24] 欧盟在此方面被称为"职业健

---

[22] 例如，参见 Communication from the Commission to the European Parliament, the Council, the European Economic and Social Committee and the Committee of Regions, Improving quality and productivity at work: Community strategy 2007–2012 on health and safety at work［COM（2007）62 final］。

[23] 《欧洲原子能共同体条约》第30条。

[24] 此处修正了一些版本；例如，参见 Council Directive 89/391/EEC of 12 June 1989 on the introduction of measures to encourage improvements in the safety and health of workers at work（OJ L 183, 29-06-1989, p. 1）；Directive 99/92/EC— risks from explosive atmospheres of 16 December （转下页）

康的摇篮"，因为其对该领域的监管在许多方面都已超越成员国能够实现的程度。㉕

　　研究对于公共健康和医疗保健政策皆十分重要，其是功能划分的另一个灰色区域。欧盟为大量关于公共健康和个人健康问题的研究提供了资金。另外，欧盟还为应当如何通过《临床试验指令》（the Clinical Trials Directive）执行这些研究设定了基准。㉖ 欧洲对于人体医学研究涉及的伦理问题的关切，与欧洲历史以及更具体的《1949 年纽伦堡法典》（the Nuremberg Code of 1949）有关。㉗ 此处的另一相关背景是发展欧洲单一健康研究领域。给研究总局开展的欧洲医学研究提供资助，是为实现这一政策目标而实施的活动之一。这些政策活动自 20 世纪 80 年代开始就持续进行，并且已经促成了临床研究领域若干计划和委员会的设立。这方面的一个重要咨询机构是生物技术伦理影响顾问小组（the Group of Advisors on the Ethical Implications of Biotechnology）。㉘ 该小组协助制定了关于哪类研究能够获得资助、哪类研究不能获得资助的指导原则。㉙

　　这些类型的协调措施有可能创造出公认的欧洲价值，以支撑临床研究

（接上页） 1999 on the minimum requirements for improving the safety and health protection of workers potentially at risk from explosive atmospheres［15th individual Directive within the meaning of Article 16 (1) of Directive 89/391/EEC］（OJ L 23, 28-01-2000, p. 57）; Directive 89/656/EEC—use of personal protective equipment of 30 November 1989 on the minimum health and safety requirements for the use by workers of personal protective equipment at the workplace［third individual directive within the meaning of Article 16 (1) of Directive 89/391/EEC］（OJ L 393, 30 - 12 - 1989, p. 1）; Regulation (EC) No. 596/2009 of the European Parliament and of the Council of 18 June 2009（O. J. L 188, 18-07-2009）。

　　㉕　Majone（1993）supra note 44; Gagliardi et al.（2012）supra note 72.

　　㉖　Directive 2001/20/EC of the European Parliament and of the Council of 4 April 2001 on the approximation of the laws, regulations and administrative provisions of the Member States relating to the implementation of good clinical practice in the conduct of clinical trials on medicinal products for human use（OJ L 121/34, 01-05-2001）.

　　㉗　See for example J. K. M. Gevers "Medical Research and the Law: A European Perspective"（1995）European Journal of Health Law 2; also see ibid.

　　㉘　See M. W. Bauer and G. Gaskell Biotechnology: The Making of a Global Controversy（Cambridge: Cambridge University Press, 2002）at p. 136.

　　㉙　例如，参见 Hervey and McHale（2004）supra note 23 at p. 247, and see Council Decision 2002/834/EC of 30 September 2002 adopting a specific programme for research, technological development and demonstration: "Integrating and strengthening the European Research Area"（2002-2006）（OJ L294/1, 29-10-2002），特别指出了对于克隆人的医学研究不得予以资助以及禁止优生学和治疗性克隆。

领域的健康政策。例如,《宪章》第 3 条明确禁止优生学和克隆。[230]《临床试验指令》的适用范围有限,因为其仅涵盖 65/65/EEC 指令意义上的医疗产品试验:

> 用于预防人类或动物疾病的任何物质或物质组合（以及）可对
> 人类或动物施用的任何物质……目的在于对人类或动物进行医疗诊断
> 或者恢复、纠正或改变人类或动物的功能。

然而,《临床试验指令》第 3 条第 7 款规定,一些先进的医学治疗方法可以依据"医院豁免"（hospital exemption）条款豁免适用本指令。[231] 这意味着目前临床研究中的一些前沿领域,如心理学研究和医疗器械或胚胎研究,不受指令规制。不过,在药品批准的临床试验方面,欧洲药品管理局发布了非常精细的指南。[232] 在医疗器械方面,欧洲的标准和指南系由欧洲标准化委员会（European Committee of Standardization, CEN）和欧洲电子标准化委员会（European Committee of Electronic Standardization, CEN-ELEC）等欧洲标准机构制定。[233]

虽然欧盟的公共健康和医疗保健政策在功能上可能有所重叠,但是就目标而言,这两个政策领域总体上仍可区分为相互独立但又有所联系的两个领域。然而,更仔细地观察会发现,还有一个方面破坏了对欧洲健康政策所做的任何清晰划分。这涉及那些影响成员国将健康作为一项福利待遇进行再分配的欧盟活动。个人医疗保健的可及性,是一个复杂且成本高昂

---

[230]　Hervey and McHale（2004）supra note 23 at p. 247.

[231]　Directive 2001/20/EC（2001）supra note 226；see further J. P. Griffin et al.（eds.）The Textbook of Pharmaceutical Medicine, 7th Edition（London：Wiley Blackwell, 2013）at p. 488.

[232]　欧洲药品管理局检查欧盟层面的良好临床实践活动的统一和协调情况。这主要通过检查人员工作组的工作进行。该工作组为良好临床实践制定指南。See European Medicines Agency, Mandate, Objectives and Rules of Procedure for the GCP inspectors Working Group, London, 27 July 2007（EMEA/INS/GCP/239486/2007）；also see Communication from the Commission, Information from European Union Institutions, Bodies, Offices and Agencies—Detailed guidance on the request to the competent authorities for authorisation of a clinical trial on a medicinal product for human use, the notification of substantial amendments and the declaration of the end of the trial（CT-1）（2010/C 82/01）.

[233]　CEN/CELENEC 起草欧洲的标准和指南。此外,它们必须确保欧盟的国家标准机构将欧洲标准作为国家标准纳入其国家框架,或者避免引入任何不同的国家标准；see European Commission, CEN, CENELEC, and the European Free Trade Association, General Guidelines for Cooperation, 28 March 2006。

的公共福利分配问题，其可以说是欧盟作用仍然受限的原因，而相当一部分的欧洲公共健康政策则往往是通过管制来集中制度安排。然而，欧洲公共健康政策和欧洲医疗保健政策之间的分野，并不只是前者具有管制性、不具有再分配性，后者具有再分配性这么简单。

例如，疫苗接种政策是相当标准的公共健康问题，欧盟对此没有权力，或者至少在疫苗采购方面没有权力，因为疫苗接种政策成本高昂且受制于规划和分配。另外，疫苗接种也是一项福利待遇，其承载了关于什么是好政策和什么不是好政策的文化信仰。[24] 是故，情况是再分配既发生在欧盟公共健康政策之中，例如通过资助特定公共健康计划，也发生在欧洲医疗保健政策之中，例如通过创设跨境医疗保健的可及性重新分配福利待遇。

第五节　欧盟在健康法律和政策中的权力

本章的目标在于描述欧盟在公共健康和医疗保健领域的权力。《欧盟运行条约》第168条似乎表明，欧盟健康政策可以被概念化为要么存在于所有欧盟公共政策之中，要么完全不存在。然而，若将欧盟对"健康"的概念化作为核心特征，则可将欧盟在人体健康领域的权力视为以保护和促进人体健康为目的，通过欧盟政治体系对价值所做的权威分配。这一概念化勾勒出了本书此后几章将重点讨论的政策的范围。

在此方面重要的是，由于该概念相对宽广的范围，为识别欧盟健康政策，我们需要将目光投射到正式的法律结构和欧盟权限之外，将欧盟正式的健康政策制定活动表面之下的活动纳入考虑。其包含公共健康和医疗保健两个相互独立但又有所交叉的领域：欧盟公共健康政策的目标在于管理集体健康风险和预防重大疾病灾害。作为该健康政策领域中的一项工具的法律，通常是公法，因为其调整公权力持有者和公民之间的关系。欧盟医疗保健政策的目标则与医疗服务和个人健康的供给相关，包括创造医疗保健的普遍可及性，这意味着对医疗领域进行一般性管制，允许个人获得医疗产品、医疗专业人员和健康保险。此处的对象主要是私人主体。医疗保健政策领域的法律关系总体上主要通过合同关系组织，包括医院和医生的合同关系、医生和患者的合同关系、保险机构和医院的合同关系等。但值

---

[24]　G. A. Poland "The 2009-2010 Influenza Pandemic: Effects on Pandemic and Seasonal Vaccine Uptake and Lessons Learned for Seasonal Vaccination Campaigns" (2010) Vaccine 28 (4) D3-D13.

得注意的是，当医疗保健体系由政府进行更集中的组织时，这些法律关系会发生改变。

对欧盟参与医疗保健和公共健康政策的回溯显示出，欧盟的参与系由不同的压力和限制所引发。在公共健康政策方面，欧盟对公共健康的参与是持续的调和的结果。成员国试图遏制欧盟在该领域的作用，但也相互合作以应对欧盟层面的公共健康危机，欧盟公共健康政策作为一项创造市场的工具而持续扩张。与此同时，在欧洲公共健康政策的演化过程中，也建立了一些欧洲同盟用于应对癌症和艾滋病毒/艾滋病等重大疾病，并提出政策解决方案。这引起了公共健康计划的发展，在这些计划中欧盟通过向特定公共健康目标分配资金展示了其"社会形象"。

在欧盟医疗保健政策中，政策制定的重大压力来自患者通过欧盟法院寻求跨境医疗保健的可及性。此外，压力也来自欧洲在公共采购和竞争法方面的内部市场政策，以及医疗专业资格的相互承认。与此同时，欧洲医疗保健政策的进一步发展还受到有限立法权的制约，成员国坚持要求限制欧盟参与其本国医疗保健体系的组织，以及创设欧洲层面的医疗保健待遇规则。一个更深层次的制约因素，则是各成员国医疗保健体系之间的巨大差异，以及在护理水平和质量及医疗服务性质方面的文化差异。

虽然欧盟公共健康和医疗保健政策可以被视为欧盟健康政策内部的两个不同政策领域，但它们在许多方面也有着内部的联系和重叠。另外，在两个领域中，欧盟的作用都在其参与能够影响成员国可能的福利再分配时变得最富争议。但两个领域中也确实都发生了欧洲层面的再分配，如资助特定的公共健康计划，或者创设跨境医疗保健的可及性。

因此，本章对欧盟健康政策的概念化确保了健康政策的可识别性，即使相关健康政策系在其他政策背景下颁布。那么问题就不在于某项欧盟公共政策是否以保护或改善健康为主要目标，因为当健康影响到我们个人时，其通常会渗透到我们生活的方方面面，同样也会渗透到所有的公共政策之中。健康问题作为另一项政策的一部分予以处理，并不能成为主张健康不是一个可识别的政策目标的理由，原因在于：健康政策影响着我们生活中的一个方面，其排在我们关心的许多甚至大多数其他事情之前，这正是一些对健康和推行健康政策的方式特别重要的基本权利，在欧盟层面获得承认的原因。

第四章　欧盟健康机构行动者的增长

　　列出现存的所有健康委员会和小组的名单，是一项完全不可能的任务。它们中有一半都在睡大觉，但却从未被撤销过。通常无法找到相关的法律依据……一个委员会从未真正关闭过，但它可能两三年都不开一次会。①

　　欧盟实质性的公共健康和个人健康政策与法律的增长，与欧盟机构行动者的历史性增长相匹配。② 机构扩张增加了欧盟在健康领域制定法律和政策的能力，从而也提高了欧盟在健康领域权力增长的可能性。本章将追溯欧盟机构行动者在人体健康领域的演化发展和数量增多，首先描述增长的机构能力对创设欧盟健康法律与政策的意义，接着分别概述欧盟各机构参与健康政策的情况，但考虑到上述成员国代表的意见，可能无法对欧盟层面所有的健康行动者进行穷尽式概述。

第一节　欧盟机构权力的扩张

　　在描述机构发展和欧盟健康机构行动者的增长时，《欧洲联盟条约》中列举的欧盟"法律"机构构成了本章界定行动者以及行动者必须遵守

---

① Respondent 4 (MS Representative Working Party on Public Health in the Council, 2010).

② 本章的部分内容构成了作者之前一篇论文的基础，并发表在这篇论文之中，参见 A. de Ruijter "Mapping the Institutional Consolidation of EU Human Health Expertise" (2017) Comparative European Politics 15 370 (which traces the increasing development of expertise within the EU institutions with regard to human health)。

的规则的基准。③ 在此方面,《欧洲联盟条约》为以下方面的规则奠定了基础,具体包括:何者将被纳入机构范围;机构的权限为何;可以使用何种工具实现特定目标,这包括机构可以实施何种制裁措施。④ 特定的机构行动者的发展标志着存在一种制定健康政策和法律的集体能力。这意味着推动政策改变是可能的,采取制裁措施或行动来实施政策和法律也是可能的。另一种描述该发展的方式是通过"欧洲化"的理论框架,其在此处的特殊情形下是指:

> 欧洲层面不同治理结构的出现和发展,即与解决问题相关的政治、法律和社会机构,它们使行动者之间得以进行正式互动,以及专门从事欧洲权威规则制定的政策网络。⑤

在此,我们无须深入研究关于欧盟机构化程度提高以及政策和法律制定能力增长背后的驱动力的不同解释,重要的是要注意到这些机构行动者的权威和权力不仅仅表现为胁迫或者使用制裁或武力的能力。博泽尔(Börzel)指出,在科层制(hierarchy)的影响下,欧盟通过其机构行使权力也可不借助正式的服从机制:"欧盟条约的超国家机构为层级协调(hierarchical coordination)提供了充分的可能性。在超国家机构无须经成员国同意即有权做出有法律拘束力的决定的场合,超国家的集中化发挥着支配作用。"⑥ 因此,机构能力的集中化和机构组织政策合作与审议时应遵守的规则,在阐释欧盟影响成员国健康法律与政策的权力增加方面非常重要,尽管欧盟实质性的正式立法权限依然有限。

本章描述欧盟机构扩张的框架,系遵循《欧盟运行条约》第 294 条规定的通过机构的"通常"立法路径。首先介绍欧盟的执行机构,即欧

---

③ A. Heritier Explaining Institutional Change in Europe (Oxford: Oxford University Press, 2007) 7.

④ A. Heritier Explaining Institutional Change in Europe (Oxford: Oxford University Press, 2007) 8.

⑤ M. Green Cowles, J. A. Caporaso, and T. Risse-Kappen Transforming Europe: Europeanization and Domestic Change (Ithaca, NY: Cornell University Press 2001) 3. Also see J. A. Caporaso and J. Wittenbrinck "The New Modes of Governance and Political Authority in Europe" (2006) Journal of European Public Policy 13 471.

⑥ T. Börzel "European Governance: Negotiation and Competition in the Shadow of Hierarchy" (2010) Journal of Common Market Studies 48 191, 198.

盟委员会的健康政策；其次是欧洲议会；再次是欧盟理事会内部代表成员国的健康行动者；最后聚焦实施阶段的极其重要的行动者，如工作程序委员会和欧盟专门机构。[7]

第二节　欧盟委员会的健康政策

在成立之初，欧盟委员会系被设计为一个"行政性的"技术官僚专家机构，而非一个"政治性的"执行机构。[8] 欧盟委员会必须保障共同体的利益得到代表，并且提出立法建议。提出立法建议的专属权利，[9] 作为其最初的"行政性质"的例外，从一开始就赋予了欧盟委员会一项政治工具，以保持欧洲一体化进程的持续。[10] 与此同时，欧盟委员会除了发起立法和政策外，还会监督立法和政策的实施。[11] 其由一个专员团组成，每位专员负责一个特定的政策部门。同时，欧盟委员会的官僚服务部门（bureaucratic services）与国家的部委类似，由总局（Directorates - General）组织，每个服务部门负责处理特定的欧盟政策。最近，欧盟委员会被描述为欧盟的一个"或多或少"的"正常化执行机构"，拥有越来越重要的政治自主权和职能，包括在政治敏感的和新的欧盟政策部门方面。[12] 如下文的案例研究所示，欧盟委员会的这种不断变化的角色，可以通过其在健康领域这一极其敏感的政策领域促成合作和立法的作用得到说明。

一　早期的情况

从历史上看，健康工作系由不同的委员会服务部门和专员共同负责，呈现出一种分散状态。但随着时间的推移，委员会的服务部门在健康方面变得越来越专门化。这有时是基于务实的考虑，有时是由危机（政治或健康危机）所造成。早期，欧洲煤钢共同体的行政执行机构——"高级

---

[7]　虽然这些行动者在欧盟委员会起草或建议立法阶段也同样重要。

[8]　See D. M. Curtin Executive Power of the European Union：Law，Practices and the Living Constitution（Oxford：Oxford University Press，2009）at p. 63 et seq.

[9]　《欧洲联盟条约》第 17 条第 2 款。

[10]　See Curtin（2009）supra note 8.

[11]　《欧洲联盟条约》第 17 条第 1 款。

[12]　Curtin（2009）supra note 8 at p. 98.

管理局"（the High Authority），负责处理所有领域的政策活动。但不久后，其成员开始实行专门化，及至 1953 年，形成了 6 个工作小组（Working Party），其中包括一个社会问题小组。[13] 这些社会问题的健康方面包括煤炭和钢铁行业的工作环境引起了职业健康危险，如黑肺病和煤矿爆炸。

为了执行行政任务，高级管理局设立了服务部门或"分部"（divisions）。其中之一便是工作相关问题分部。[14] 该分部内设一个社会保障子部门和一个工作安全与卫生子部门。[15] 1960 年，这些分部被整合为总局。"工作相关问题分部"亦成为一个总局，其中包含两个局，而非像以前那样包含六个子部门，两个局分别是准备与研究局和事务性工作局。[16] 职业健康和社会保障问题最初系由这两个局分管，但由于需要专业知识处理职业健康问题，三年后的 1963 年，又增设了第三个局——安全与职业健康局。[17]

（一）1958 年《欧洲原子能共同体条约》：公共职业健康

随着 1958 年《欧洲原子能共同体条约》的通过，欧洲原子能共同体委员会随即成立了健康保护总局（the Directorate-General on Health Protection），该局负责起草条约第三部分所规定的放射性健康风险方面的健康保护政策。[18] 1959 年，一个科学与技术专家委员会建议通过第一项原子能共同体指令，将保护工人和一般公众免受电离辐射引发的健康威胁作为目标。[19] 然而，欧洲原子能共同体委员会和欧洲煤钢共同体高级管理局也在

---

[13] Rules of procedures and general organizational rules, 5 November 1954 (OJ 21 24-11-1954, pp. 515-17).

[14] *Division Problèmes du Travail.*

[15] 薪酬、社会保障以及工作中的安全与健康，参见 Rules of Procedure （1954）supra note 13. 高级管理局在其 1952 年 10 月 1 日的会议上创设了这一结构，并在 1953 年 1 月 6 日的全体大会会议中提出这一结构 Exposé sur la situation de la Communauté, January 1953 at p. 14.

[16] 关于高级管理局在 1960 年 4 月 20 日的行政部门改组，参见 the Rules of Procedures （OJ 03-05-1960）。

[17] *Sécurité et médecine du travail*, see Rapport général sur les activités de la Communauté （La structure interne des sept directions générales elle-même a été adoptée le 1er juillet）CECA：Luxembourg, 1960, point 1；［"主要部门"（the secteur principal）变成了"分部"（division）］。

[18] See De Commissie van de Europese Gemeenschap voor Atoomenergie, Eerste Algemeen Verslag over de werkzaamheden van de gemeenschap （January 1958-September 1958）at pp. 8 and 30.

[19] Directives laying down the basic standards for the protection of the health of workers and the general public against the dangers arising from ionizing radiation （OJ 221/59, 20-02-1959）.

"工业医学"（industrial medicine）等方面开展了合作，这些方面主要涉及医务人员在工作场所的培训和地位问题。[20]

（二）1958 年《欧洲经济共同体条约》：工人自由流动

随着 1958 年《欧洲经济共同体条约》的通过，欧洲经济共同体委员会成立了一个社会事务工作小组，由两名专员负责，与欧洲煤钢共同体委员会最初的工作小组类似。就行政服务部门而言，有社会事务第五局，该局包含四个分局。其中两个分局负责健康事项以及社会保障和社会服务。[21] 当时，欧洲经济共同体专注于取消对工人自由流动的限制，以及缩短工人因公共健康原因等待自由流动审批的时间。[22] 然而，在其他的欧洲经济共同体委员会服务部门中，健康成为商品自由流动背景下的热点问题。例如，在药品方面，第一份提案于 1962 年被提交给理事会。[23] 与此同时，在农业领域也考虑了食品添加剂、食品生产的卫生和安全问题。[24]

三个共同体的委员会和高级管理局还仔细研讨了对三个共同体皆有影响的健康问题。[25] 共同体行政部门的工作性质主要侧重于研究和汇

---

[20]　"工业健康"（industrial health）如今可能属于"职业健康"（occupational health）的范畴。See Bulletin of the European Economic Community, Brussels, December, Third Year（No. 10, 1960）at p. 43.

[21]　First General Report on the Activities of the Community（January 1, 1958 - September 17, 1958）at p. 17.

[22]　See ibid. p. 79 PV 39; also see Communication from Giuseppe Petrilli, 24 November 1958 [COM（58）257].

[23]　See Draft Council Directive on the harmonization of laws and regulation governing pharmaceutical products, proposal submitted to the Council by the Commission on 5 November 1962 in Supplement to Bulletin of the European Economic Community（No. 12, 1962）at p. 2.

[24]　See Voorstel van de Commissie aan de Raad ingediend op 23 Juni 1962 Ontwerp richtlijn van de Raad tot regeling van sanitaire vraagstukken op het gebied van handelsverkeer in vers vlees binnen de gemeenschap, Supplement van het Bulletin van de Europese Economische Gemeenschap（No. 11, 1962）at p. 3; and see Proposal submitted by the Commission to the Council on 15 February 1963 for a Council Directive relating to the approximation of the laws of Member States concerning preservatives which may be used in foods, Supplement to Bulletin of the European Economic Community（No. 4, 1963）at p. 1.

[25]　See Proposal Council Directive Preservatives in Food（1963）at p. 30; also see EEC Bulletin February 1961 No. 2, Fourth Year, Brussels（1958）at p. 4; also see First General Report on the Activities of the Community（1 January 1958-17 September 1958）at p. 30; p. 91（在职业健康领域，共同体想要制定一份统一的职业病详细清单，以使成员国能够报告这些疾病。为此，欧洲经济共同体委员会在 1960 年 2 月召集了一个关于铅中毒、职业性癌症以及风湿病和关节炎的专家组，以为成员国当时处理这些疾病的立法和行政方式提供信息。委员会的想法是在共同体成员之间统一这份清单）。

集专业知识。㉖ 例如，在工业卫生、医药和安全领域，各委员会会开展有关企业卫生以及职业健康的社会与经济方面的研究。㉗ 这些研究系通过与欧洲和国际专门机构，如国际劳工组织（ILO）合作进行。㉘

二 欧盟委员会健康政策的碎片化

就欧盟委员会的服务部门而言，20 世纪 70 年代，欧洲原子能共同体范围内的健康政策系由能源与安全第十五总局负责。社会事务第五总局负责管理健康福利金的可及性，而农业第六总局则考虑了公共健康因素。㉙1973 年，委员会服务部门的内部结构被重组，但健康政策的行动者依然各自为政，多个服务部门均负责一定的健康事项，如社会事务第五总局、农业第六总局、内部市场第十一总局和研究第十三总局。此外，"生存环境和消费者利益服务部门"中也会涉及一些健康政策，该服务部门不是一个完整的总局，系由先前处理人类环境健康问题的工业、技术和科学第三总局，以及第四总局中处理消费者利益问题的行政部门的扩张所形成。㉚

㉖　See Hoge Authoriteit, 15 de Algemeen verslag van de EGKS（1967）paras. 493, 495, and 505; and see Commissie van de Europese Gemeenschappen Het Eerste Algemeen Verslag over de werkzaamheden van de Gemeenschappen in 1967（E. G. Pub. bl. 1/68）at p. 287 ［在研究领域，一个名为"生理病理学和特殊病例分析"（Physiopathology and Clinics）的五年计划实施了一系列研究，其主要针对慢性肺气肿和支气管炎，但也涵盖创伤和重新鉴定］；see 15de Algemeen verslag EGKS nr. 495; also see the series Hoge Authoriteit EGKS, Reeks arbeidshygiëne en arbeidsgeneeskunde nr. 5, Symposium Bronchitis-Emfyseem（Stresa, 21-22 april 1966）Luxembourg; see further Hoge Authoriteit（1967）at p. 289。

㉗　其中有一个煤矿健康与安全常设委员会，旨在交换研究结果并向共同体委员会提供立法建议。其对矿井事故进行研究，并设有紧急事件和矿井火灾工作组。此外，健康保护常设委员会的职责同样有所扩张，该委员会设有一个关于煤矿健康的专门工作组。在欧洲原子能共同体内部，还开展了关于辐射疗法以及辐射对癌症发展和治疗之作用的研究。关于健康保护的归档和研究，每月都有一份简报。关于该计划的开启，see Negende Verslag Hoge authoriteit van de Europese Gemeenschap voor Kolen en Staal over de werkzaamheden van de gemeenschap（1 februari 1960-31 januari 1961）at p. 396。

㉘　See Bulletin of the European Economic Community（Third Year）No. 3, 1960（Brussels, March-April）at pages 40-1, and see further the follow-up of this activity in the Bulletin of the European Economic Community 10（1960）at p. 3.

㉙　See Vierde algemeen verslag over de werkzaamheden van de gemeenschappen 1970（Februari 1971）at p. 413.

㉚　See Zevende Algemeen verslag over de werkzaamheden van de Europeesche gemeenschappen in 1973 Februari 1974 at p. 67 and p. 534 et seq.

　　20 世纪 60 年代，在欧洲农业政策议程增加的同时，食品与卫生领域的公共健康因素也在增长。在三个共同体以及各服务部门于 1967 年合并之际，健康政策在各委员会服务部门之间变得碎片化。[31] 1967—1970 年，委员会有三名专员，但并无专门的健康专员。20 世纪 70—90 年代末，健康问题大多数情况下被纳入消费者保护或环境专员的工作范围。直到 1999 年的普罗迪（Prodi）委员会，才任命了第一位健康和消费者专员——来自爱尔兰的大卫·拜恩（David Byrne）。[32] 自此，欧盟委员会中便始终有一名负责健康和消费者事务的专员，或者因政治实用主义所致，在消费者事务和健康事务上各有一名专员。[33]

三　健康与食品安全总局（DG SANTE）：欧盟健康部门

　　目前，健康政策主要由健康与食品安全总局（DG SANTE）负责，即之前的健康与消费者总局（DG SANCO）。健康与食品安全总局是一个相对年轻的总局，系作为第二十四总局（当时的消费者政策和消费者健

---

　　[31]　例如，国家劳动监察服务部门对职业健康进行协调，并准备制定立法以统一该领域的国家措施。在欧洲煤钢共同体的范围内，有关于煤矿粉尘问题的协调和交流，以及防止在钢铁厂吸入微粒气体的政策。还有一个关于钢铁安全的专门委员会，其设有七个工作组；see supra note 26, Commissie van de Europese Gemeenschappen (1967)。

　　[32]　在 1977—1981 年的詹金斯（Jenkins）委员会中，来自爱尔兰的理查德·伯克（Richard Burke）负责健康事务，并担任消费者事务专员；在 1981—1985 年的托恩（Thorn）委员会中，来自联邦德国的卡尔-海因茨·纳杰斯（Karl-Heinz Narjes）负责健康事务，同时也是消费者事务专员。在 1985—1988 年的德洛尔（Delors）委员会 I 中，来自英国的斯坦利·克林顿·戴维斯（Stanley Clinton Davis）的职责包括环境事务，来自希腊的格里戈利斯·瓦菲斯（Grigoris Varfis）的职责包括消费者保护；在 1989—1992 年的德洛尔（Delors）委员会 I 中，来自比利时的卡雷尔·凡·米尔特（Karel Van Miert）的职责包括消费者事务，而在 1992—1994 年的德洛尔（Delors）委员会 II 中，来自法国的克里斯蒂安·斯卡瑞夫纳（Christiane Scrivener）负责消费者与贸易事务。在 1995—1999 年的桑特（Santer）委员会中，来自意大利的艾玛·伯尼诺（Emma Bonino）负责消费者政策和渔业方面的事务。1997 年，其职责被特别扩大到包含健康保护和食品安全。

　　[33]　2004—2008 年是来自塞浦路斯的马科斯·基普里亚努（Markos Kyprianou），而 2008—2010 年的巴罗佐（Barroso）委员会 I 中，安德鲁拉·瓦西里乌（Androulla Vasiliou）则只负责健康事务，并同时任命了来自保加利亚的梅格莱娜·库列娃（Meglena Kuneva）在 2007—2010 年负责消费者保护事务；2010 年之后的巴罗佐（Barroso）委员会 II 中，来自马耳他的约翰·达利（John Dalli）担任健康和消费者事务专员，但其由于可能接受了烟草业的贿赂以试图影响烟草产品指令的新提案而辞职，参见 European Commission, Press statement on behalf of the European Commission—MEMO/12/788 (16-10-2012)；目前即将离任的健康专员是托尼奥·博格（Tonio Borg）。

康总局）组建于 1997 年。㉞ 其成立的一个重要推动力是 20 世纪 90 年代桑特（Santer）委员会任期内的疯牛病（BSE）危机。1996 年，英国政府承认了食用感染了牛海绵状脑病即疯牛病的牛肉可能引发一种损害人脑的疾病，即克雅氏病。㉟ 为调查欧洲机构在疯牛病事件中的作用，当时成立了一个欧洲议会临时委员会，该临时会委员会的梅迪纳（Medina）报告严厉批评了欧盟的公共健康安全体系。㊱ 这些批评特别涉及无独立公共健康专门机构或机构对欧洲内部市场的公共健康影响负责，以及无机构框架确保科学风险评估独立于市场（管理）的考虑进行。

为回应该报告，委员会主席雅克·桑特（Jacques Santer）概述了对委员会服务部门的改革，尤其是在科学咨询制度和组织公共健康行动者（如食品和兽医办公室）方面。㊲ 但与此同时，欧盟委员会也指责了成员国：

> 欧盟委员会将市场置于公共健康之前了吗？……在此方面，我想补充一点，欧盟委员会旨在强化单一市场之健康支柱的一些建议并没有被采纳。成员国拒绝了它们。㊳

这是欧盟历史上第一次如此明确地强调单一市场对健康的影响。由此，健康与食品安全总局开始在健康政策中发挥更重要的作用，因为"在欧洲将健康置于首位的时机已经到来"㊴。

㉞　See DG XXIV annual report 1997, available at<http：//aei. pitt. edu/85932/1/1998_Annual_Report. pdf> （last visited 9 November 2018）.

㉟　See ibid. ; further see S. Krapohl "Risk Regulation in the EU Between Interests and Expertise：The Case of BSE" （2003）Journal of European Public Policy 10 （2） 189－207; E. Vos "EU Food Safety Regulation in the Aftermath of the BSE Crisis" （2000）Journal of Consumer Policy 23 227－55; G. R. Chambers "The BSE Crisis and the European Parliament" in C. Joerges and E. Vos （eds. ）EU Committees：Social Regulation, Law and Politics （Oxford：Hart, 1999）.

㊱　Report of the Temporary Committee of Inquiry into BSE set up by the Parliament in July 1996 on the alleged contraventions or maladministration in the implementation of Community law in relation to BSE without prejudice to the jurisdiction of the Community and the national courts of 7 February 1997 （A4-0020/97/A, PE 220. 544/fin/A）.

㊲　且科学委员会即将因健康与消费者总局的权限扩张而被替代。因此，在新的总局中设立了一个具体涉及公共健康风险评估的新的部门。

㊳　Speech by Mr Jacques Santer on the Commission Programme for 1997 to the European Parliament, Strasbourg, 22 October 1996 （SPEECH/96/260 22-10-1996）.

㊴　See Speech by Mr Jacques Santer on the Commission Programme for 1997 to the European Parliament, Strasbourg, 22 October 1996 （SPEECH/96/260 22-10-1996）.

在目前的组织结构中，健康与食品安全总局内部就处理公共健康事项和处理医疗保健事项的局进行了区分。[40] 此外，健康与食品安全总局的大多数活动目前都与健康政策极其相关，因为其在消费者法领域的许多立法活动已经转移到了公平与家庭事务总局、内部市场和服务总局，而药品和医疗器械方面的活动则从企业总局转移到了健康与食品安全总局。在新任命的容克（Juncker）委员会概述新的专员工作范围时，容克试图将药品、医疗器械和健康技术部门迁回企业总局。[41] 此举在公共健康界招致了一波批评，因为其表明容克似乎在淡化各行业主要涉及的公共健康问题。[42] 如今，在健康小组和欧洲议会的压力下，这些行业将继续由健康与食品安全总局负责。这并不意味着健康与食品安全总局已经完全稳定，因为在2018年，确实有传言说健康与食品安全总局可能会再次分散，包括将健康政策和法律分散到欧盟委员会的其他服务部门。

四　欧盟委员会在人体健康领域的角色

欧盟委员会在欧洲健康政策领域扮演的角色和在其他政策领域一样，是一个开拓者的角色，因为相关立法和政策系由其所发起。然而，标志着欧盟委员会在健康领域的作用增长的，是其机构从最初的碎片化向逐渐整合化和集中化的发展。[43] 这一点不仅适用于健康与食品安全总局，也适用于整个欧盟委员会。例如，通过"健康融入万策的方法"，即一种以综合

---

[40] See Organisational Chart DG SANCO 2014, available at < https：//ec. europa. eu/info/sites/info/files/organisation_charts/organisation-chart_dg-rtd_en_0. pdf> （last visited 9 November 2018）.

[41] See European Commission Press Release "The Juncker Commission：A strong and experienced team standing for change"（IP/14/984）10 September 2014.

[42] See the opinion piece of E. Woodward, secretary general of European Public Health Alliance "Why Juncker should backtrack and keep pharma policy health portfolio in EUractiv 18 September 2014" available at< http：//www. euractiv. com/sections/health-consumers/why-juncker-should-backtrack-and-keep-pharma-policy-health-portfolio>.

[43] See Respondent 11（Representative DG Research）2010. 除健康与食品安全总局外，欧盟委员会的许多其他服务部门也仍然参与健康政策。例如，环境总局（化学品、杀虫剂、土壤、空气、水污染、生物多样性、自然保护区）；就业与社会事务总局（工作中的健康和安全、消除歧视和贫困、产假和育儿假）；内部市场总局（专业资格的认可）；竞争总局（批准药品公司和医疗公司等的合并）；发展总局（欧盟是世界上最大的海外援助来源，即全球健康）；贸易总局（TRIPS协定、GATS协定和药品的可及性）；研究总局（关于基因组、食品安全、疾病原因、环境健康的科学研究）；运输与能源总局（能源生产、铁路运输、道路安全、乘客检查）；税务和海关总局（烟酒的消费税）；农业总局（农业政策的公共健康影响）。

方式解决公共健康问题的跨政治体系政策机制，⑭ 欧盟委员会建立了一个公共健康跨部门小组。该小组负责处理欧盟委员会不同部门的欧盟政策中的健康事项。小组中有20多个部门的代表，并且还在具体的分组中处理健康系统、健康与环境、艾滋病毒/艾滋病等问题。⑮

故此，虽然其他的部门也处理健康问题，但首要的宗旨是在欧盟委员会的范围内，健康已在机构方面固化为一项或多或少自主的政策，尤其是考虑到欧盟健康政策的主要方面，如对药品和医疗器械、食品安全以及动物健康的监管工作，近年来已被划归健康与食品安全总局负责，以及消费者保护中与健康无关的方面大部分已被转移给其他委员会部门负责。与此同时，健康与食品安全总局目前仍然是一个政治上较"弱"的总局。⑯ 这并不奇怪："健康部门通常是政府中最弱的环节。在（专员构成的）团体中，并无理由出现什么不同。"⑰ 尽管在政治上居于弱势地位，但健康与食品安全总局如今已经不仅仅是政策方面的开拓者，其同时是政策制定机制方面的开拓者。对于一系列高度敏感的健康政策问题，健康与食品安全总局已经在正式立法程序之外，发展出了新的、非正式的方式，用于建立与成员国的政策协调。近期的一个重要例证是健康安全委员会（the Health Security Committee），成员国的高级代表在该委员会中就公共健康紧急事件开展协调工作。⑱ 另一个例证则是医疗保健领域的健康服务与医疗高级小组，该小组主持了一些工作组就国家医疗保健待遇和政策中特别敏感的方面进行研究。⑲ 欧盟委员会借此令一些政策论坛和专家参与到众

---

⑭　S. Kahlmeier et al. "Health in All Policies in Practice: Guidance and Tools to Quantifying the Health Effects of Cycling and Walking" (2010) Journal of Physical Activity and Health 7 (1) 120–5, 关于在交通和基础设施政策中解决骑自行车和步行对公共健康的好处问题。

⑮　See http://www.ec.europa.eu/health/health_policies/coordination/index_en.htm.

⑯　S. L. Greer The Politics of European Union Health Policies (Maidenhead/Philadelphia: Open University Press, 2009) at p. 27.

⑰　Respondent 13, High level representative Commission Services, DG SANCO (2010).

⑱　Decision No. 1082/2013/EU of the European Parliament and of the Council of 22 October 2013 on serious cross-border threats to health and repealing Decision No. 2119/98/EC (OJ L 293, 15–11–2013).

⑲　High Level Group on Health Services and Medical Care—information from the Commission (15190/04, Brussels); European Commission HLG Work of the High Level Group on health services and medical care during 2005 (HLG/2005/16); European Commission HLG Work of the High Level Group in 2006 (HLG/2006/08 FINAL, 2006); European Commission, High level process on Patient Mobility and Healthcare Developments in the EU, Outcome of the reflection process (HLPR/200316, December 2003). 2007年健康战略通过后，该程序转移到了欧盟理事会，并采纳了一种"新的"（转下页）

多的工作组中，这使得各国专家有机会在欧盟舞台上推广其观点。[50] 格里尔（Greer）对此评论道：

> 参与欧盟委员会关于有趣话题如降低肥胖的论坛，不仅会促进良好政策的制定，还会吸引那些对实质问题比对宪法更感兴趣的政策支持者。[51]

健康与食品安全总局特别擅长创造这些或多或少非正式的合作机制，以交流政策理念和方法。令各国专家和科学团体参与进来的过程，是欧盟政策制定的一个典型，这在健康方面尤为突出。人们可能认为就政策质量（以科学为支撑）而言，欧盟这样做是受欢迎的。但与此同时，欧盟委员会在此方面的参与也可能被认为具有争议性，因为可能存在以"专业知识"或"科学"取代法律、社会或政治考量的危险。[52]

第三节 欧洲议会的健康政策

欧洲议会在作为 1952 年《欧洲煤钢共同体条约》中的共同大会（the

（接上页）协调方法。然而，患者安全工作组、欧洲参考网络工作组和健康工作者工作组仍在开展工作。此处所做的工作为欧盟理事会高级公共健康工作组提供了支持，该工作组系作为欧盟健康战略的"战略合作"机制的一部分而新近成立；see Council Conclusions on a cooperation mechanism between the Council and the Commission for the implementation of the EU Health Strategy 2, 876th EPSCO Council meeting（Luxembourg, 10 June 2008）。

[50] See Greer（2009）supra note 46 at p. 25 and see C. Shore Building Europe：The Cultural Politics of European Integration（New York：Routledge, 2000）.

[51] See Greer（2009）supra note 46 at p. 25.

[52] C. Joerges "Law, Science and the Management of Risks to Health at the National, European and International Level—Stories on Baby Dummies, Mad Cows and Hormones in Beef"（2001）Columbia Journal of European Law 7（1-19）at pp. 2-3. 约格斯（Joerges）将该争议看作一种进退两难的困境：专业知识在何种程度上应当、可以或者代替了法律、政治和伦理上的标准？对风险的社会可接受性的判断要求对收益和成本进行平衡，而这在没有科学建议帮助的情况下将无法有效完成。另外，此种判断也必须适当考虑规范、政治和伦理方面的因素。在此，可以将该难题重述为一个两难的困境："法律"无法解决风险的认知维度；"科学"无法提供规范维度的答案。See also M. Weimer "Risk Regulation, GMOs, and the Challenges to Deliberation in EU Governance：Politicization and Scientification as Co-Producing Trends" in C. Joerges and C. Glinski（eds.）The European Crisis and the Transformation of Transnational Governance（New York：Hart, 2014）；M. Weimer and A. de Ruijter（eds.）Risk Regulation in the EU：The Co-Production of EU Expert and Executive Power（New York：Hart, 2017）.

Common Assembly）成立之时，并不以行使立法权为目的。其当时只是被设计为一个咨询和监督机构。[53] 但随着欧洲一体化的加深，欧洲议会的角色逐渐扩张。在举行直接选举以及随后对条约进行修订后，议会获得了重要的立法权，[54] 目前其对欧盟公共政策具有重大影响。[55] 健康政策的不同方面在历史上系由欧洲议会的多个委员会分管。在接下来对欧洲议会背景下的机构情况的概述中，本书将主要聚焦于环境、公共健康和食品安全委员会（ENVI 委员会）的发展，该委员会如今是参与健康政策的主要委员会，但同时也会对其他的行动者进行讨论。

一　早期情况：欧洲议会各委员会的健康政策

1953 年，欧洲煤钢共同体的共同议会（如今的欧洲议会的前身）在其早期发展中成立了 7 个委员会。作为其中之一的社会事务委员会，主要侧重于针对煤矿工人和钢铁工人的社会政策。职业健康因此是主要关注点。[56] 1957 年签署《罗马条约》（即《欧洲经济共同体条约》和《欧洲原子能共同体条约》）后，新的"议会大会"（Parliamentary Assembly）成立了 13 个委员会。就健康而言，其成立了保障、工作卫生与健康保护委员会。该委员会的工作重点是公共健康政策，而依然存在的社会事务委员会则主要负责社会保障方面，如移民工人疾病补助的可及性。[57]

---

[53]　P. Craig and G. de Búrca EU Law: Text, Cases and Materials（Oxford: Oxford University Press, 2008）.

[54]　P. Craig and G. de Búrca EU Law: Text, Cases and Materials（Oxford: Oxford University Press, 2008）.

[55]　S. Hix and B. Hoyland "Empowerment of the European Parliament"（2013）Annual Review of Political Science 16 171–89.

[56]　EPA Debates—Sitting of 20 March 1958 at p. 48; also see Archive and Documentation Centre（CARDOC）Directorate General for the Presidency the European Parliament 50 Years Ago, CARDOC Journals No. 2 March（2008）at p. 13; and see D. Preda and D. Pasquinucci（eds.）The Evolution of the EEC/EU Institutions and Policies（Brussels: Peter Lang, 2010）at p. 205.

[57]　Commission de la Securité, de hygiene du travail et de la protection sanitaire（Commission Permanente）Resolution（OJ 1 20-04-1958）at p. 5; also see Europees Parlement, resolutie nopens de samenstelling en de bevoegdheden van de commissies nodig voor de goede verloop van de werkzaamheden der vergadering（OJ 4/58 20-04-1958）; also see Europees Parlement, Commissie voor de bedrijfs-veiligheid, voor de arbeids hygiene en voor de bescherming van de gezondheid, Notulen van de constitutieve vergadering van vrijdag 9 januari 1959（PE/CSH/PV59-1）.

　　1962 年，保障、工作卫生与健康保护委员会被更名为健康保护委员会。[58] 之所以更名，是因为该委员会的角色发生了改变，其开始负责更一般性的健康政策问题，包括那些曾经出现在欧洲经济共同体社会政策背景下的问题。[59] 该委员会在 20 世纪 60 年代扩张了其政策范围：20 世纪 60 年代初，其主要讨论欧洲原子能共同体和欧洲煤钢共同体中与工作相关的健康和安全问题。[60] 但到了 20 世纪 60 年代末，其已发展为能够处理共同农业政策背景下与食品安全相关的公共健康问题。在社会事务方面，其与社会事务委员会一道就职业健康提出建议，并且讨论内部市场背景下的医疗保健问题。[61] 1967 年，由于与《合并条约》的通过相关的机构调整，健康保护委员会被解散，其政策议程被纳入社会事务委员会之中，而社会事务委员会则被更名为社会事务和健康委员会。[62]

　　1973 年，随着英国、爱尔兰、丹麦成为新的成员国，欧共体的首次扩大再一次引发了各委员会之间政策领域的重新分配。1973 年，公共健康和环境委员会成立。职业健康和社会保障方面依然由社会事务和就业委

---

[58] Europees Parlement, Zittingdocumenten 1961–1962, Verslag namens de Commissie voor Juridische aangelegenheden, voor het Reglement en Immuniteiten, nopens de benaming van de Commissies van het Europese Parlement, 24 Februari 1961, Document No. 2 at para. 11.

[59] Europees Parlement, Zittingdocumenten 1961–1962, Verslag namens de Commissie voor Juridische aangelegenheden, voor het Reglement en Immuniteiten, nopens de benaming van de Commissies van het Europese Parlement, 24 Februari 1961, Document No. 2 at para. 11.

[60] Europees Parlement, Commissie voor de bescherming van de gezondheid, notulen van de constitutieve vergadering, gehouden op 23 maart 1964, (PE 11.549) at para. 7.

[61] 例如，其主导了欧洲议会的一项决议，即设立一个常设委员会，就保护工人健康的问题向欧洲经济共同体委员会提出建议；see Europees Parlement, Commissie voor de bescherming de Gezondheid, Nota betreffende het programma van werkzaamheden van de commissie voor de bescherming van de gezondheid tijdens het dienstjaar september 1964–juli 1965 (PE12.467–B)。其不仅处理关于危险物质的指令、职业健康相关以及食品安全领域的事项，也处理清洁空气与空气污染相关的问题；此外，欧洲议会随后还通过了一项关于保护公众健康之法规的决议，参见 Europees Parlement, Commissie voor de bescherming van de gezondheid, Nota inzake het Programma van werkzaamheden van de Commissie voor de bescherming van de gezondheid in het jaar september 1965–juni 1966 (PE 14462) at p. 9。

[62] Europees Parlement, commissie voor de bescherming de gezondheid, notulen van de vergadering gehouden op dinsdag 7 maart 1967, (PE67-4–PE17.198) at para. 9; also see Europees Parlement, Notulen van de Vergadering van 2 Februari 1967, Resolutie nopens de samenstelling van commissies van het Europees parlement (EEC OJ 449/67, 17-02-1967).

员会负责，而农业委员会则负责处理食品安全问题。[63] 1976 年，由于愈发关注"消费者保护"主题下的欧洲个人，公共健康和环境委员会被更名为环境、公共健康和消费者保护委员会（ENVI 委员会）。[64]

二 ENVI 委员会：权力的扩张

1992 年，随着《马斯特里赫特条约》的通过，能够采用共同决定程序的立法范围得以拓宽。[65] 这一权限扩张对 ENVI 委员会尤其有利，因为共同立法的大部分权力都在其政策领域范畴。20 世纪 90 年代，ENVI 委员会成为一个就更富争议问题展开谈判的愈发强大的论坛。[66] 到了 20 世纪 90 年代末，围绕 ENVI 委员会的工商业游说有所增加，在第五届议会（1999—2004）中，29%的共同决定程序系在该委员会中谈判达成，而在共同决定程序采用数量次多的委员会中，这一比例则只有 18%。[67] 2004年，ENVI 委员会的名称和职能再次发生改变，这同时也表明了机构的重组：排除了消费者保护但纳入了食品安全。这与欧盟委员会的类似发展情况相映照，在疯牛病危机后，食品安全问题从欧盟委员会的农业总局转移到了健康和消费者总局。消费者保护问题则被转移到新成立的内部市场和消费者保护委员会（IMCO 委员会），而 ENVI 委员会则更加专注于公共健康问题。

目前，ENVI 委员会在医疗保健和公共健康政策领域皆居于核心位置。然而，环境问题也同样是其政策议程的一部分。在环境领域，该委员会处

---

[63] Minutes of the constituent meeting held on 13 March 1973 （PE/VIII/PV/73-1）（Resolution published in OJ C 19, 12-04-1973）; also see Resolution of the European Parliament on the number of Committees of the European Parliament and their membership （OJ C19/14, 12-04-1973）, including annex （OJ C19/14, 12-04-1973）.

[64] Minutes of the constituent meeting held on 9 March 1976 （OJ C 28, 09-02-1976）.

[65] 需要议会予以通过的立法。Treaty on European Union, amended by the Maastricht Treaty （Consolidated version, 1992 OJ C 224, 31-08-1992）.

[66] J. Lambert and C. Hoskyns "How Democratic is the European Parliament?" in C. Hoskyns and M. Newman （eds.） Democratizing the European Union: Issues for the Twenty-first Century （New Brunswick, NJ: Transaction, 2007）at p. 99.

[67] European Parliament, ENVI Committee, Activity Report of the Committee on the Environment, Public Health and Consumer Policy 1999-2004 Parliament （DT\ 537810EN. doc）at p. 9; 环境委员会在 1999—2004 年的第五届议会期间一直是最忙碌的立法委员会，其负责起草了关于 146 项立法提案的报告和关于 120 项其他内容的意见。该委员会的大多数职能领域都涉及共同决定程序，在总共 403 项立法提案中，采用共同决定程序的就有 117 项……最后，该委员会还对 88 项以调解结束的提案中的 40 项负责，占总数的 46%。

理水和空气污染以及废物管理等问题。在健康领域，该委员会处理跨境医疗保健、药品、患者权利以及与生物恐怖主义和公共健康一般相关的健康威胁等问题。在更具体的公共健康领域，该委员会还处理食品安全问题，如标签和兽医立法，因为这些问题影响到人体健康风险和食品生产安全。[68] 目前，该委员会有 64 名成员，是最大的议会委员会之一。[69]

ENVI 委员会的一个特殊的特点是其审议人（rapporteurs）对立法实施的参与。[70] ENVI 委员会审议的部分立法事项的技术复杂性，导致举行了一些实施会议，ENVI 委员会的成员可以在会议上就特定立法的实施状况向欧盟委员会提交书面质询，但需在实施截止日的十日之前进行。由此，若出现了一些实施方面的问题，就会举行会议。在会议期间，欧盟委员会的人员代表通常是相关总局的违规诉讼部门（the infringements unit）的负责人。其中的理念是拥有专业知识的审议人仍可继续参与其通过之立法的实施。[71]

虽然目前大多数欧盟健康事项都由 ENVI 委员会负责，但仍有一些关键事项系由其他委员会管辖。为"提升内部市场的形象"，IMCO 委员会于 2004 年成立。这恰好与"里斯本议程"背景下对竞争和扩充的强调相一致。[72] 然而，自共同体成立之初，就一直有类似的议会委员会负责处理内部市场问题。[73] IMCO 委员会的职责在于协调内部市场领域的国家立法，尤其是商品的自由流动，包括技术标准的统一、设立权、提供服务的自由和消费者利益的提升，但与公共健康有关的情况除外。[74] 在消费者方面，健康和食品安全问题被明确从 IMCO 委员会的职责（《欧洲议会程序规

---

[68] See European Parliament, 7th Parliamentary term, Rules of Procedure February 2014, Annex VII.

[69] Lambert and Hoskyns (2007) supra note 66.

[70] 欧洲议会中的"审议人"是主要的议会成员，负责监督特定的立法提案及其修正案，参见 Parliament (2014) supra note 68。

[71] 关于该安排的详细内容，参见 ENVI Committee (2004) at p. 11; also see European Parliament (2004) European Parliament, Delegations to the Conciliation Committee, Activity Report, 1 May 1999 to 30 April 2004 (5th Parliamentary term) (DV \ 530227EN. doc, PE 287. 644), and see European Parliament resolution on the Commission's 21st and 22nd Annual reports on monitoring the application of Community law (2003 and 2004) [2005/2150 (INI)] at para. 3。

[72] European Parliament, Committee on the Internal Market and Consumer Protection, Activity Report (June 2004-May 2009).

[73] European Parliament, Committee on the Internal Market and Consumer Protection, Activity Report (June 2004-May 2009).

[74] See Parliament (2014) supra note 68.

则》第三章）中剥离，因为其目前属于 ENVI 委员会的职责范围。然而，对于医疗保健政策而言，由于欧盟背景下通常将之作为内部市场法的问题予以处理，故 IMCO 委员会一直扮演着重要角色。⑦

欧洲议会背景下的另一个机构行动者是就业和社会事务委员会（EMPL 委员会），其负责处理与工人社会保障相关的事项，包括专业资格和工作场所的健康与安全。自欧洲煤钢共同体成立之初，EMPL 委员会就一直以某种形式存在着，并且一直特别参与着社会保障领域的工作。⑦ 其他委员会也发挥着相应的作用，如法律事务委员会在与知识产权法相关的药品立法⑦以及新技术伦理问题方面发挥了作用，这些事务可能涉及医疗保健。⑦

三　欧洲议会的角色

《里斯本条约》2009 年的生效，增加了可以遵循"普通立法"程序即共同决定程序的政策领域。虽然一些公共健康事项依据《马斯特里赫特条约》需要遵循共同决定程序，因而受到欧洲议会权力的约束，但其中的许多事项仍然仅限于欧盟对公共健康风险监管的参与。然而，《里斯本条约》修订后，国家安全保障体系的协调问题（《欧盟运行条约》第

---

⑦　近期的一个例子是 IMCO 委员会在将健康服务排除出《服务指令》适用范围中发挥的作用，若未进行此等排除，内部市场规则本会直接适用于健康服务。对于将健康服务排除在《服务指令》适用范围之外，欧洲议会（IMCO 委员会）发挥了关键作用，此后的 2007 年 5 月 23 日，其通过了关于健康服务的 Vergnaud 报告；see European Parliament resolution of 23 May 2007 on the impact and consequences of the exclusion of health services from the Directive on services in the internal market［2006/2275（INI）］；also see European Parliament（2009）supra note 72 at p. 40。

⑦　See Hoge Authoriteit, 15 de Algemeen verslag van de EGKS（1967）. 有趣的是，对于《患者权利在跨境医疗中的应用指令》［the Directive 2011/24/EU of the European Parliament and of the Council of 9 March 2011（OJ L88/45, 04-04-2011）］，主要的报告委员会是 ENVI 委员会，次要的建议委员会是 IMCO 委员会，然而该指令的前身——《社会保障条例》曾经则属于社会事务委员会的政策领域。

⑦　Regulation（EU）No. 1257/2012 of the European Parliament and of the Council of 17 December 2012 implementing enhanced cooperation in the area of the creation of unitary patent protection（OJ L361/1, 31-12-2012）；2014 年，统一专利法院的伦敦分院正在处理与药品领域的专利相关的法律问题，参见 Agreement on a Unified Patent Court and Statute（document 16351/12, 11-01-2013）。

⑦　例如，参见 European Parliament legislative resolution of 21 November 2013 on the proposal for a regulation of the European Parliament and of the Council establishing Horizon 2020—The Framework Programme for Research and Innovation（2014-2020）［COM（2011）0809-C7-0466/2011-2011/0401（COD）］，第 31 段中对干细胞研究的资助设置了一项特殊的例外。

48 条）也成为普通立法程序的适用对象。这不仅潜在地扩大了欧洲议会在严格的监管层面的权力，也通过将欧洲议会的权力延伸到欧盟医疗保健政策中潜在的分配层面，扩大了其权力。与此同时，《欧盟运行条约》第48 条在欧盟部长理事会的合格投票方面也受制于"紧急制动"程序，某成员国如果认为其社会保障体系受到威胁，可以要求暂停协调并提交给欧洲理事会处理。该程序有力地限制了欧洲议会在社会保障协调方面对于理事会的权力。

总之，健康政策在欧洲议会甚至是 ENVI 委员会中，已经成为一个更加自主和专业化的政策领域。例如，2002 年，ENVI 委员会成立了一个"健康工作组"，最初目的是跟踪欧盟公共健康计划的实施情况。⑦ 2004年，协调员会议（the coordinators' meeting）额外委托该小组讨论所有（因时间限制而）无法在全体委员会（the full committee）中讨论的健康问题，并提请全体委员会注意这些问题。对健康工作组的这一委托在中期曾有更新，至今依然存在。⑧ 事实上，健康工作组尽管只是一个非正式机构，但其处理了众多的健康政策问题，如第一个和第二个公共健康计划、金融危机对国家健康体系的影响、欧盟健康政策对国家健康体系的附加价值、抗生素耐药性的应对、医药质量、流感大流行的防范等。⑧

第四节　欧盟理事会的健康政策

欧盟理事会最初是一个由各成员国的执行代表组成的机构。然而随着之后的发展，其已经超越了最初的政府间性质。总体而言，欧盟理事会是欧盟的立法论坛。但在欧盟理事会内部，行政和政治执行权力也同时存在且相互影响。欧盟理事会自身扮演着一个政治性角色，但也有一个行政体系正在发展，尤其是在理事会总秘书处（the General Secretariat of the

⑦ Decision No. 1786/2002/EC of the European Parliament and of the Council of 23 September 2002 adopting a programme of Community action in the field of public health （2003-2008）（OJ 271/1, 09-10-2002）.

⑧ European Parliament, ENVI Committee Co-ordinators Meeting Results, 27 February 2008 （PHS 1A02）.

⑧ European Parliament, Activity Report of the Committee on the Environment, Public Health and Food Safety 2004-2009 Parliament.

Council）以及各工作组和各委员会的工作中。⑫ 随着时间的推移，欧盟理事会根据不同政策领域发展出了专门的机构配置（configuration），⑬ 其中欧洲理事会作为欧盟国家元首大会（the assembly of the EU Heads of State），在成员国代表方面发挥着最一般性的作用。欧洲理事会直到最近才依据《里斯本条约》成为欧盟的正式机构行动者，但其不享有任何正式的立法权。然而，在政策制定方面，鉴于欧洲理事会能够为新政策的发展提供推动力，因此其历史上对欧盟参与健康领域一直是重要的。⑭ 故此，欧洲理事会可以更容易地就依据条约规定不属于欧盟权限的主题制定欧盟议程。⑮

一　部长级别：EPSCO 理事会

自欧洲煤钢共同体成立之初，欧盟理事会就是一个单一的机构实体。起初，仅外交部长在欧盟理事会有代表。但随着时间的推移，外交事务理事会逐渐难以处理愈加专业的议程。因此，欧盟理事会开始与成员国负责更专业部门的部长举行会议。社会政策是专门理事会最早召开会议的政策部门之一。⑯ 多年来，越来越多的部门理事会得以成立，而且每当共同体取得新的权限，就会出现一个新的部门理事会。⑰ 但在健康领域，第一次专门的理事会会议系在 1977 年举行。⑱

20 世纪 70 年代末，欧盟尚无制定健康政策的法律权限。1978 年 12 月，健康方面的专门理事会举行了第二次会议。会议的主要议题是健康的

---

⑫　See Curtin（2009）supra note 8 at p. 58. 关于理事会职能的其他分类，参见 F. Hayes-Ren-shaw and H. Wallace The Council of Ministers 2nd edn（Basingstoke：Palgrave MacMillan，2006）at p. 322 et seq.（分为立法机关、行政机关、一个指导委员会以及一个协调国家政策的论坛）；另一种分类，参见 N. Nugent "Tobacco Industry Strategies for Influencing European Community Tobacco Advertising Legislation"（2010）The Lancet 359（9314）1323–30 at p. 1327（分为行政机关、立法机关和调停机关）。

⑬　M. Westlake and D. Galloway（eds.）The Council of the European Union 3rd edn（London：John Harper，2004）at p. 44.

⑭　《欧洲联盟条约》第 4 条。

⑮　See Greer（2009）supra note 46 at p. 29.

⑯　第二次会议发生于 1960 年，是社会事务理事会在 1960 年 5 月 10—11 日举行的一场会议，Bulletin of the European Economic Community 10（1960）。

⑰　Westlake and Galloway（eds.）（2004）supra note 83 at p. 44.

⑱　Secretariaat Generaal van de Raad der Europeesche gemeenschappen，Vijfentwintigse Overzicht der Werkzaamheden van de Raad（1 januari –31 december 1977）at p. 12.

经济方面。[89] 到了20世纪70年代末和80年代初，对于健康问题的讨论总体上主要是与其他政策一起进行。[90] 是故，过了一段时间，各国健康部长们才再次会晤，[91] 此次会议是为了回应1984年6月25、26日枫丹白露欧洲理事会背景下采取的行动：欧洲议会选举的低参与度，引发了一项旨在加强和促进欧洲人与欧洲之关系的政策。为了给“人民的欧洲”（People’s Europe）出谋划策，[92] 一个由各国元首和政府首脑组成的特设委员会得以成立，并由皮埃特罗·亚多尼诺（Pietro Adonnino）担任主席。该特设委员会形成了两份报告。第二份报告被提交给了1985年6月28、29日举行的米兰欧洲理事会。该报告提出对于“人民的欧洲”的创建而言，健康是一个重要议题，尤其是因为在1983年进行的一次民意调查中，在被问及福祉（wellbeing）时，58%的欧洲人认为健康最为重要，在被问及家庭、关系、金钱、休闲等一系列选项时，81%的欧洲人将健康放在第一位。[93] 亚多尼诺（Adonnino）报告进一步建议健康理事会开展比以前更深入的团结协作，以“适时扩大共同（欧洲）活动的范围”。[94]

---

(89) 辩论的主题是医药产品、专业人员和各成员国健康统计的协调。此外，欧盟理事会同意资助两项计划，一是疾病预防计划，二是医疗费用计划；see Secretariaat Generaal van de Raad der Europeesche gemeenschappen, zesentwintigste overzicht der werkzaamheden van de Raad,（1 januari -31 december 1978）at p. 103；also see Commission of the European Communities Cooperation at Community level on Health Related Problems [COM（1984）502 final] at p. 2。

(90) See General Secretariat of the Council of the European Communities, Thirty-second review of the Councils work（1 January-31 December 1984）at p. 3.

(91) 它们在1984年爱尔兰担任主席国期间举行了非正式会议，参见ibid. at p. 241。1985年5月2日和3日，它们于威尼斯再次举行了非正式会议，以回应“人民的欧洲”议程中的健康问题。该次会议强调了欧盟对健康事项不负有职责；see p. 177 of General Secretariat of the Council of the European Communities, Thirty-third review of the Councils work（1 January-31 December 1985）。

(92) 例如，欧盟理事会的建议之一是采取措施打击药物滥用；Conclusions of the Fontainebleau European Council（25 and 26 June 1984）（Bulletin of the European Communities June 1984, No. 6 Luxembourg）.

(93) See General Secretariat of the Council of the European Communities, supra note 90; Commission of the European Communities（1984）supra note 89 at p. 2.

(94) 此外，报告还建议各国健康部长制定关于肾病患者透析的政策以及关于健康保护的毒理学行动计划。同样得到讨论的主题还包括：残疾人方面的合作；与癌症相关的医学研究和技术的鼓励；跨境医疗保健及其获取途径的提供，因为其涉及公民的议程；紧急健康卡（卡上存储有医疗信息）；关于吸毒问题的合作。See A People’s Europe, Reports from the Ad Hoc Committee, Chairman Pietro Adonnino, Bulletin of the European Communities（Supplement 7/85）at p. 18 para. 1. 4.

欧洲理事会采纳了这一建议，并且特别强调设立一项关于癌症的计划。[95] 健康理事会的会议因而变得更加频繁，但许多健康相关的议题依然是在其他专门理事会中予以讨论。1992 年，《马斯特里赫特条约》添加的《欧洲共同体条约》第 146 条规定："欧盟理事会应由每个成员国的一名部长级代表组成，该代表须经过授权并忠于其所属成员国的政府。"[96] 然而，随着专门理事会的增加，1999 年的赫尔辛基欧洲理事会鉴于欧盟的扩大，将专门理事会的数目缩减到了 16 个。[97] 2002 年，该数目被进一步削减。目前仅有 9 个专门理事会。由于这次的削减，健康理事会变成了就业、社会政策、健康和消费者事务理事会（EPSCO 理事会）的一部分。不过，将健康事务增加到 EPSCO 理事会被视为存在一些"人为"的色彩，因为健康理事会会议通常系在 EPSCO 理事会会议的第二天单独举行。[98] 与此同时，健康相关的议题仍然出现在其他理事会的议程当中。在此方面，经济和财政事务理事会（ECOFIN 理事会）格外重要，例如，由于与公共支出相关，医疗保健体系的效率或优先事项问题在其议程中十分突出。[99]

二　欧盟理事会中处理健康事务的成员国较低级别代表

通过筹备欧盟理事会工作而进行"影子管理"（governing in the shadow）的，[100] 是成员国常驻代表委员会（COREPER）。COREPER 可以追溯到 1951 年欧洲煤钢共同体的"部长会议协调委员会"（COCOR），后者系为筹备外交部长的工作而成立。1957 年，新的共同体的建立决定了

　　[95]　European Council Conclusion Milan 28 and 29 June 1985（2740/1/85）at p. 31. 参见健康理事会为回应该计划而通过的决议以及公共健康计划的不同方面，如艾滋病毒/艾滋病、癌症、流行病学数据、化学品、预防吸烟等。See Secretariat of the Council of the European Communities Thirty-fourth review of the Councils work（1 January-31 December 1986）at p. 197.

　　[96]　《欧洲联盟条约》第 16 条第 6 款以及《欧盟运行条约》第 236 条。

　　[97]　See the Annex to the Presidency Conclusions Seville European Council 21 and 22 June 2002（European Council -DOC/02/13-24-06-2002）.

　　[98]　对于此种配置，有观点认为其没有公正地反映政策内容，参见 Hayes-Renshaw and Wallace（2006）supra note 82 at p. 45。

　　[99]　例如，see（ECOFIN）Council conclusions, Report on budgetary challenges posed by ageing populations, Brussels 6 November 2001（SN 4406/1/01 REV 1）; also see 3054th Council meeting Economic and Financial Affairs Brussels, 7 December 2010（17447/10）; see further EPC Commission, Joint report on health systems（16940/10）Brussels, 29 November 2010.

　　[100]　See Curtin（2009）supra note 8 at p. 87.

设立类似的筹备机构，机构将永远位于布鲁塞尔。⑩ 在 1965 年的《合并条约》中，这些委员会变得更加正式化。⑩ COREPER 由各成员国常驻欧洲代表的正代表（COREPER II）和副代表（COREPER I）组成。他们每周举行会议，商定欧盟理事会议程中的事项。⑩ 副常驻代表负责更专业的政策议程。因此，正常驻代表通常负责筹备健康理事会的会议。尽管 EP-SCO 理事会在机构上是一个理事会，但在副常驻代表的级别上，与在部长级别上类似，许多常驻代表机构都有一位专家负责筹备健康理事会的会议。⑩

（一）欧盟理事会的公共健康工作组

2002 年形成的 9 个专门理事会的构造导致了欧盟理事会工作组的精简。⑩ 欧盟理事会的工作组设在 COREPER 之下，通常由常驻代表机构的随员（attachés）组成。它们负责为 COREPER 筹备工作，一般系按照欧盟理事会的构造进行分类。⑩ 自 1958 年的《罗马条约》以来，就一直有一个健康工作组。⑩ 而在为健康政策引入了一项具体法律依据的《马斯特里赫特条约》生效后，则又成立了一个"健康问题工作组"。该工作组于 2000 年通过一项 COREPER 协议后，被更名为"公共健康工作组"。⑩ 此

---

⑩ See Curtin（2009）supra note 8 at p. 75；also see Provisional Rules of Procedure of the Council of the European Economic Community（EEC）18 March 1958 in Communauté économique européenne（1958）pp. 1-8.

⑩ 《合并条约》第 4 条。

⑩ 关于 COREPER 的作用和职能，可参见 Curtin（2009）supra note 8 at p. 61 et seq.；also see M. J. Johnston "European Council and the Council of the European Union" in P. van der Hoek（ed.）Hand of Public Administration and Policy in the European Union（Boca Raton：Taylor & Francis, 2005）；Hayes-Renshaw and Wallace（2006）supra note 82，尤其是该书第十二章。

⑩ Respondent 2（Deputy Permanent Representative for Health in the Council, 2010）；but see S. L. Greer "Standing Up for Health? Health Departments in EU Health Policy Formulation" 2010 Social Policy & Administration 44（2）208-24（其表明，欧盟健康政策制定中谈判桌上的政治影响力高度取决于成员国政府的中央协调水平以及其健康部门的一般权力。因此，各成员国在欧盟层面的代表的级别和性质也不尽相同）；类似的观点，参见 Respondent 3（MS Representative Working Party on Public Health in the Council, 2010）。

⑩ Presidency Conclusions（2002）supra note 97.

⑩ See article 19 of, the Council Decision 2009/937/EU of 1 December 2009 adopting the Council's Rules of Procedure（OJ L 325/35, 11-12-2009）（Annex）.

⑩ Council Rules of Procedure（1958）supra note 101.

⑩ See Trumpf-Piris Report, Operation of the Council with an enlarged Union in prospect（10 March 1999）, Report by the working party set up by the Secretary-General of the Council, （转下页）

外，还有一些其他工作组也参与了健康政策中的一些方面，[109] 如药品和医疗器械工作组；而在农业理事会之下，也有许多工作组负责与某些具有特定公共政策影响的农产品有关的工作。[110]

（二）公共健康高级工作组

如前所述，由于 20 世纪 90 年代和 21 世纪初欧盟法院就跨境医疗保健可及性做出的一系列判决，在欧盟委员会的主持下启动了不同的程序，以在各成员国之间找到应对该判例法的共同理由。[111] 在健康从在服务指令提案中增加一项健康服务一般条款的建议中被排除之时，[112] 许多有国家代表和健康专家参与的特设论坛，已经在健康与食品安全总局（DG SANTE）的主持下成立。[113] 然而，2007 年，随着第一个"欧洲健康战略"的启动，为了"使成员国对欧洲健康战略有更好的主人翁意识"，这些成员国高级代表小组在欧盟理事会的主持下受到了调整。[114] 高级小组本身于2009 年暂停活动，欧洲健康战略的实施成为在高级别上召开会议的欧盟理事会公共健康工作组的职责。这意味着，成员国通常从国家首都派遣人员召开更高级别的会议，如国家健康部门或部委的部长，而不再是常驻代

（接上页）Operation of the Council with an enlarged Union in prospect, presented on 10 March 1999 in accordance with the conclusions of the Vienna European Council held from 11 to 13 December 1998.

[109]　在农业理事会下有一个公共健康工作组，在 EPSCO 理事会下除了有公共健康工作组外，还有药品与医疗设备工作组以及食品问题工作组。See General Secretariat to the Delegations, List of Council Prepatory Bodies, Brussels 14 January 2014（5312/14）.

[110]　如关于烟草和酒精、食品中农药的使用以及动物健康等问题（但在欧盟委员会中，动物健康问题系由健康与消费者总局而非农业总局负责），see ibid.。

[111]　V. Hatzopoulos "The ECJ Case Law on Cross-Border Aspects of Health Services"（2007）Briefing to the European Parliaments' Committee on Internal Market and Consumer Protection European Commission; European Commission "The Internal Market and Health Services" Report of the High Level Committee on Health（Brussels, 17 September 2001）; European Commission Proposal for a Joint Report: Health Care and Care for the Elderly: Supporting National Strategies for Ensuring a High Level of Social Protection［COM（2002）774 final］.

[112]　Directive 2006/123/EC of the European Parliament and of the Council of 12 December 2006 on services in the internal market（OJ L 376/36）; Respondent 10（Representative Commission Services DG MARKT, 2010）. 将医疗保健服务排除在《服务指令》适用范围之外，为健康与食品安全总局创造了新的动力，以试图通过其高级别的反思程序重新获得对医疗保健事务的主导权，European Commission HLPR（2003）。

[113]　这最终导致成立了更加正式化的健康服务与医疗服务高级小组。该论坛将不同工作组中的高级国家代表聚集到一起。See European Commission HLG（2005）supra note 49; European Commission HLG（2006）supra note 49.

[114]　Respondent 12（Representative Commission Services DG SANCO, 2010）.

表机构的健康随员。[115]

然而，这一新的"战略性"政策机制是否有效，仍然未臻清晰。为更好地将其结论转达给理事会轮值主席国的议程，该机制下相对较新的工作方法有所调整。[116] 一般而言，该高级工作组会产出意见书和结论，并就健康战略的实施向欧盟委员会提供政治建议，这是一个相当宽泛的总括性政策框架。然而，此种协调方式在健康领域并不新鲜；虽然高级工作组系在欧盟委员会的主持下成立，但关于公共健康咨询委员会的提案，早在欧盟理事会1978年的会议上就已经被讨论过。1984年，为确定优先事项和待采取的行动，一些负责健康领域（当时尤其是公共健康领域）工作的成员国高级官员与欧盟委员会的官员举行了会晤。[117]

三 欧盟理事会的角色

总而言之，尽管欧盟理事会的正式角色主要是立法和行政，但其实际上也在更广泛的健康政策制定方面发挥着作用，尤其是通过筹备立法的较低级别的代表小组和委员会。[118] 此外，虽然并无正式的健康理事会，但健康实际上通常系为一项特别或特殊议题在欧盟理事会予以讨论，并需要专门的小组和专家政策制定者。

> 很明显，所有部长都认为绝对有必要在健康方面拥有自己的人员……这些人员通常都是像我、前部委干事、高级官员这样的人，确切地知晓部委的工作情况，以及政策议程是什么、主要的利益相关者有哪些人，并且了解健康领域。这对于在布鲁塞尔的竞技场上有效开展工作，就欧盟委员会提交的所有健康领域的立法和非立法工作进行谈判非常有利。[119]

值得注意的是，这位 COREPER 代表还强调了在欧盟理事会参与非

---

[115] Respondent 2 (Deputy Permanent Representative for Health in the Council, 2010); Respondent 1 (Representative of the Council General-Secretariat, 2010).

[116] Respondent 1 (Representative of the Council General-Secretariat, 2010).

[117] Commission of the European Communities (1984) supra note 89.

[118] Curtin (2009) supra note 8 at p. 87.

[119] Respondent 2 (Deputy Permanent Representative for Health in the Council, 2010) （这也反映了大多数成员国都有一个专门的部级健康部门）。

立法的健康政策活动的重要性逐渐增加。[120] 鉴于健康方面只有一项有限的制定正式立法的法律依据，这一点尤其显著。欧盟理事会的机构设置也促进了较低级别的政策制定甚至行政参与，尤其是在为欧盟理事会提供行政支持的总秘书处的范围内。[121] 总秘书处设有一个专门处理公共健康、消费者和食品立法问题的局。相较于健康与食品安全总局（DG SANTE），该局在处理健康事务方面的行政能力有限，因为其主要角色是提供后勤支持。然而，在为理事会轮值主席国制定政治议程方面，总秘书处的政治参与度更高。[122] 当主席国系由一个在欧盟理事会政治环境中经验较少或在任何方面都较弱（资源较少）的成员国担任时，情况尤为如此。[123]

第五节　委员会、专家组和论坛的健康政策

对于欧洲健康政策的发展而言，委员会（committees）和专家组扮演着极其重要的角色。[124] 这些不同的科学专家组和委员会主要服务于机构的"功能性需求"——机构需要科学的信息来制定政策和法律。[125] 一方面，一些"专家机构"在欧盟委员会提出立法建议或政策之前参与健康政策。另一方面，一些委员会在立法通过之后，亦即立法的实施阶段参与健康政策。[126] 这些委员会是欧盟治理的一大特色，因为它们"监督"（check）欧盟理事会授予欧盟委员会的行政权力。[127] 从历史上看，于欧洲健康政策的

---

[120]　See Curtin（2009）supra note 8 at p. 88；and see Hayes-Renshaw and Wallace（2006）supra note 82.

[121]　See Nugent（2010）supra note 82 at p. 147.

[122]　See Respondent 1（Representative of the Council General-Secretariat, 2010）.

[123]　See Respondent 4（MS Representative Working Party on Public Health in the Council, 2010）；and Respondent 1（Representative of the Council General-Secretariat, 2010）.

[124]　在公共健康安排方面，沃斯（Vos）将委员会的作用描述为欧盟管制健康问题的"第一管制模式"；see S. Nicholas "The Challenges of the Free Movement of Health Professionals" in M. McKee et al.（eds.）Health Policy and European Union Enlargement（New York：Open University Press/McGraw-Hill, 2004）；Vos（1999）supra note 35 at p. 110。

[125]　Curtin（2009）supra note 8 at p. 109；and see Joerges（2001）supra note 52 and Vos（1999）supra note 35.

[126]　See Curtin（2009）supra note 8.

[127]　G. J. Brandsma Controlling Comitology：Accountability in a Multi-level System（Basingstoke：Palgrave MacMillan, 2013）.

启动阶段发挥作用的专家组和工作组，在食品安全领域一直以来都非常重要。⑫ 对于这些不同的委员会和专家组，可以依据其权力和职能进行精细化分类。⑫ 然而，鉴于它们实在过于庞杂，从本书目的出发，本节仅对它们作一个简单区分，即分为独立的"科学委员会"和具有一定政治作用的委员会。⑬

一 独立的科学委员会

疯牛病危机后，独立的科学建议作为政策和法律之基础的重要性，首次得到了强调。原因在于，人们发现缺乏独立的科学建议，是欧洲健康治理机制未能保护公众免受健康风险的一项重要原因。⑬ 据此，1997年，经欧盟委员会决定，成立 1 个科学指导委员会（Scientific Steering Committee）和 8 个科学委员会。⑫ 2003 年，这些委员会转由欧洲食品安全专门机构（the European Food and Safety Agency, EFSA）领导。⑬

然而，虽然在食品方面，这些科学委员会已经转到了 EFSA 之下，但在健康与食品安全总局内部仍有一个独立的风险评估局。因此，2008 年，健康与食品安全总局内部设立了一个科学风险评估咨询机构。该机构有助于消费者安全科学委员会（SCCS）、健康与环境风险科学委员会（SCHER）、正在出现和新发现的健康风险科学委员会（SCENIHR）提供咨询意见，这些科学委员会制定了自身的程序规则以确保自身提供的建议

---

⑫ 尽管这些委员会通常系在委员会工作程序中使用。See E. Vos "The Rise of the Committees"（1997）European Law Journal 3（3）210-29；Vos（1999）supra note 35.

⑫ 需注意这并不是一个清晰的二分方法，参见 Weimer and de Ruijter（n 52）. See further Vos（1999）supra note 35 at p. 114 et seq。

⑬ Weimer and de Ruijter（n 52）. See further Vos（1999）supra note 35 at p. 114 et seq.

⑬ Commission Communication on Consumer health and food safety［COM（1997）183 Final］.

⑫ Commission Decision setting up Scientific Committees in the field of consumer health and food safety 97/404/EC of 10 June 1997（OJ L 169 27-06-97）.

⑬ 此外，为取代 1996 年的多部门指导委员会，也成立了一个科学指导委员会，并规定了该委员会负有就疯牛病/牛海绵状脑病提供科学建议的职责，同时成立的还有食品科学委员会、动物营养科学委员会、动物健康和动物福利科学委员会、公共健康相关的兽医措施科学委员会、植物科学委员会。See Regulation（EC）No. 178/2002 of the European Parliament and of the Council of 28 January 2002 laying down the general principles and requirements of food law, establishing the European Food Safety Authority and laying down procedures in matters of food safety（OJ L 31 01-02-2002 pp. 1-24）. 还有一个与食品特别相关的咨询小组，其代表消费者和企业，每年召开两次会议，并就特定的技术问题设立了工作组。

具有独立性。[134]

二　具有一定政治作用的委员会和小组以及私人利益游说团体

然而，在健康与食品安全总局内部更正式的"风险监管"机构之外，还有一些更具政治作用的专家组和科学委员会，它们对科学独立的强调相对较低。这些小组和委员会对政策提案和立法提出建议，或者对成员国的健康政策进行协调。[135] 一个重要方面是健康与食品安全总局负责管理这些由成员国代表组成的委员会，而且在这些委员会所处理的健康问题方面，欧盟的超国家法律制定通常没有强有力的立法依据。例如，营养和体育活动高级小组（the High Level Group on Nutrition and Physical Activity），作为一个由政府代表组成的小组，在欧盟层面与"欧盟饮食、体育活动和健康行动平台"（EU Platform for Action on Diet, Physical Activity and Health）进行联络。该平台中有许多欧洲级别的组织代表，从食品行业到消费者保护非政府组织皆有涵盖。[136] 平台有自己的系统用于监测其成员的忠诚度（commitments）。[137]

癌症领域有一个更早但类似的倡议（initiative），其同样使用自己的方法来衡量进展，并将众多欧盟层面的行动者聚集到一起，包括成员国代表、专家、医疗保健专业人员、非政府组织、患者团体、民间社会代表和行业代表。该倡议建立在更正式的欧盟法律和活动（例如在烟草监管领域）以及通过《跨境医疗保健指令》推动的欧洲参考网络（European

---

[134]　Commission Decision 2008/721/EC of 5 August 2008 setting up an advisory structure of Scientific Committees and experts in the field of consumer safety, public health and the environment and repealing Decision 2004/210/EC（OJ 241/21 10-09-2008）；这些委员会通过了自己的程序规则，以保障其独立地开展工作（最新公布于 2013 年 4 月）。

[135]　S. L. Greer "The Changing World of European Health Lobbies" in D. Coen and J. Richardson（eds.）Lobbying the European Union: Institutions, Actors and Issues（Oxford: Oxford University Press, 2009）.

[136]　EU Platform on Diet, Charter, Physical Activity and Health, Diet, Physical Activity and Health— a European Platform for Action, 15 March 2005, avaliable at: <http://www.ec.europa.eu/health/archive/ph_determinants/life_style/nutrition/platform/docs/platform_charter.pdf>（last accessed March 2014）.

[137]　EU Platform on diet, Physical Activity and Health（2006）Monitoring Framework, available at: <http://www.ec.europa.eu/health/archive/ph_determinants/life_style/nutrition/platform/docs/eu_platform_mon-framework_en.pdf>（last accessed: March 2014）.

Reference Networks）之上；此外，在研究方面，该倡议还与《临床试验指令》建立了关联。[138] 另一个例子是罕见病专家委员会，其汇集了国家政府代表、患者组织、制药行业代表、欧洲药品管理局、欧洲疾控中心和相关国际组织。[139]

这些委员会的一个共同点是，都允许私人利益团体进入，因而可能会给这些团体在欧盟层面直接游说欧盟委员会和成员国代表提供基础。这些委员会除了旨在影响主要属于成员国权限范围的健康政策外，在欧盟层面政策倡议的形成上也具有更加明确的政治作用。此外还有一个欧盟健康政策论坛（EU Health Policy Forum），其在欧盟层面代表私人利益，并被允许一般性地参与欧盟健康政策；值得注意的是，该论坛汇集了公共健康和医疗保健领域的利益相关者。目前，约有 50 个总部设在布鲁塞尔的组织参加了该论坛。[140]

三　经由健康委员会的较低级别立法

虽然前文提及的一些专家组和委员会在政策启动的场合可以发挥政治作用，但其中许多小组，尤其是更正式的小组，须就健康风险提供独立、科学的专家建议。就此而言，随着时间的推移，欧盟已经"成为复杂的健康和安全问题的'真正'监管者"[141]。主要参与欧盟政策实施和监管的健康委员会，是那些参与了过去的委员会工作程序（comitology process）的机构，它们作为欧盟立法的"监督"机构，在欧盟的机构设

---

[138]　Commission Communication from the Commission to the European Parliament, the Council, the European Economic and Social Committee and the Committee of the Regions on Action Against Cancer: European Partnership [COM（2009）291/4].

[139]　Article 3, Commission Decision 2009/872/EC of 30 November 2009 establishing a European Union Committee of Experts on Rare Diseases（OJ L 315, 02-12-2009, pp. 18-21）; also see Communication from the Commission to the European Parliament, the Council and the European Economic and Social Committeee and the Committee of Regions on rare diseases: Europe's challenges [COM（2008）679 Final]; Rare Disease Task Force, Health Indicators for Rare Diseases I—Conceptual Framework and Development of Indicators from Existing Sources, Final Report, April 2010, available at < http: // www. eucerd. eu/? post_type=document&p=1211 >（last accesssed: March 2014）.

[140]　See The European Health Forum, The Forum's Renewed Mandate, January 2009.

[141]　See E. Vos "EU Committees: The Evolution of Unforeseen Institutional Actors in European Product Regulation" in C. Joerges and E. Vos（eds.）EU Committees: Social Regulation, Law and Politics（Oxford: Hart, 1999）at p. 30.

计中具有更加正式的地位。对这些委员会的使用可以追溯到 20 世纪 60 年代。[142]《罗马条约》第 155 条规定了有关欧盟委员会应如何行使欧盟理事会授予权力之规则的实施。[143] 欧盟理事会进一步要求欧盟委员会咨询由国家代表组成的委员会，尤其是在对实施措施具有更高专业化要求的农业政策领域。[144] 当这些委员会制度化之时，它们已被构设为"为实现共同农业政策的目的，在农业市场组织（Agricultural Market Organizations）的背景下予以使用的管理委员会"[145]。

到了 20 世纪 80 年代，其他健康相关领域，包括共同农业政策以外的领域，也出现了很多委员会。然而，其中许多委员会可能并非主要处理健康事项。例如，当时的公共健康高级官员委员会（Committee of Senior Officials on Public Health）负责监督医学和相关文凭互认指令的实施。[146] 此外，当时还有关于健康专业人员培训的咨询委员会、关于工作场所健康和安全的委员会，以及很多关于食品安全、美容术、杀虫剂和毒理学等健康相关事项的专家委员会。除了共同体的机构之外，当时还存在各种团体。例如，有一个半官方性质的欧洲经济共同体医院委员会，其从各成员国的医院组织获取资金支持。此外，首席医务官也会开会交流意见，且其他专业人员会以各种方式派代表出席会议。[147]

---

[142]　例如，早在 1957 年就成立了煤炭开采和其他矿产开采行业操作安全与健康保护的常设委员会。该委员会旨在于立法建议方面给欧盟委员会提供支持。Commission de la Securité (1958) EGKS Commissie (1958). 1974 年，工作中的安全、卫生和职业健康保护咨询委员会得以成立。其任务为在发展和实施健康相关的措施中为欧盟委员会提供支持，并促进国家主管部门和雇主组织之间的合作。该委员会由共同体委员会的成员，以及所有成员国的政府、雇员组织和雇主代表组成，三方地位平等。其主要在政策制定而非政策执行方面发挥作用。Commission of the European Communities, Biology and Health Protection Programme, Research Programme 1976－1980 [COM (75) 351 final].

[143]　P. Craig EU Administrative Law (Oxford, Oxford Unversity Press, 2012) at p. 103.

[144]　如果该委员会未以特定多数通过一项实施措施，则该措施可被发回给欧盟理事会，欧盟理事会可以在一个月内做出不同决定。See Council Regulation 19/62/EEC of 4 April 1962 on the Progressive Establishment of a Common Organisation of the Market in Cereals (OJ 1962 30/933) Articles 25 and 26; see further Craig (2012) supra note 143 at p. 105.

[145]　Committee on Animal Feed, Food stuffs and Veterinary measures, Establishment of permanent committees for the approximation of agricultural legislation (Information Memo P-38/67, June 1967).

[146]　Council Decision of 16 June 1975 setting up a Committee of Senior Officials on Public Health (75/365/EEC) (OJ 167/19, 30-061975); also see Nicholas (2004) supra note 124.

[147]　Commission of the European Communities, Communication from the Commission to the Council, Cooperation at Community level on Health Related Problems [COM (84) 502 Final].

不过，欧盟健康政策的体制架构，也促进了某些领域的私人自我监管。⑱ 这方面的一个机构行动者是医疗器械专家组，其在成立之初并无正式法律地位。医疗器械领域的这一专家机构系由欧盟委员会主持，由各成员国主管部门和欧洲标准组织的代表组成。⑲ 虽然是一种私人监管形式，但该专家组目前为医疗器械领域制定了权威标准和准则——MEDDEV 指导文件。⑮ 这些关于医疗器械的指导文件给医疗专业人员设置了与临床实践相关的欧洲化专业标准，该标准通常在国家、区域或具体医院的层面上得到遵守。⑯ 随着时间的推移，出现了一些"工作程序决定"（comitology decisions），这些决定确立了工作程序委员会（comitology committees）的程序和工作方法。⑰ 依据《欧盟运行条约》，"授权性法案"（delegated acts）作为准立法措施，无须再使用工作程序委员会。⑱《欧盟运行条约》第 291 条提到了"实施性法案"（implementing acts），其作用在于给欧盟法案的实施设定统一条件。为了进一步明确这些权力的行使方式，2011年通过了一项新的欧盟条例。⑲

---

⑱　Vos（1999）note 35.

⑲　与欧洲标准化委员会/欧洲电子标准化委员会（CEN/CENELEC）类似，NB-MED 和 NBOG 构成了该领域内其他工作组的伞形小组（the umbrella group），负责协调和监督其他小组的活动。See Council Directive 83/189/EEC laying down a Procedure for the Provision of Information in the Field of Technical Standards and Regulations（OJ L 109，26-04-1983，pp. 8-12）；also see General Guidelines for cooperation between the Commission of the European Communities（CEC），the European Free Trade Association（EFTA），and the European Standards institutions the European Committee for Standardization（CEN）and the European Committee for Electrotechnical Standardization（CENELEC）（CEN/CELENEC Guide 4：2001/01）at p. 16；S. Frank A New Model for European Medical Device Regulation：A Comparative Legal Analysis in the EU and the USA（Groningen：Europa Law，2003）；also see Vos（1999）note 30.

⑮　这些文件系以协商一致的方式通过，最初系由欧盟委员会起草，目前发布在健康与消费者安全总局的网站之上，并定期更新、修改和重新定义。关于临床试验，参见 MEDDEV 2.7.1 CEN reference：Clinical investigation of medical devices for human subjects—Part 1：General requirements CEN/TC 258（ISO 14155-1：2003）（OJ C 153 24-06-2005）；and see European Commission<http://ec. europa. eu/growth/sectors/medical-devices/guidance_en>（last visited 9 November 2018）.

⑯　MEDDEV 2.7/4（2011）"MEDDEV 2.7/4 Clinical investigation of medical devices for human subjects—Good clinical practice（ISO 14155：2011）".

⑰　关于工作程序委员会的程序发展的概述，参见 Craig（2012）supra note 143 at p. 99 et seq.；also see Vos（1997）supra note 128。

⑱　《欧盟运行条约》第 290 条。

⑲　Regulation（EU）No. 182/2011 of the European Parliament and of the Council of 16 February 2011，laying down the rules and general principles concerning mechanisms for control by （转下页）

四　委员会和专家在欧盟健康政策中的角色

在欧盟机构背景下参与健康政策的委员会和专家组的不可置信的广泛性和多样性，或曰"类型"，不仅彰显着欧盟参与健康政策的深度，同时也说明了要"把握"该参与或者对其进行概念化有多么困难。大约有 16 个主要的工作程序委员会直接参与与健康相关的立法的实施；但其中许多委员会都设有聚焦更具体事务的次级委员会或"分会"（sections）。[153] 这些委员会主要由健康与食品安全总局管理，虽然大部分委员会并不一定活跃在健康领域，但健康会议的召开数量在会议总数中排第二位，仅次于农业会议：2016 年，健康会议召开了 116 次，并形成了 436 项书面程序，多于其他任何领域的会议。[154] 另外，就工作产出而言，参与健康领域的委员会采取的实施性措施的数量几乎与农业领域的一样多。这些数字一定程度上表明了欧盟委员会在健康领域被授权的工作的强度，以及对健康这一

（接上页）Member States of the Commission's exercise of implementing powers （OJ L 55/13 28-02-2011）。如果工作程序委员会未发表意见，那么一般规则是欧盟委员会可以采取实施措施；然而，当措施涉及人、动物或植物的健康与安全时，存在一项例外［《条例》第 5 条第 4 款（a）项］。在此种情况下，若工作程序委员会未发表意见且措施涉及健康，则欧盟委员会仅能在主席修改了实施法案且再次向工作程序委员会提交该法案时，或者直接将法案提交给上诉委员会，由后者进行最终的投票表决后，才能采取实施措施［《条例》第 5 条第 4 款（a）项］。当简单多数决否决了议案时，将适用一个特殊的咨询程序，上诉委员会在其中发挥着核心作用（《条例》第 5 条第 5 款）。这意味着当委员会中存在疑问或反对意见时，需要遵循更加深入细致的程序，而非依赖或倒向联盟法中的授予权力条款所表明的对欧盟委员会的信任底线。换言之，尤其在涉及健康问题时，成员国不太愿意放弃控制权。

　[153]　烟草产品监管委员会、组织和细胞委员会、动物技术常设委员会、动物医药产品常设委员会。其中一些委员会设有分会，如食物链和动物健康常设委员会；食物链毒理学安全分会；植物药农药残留分会；植物药立法分会；转基因食品、饲料和环境风险分会；一般食品法分会；控制和进口条件分会；食品链生物安全分会；动物营养分会；动物健康和动物福利分会；食品链和动物健康常设委员会；植物健康常设委员会；人用医药产品常设委员会；血液质量与安全监管委员会；关于建立流行病学监测和传染病控制网络之决定的委员会；成员国医疗器械法律类似物（Approximation）委员会；跨境医疗保健委员会；健康领域第二项共同体行动计划委员会；一般产品安全指令委员会；适应《关于消除可添加到医药产品中的着色剂的技术性贸易壁垒指令》之技术进步的委员会；适应《关于故意向环境释放转基因生物指令》之技术进步并实施指令的委员会；专业资格认证委员会；公共健康问题高级官员委员会；关于改善船上医疗最低安全和健康要求之立法的技术性调整委员会；关于引入措施鼓励改善工人工作安全和健康之立法的技术性调整委员会。

　[154]　Report from the Commission on the Working of Committees during 2016 ［COM（2017）594 final］ at p. 6.

政策部门的管理强度。⑮

　　各委员会和专家组对健康领域多种多样的参与，说明了参与健康领域的机构行动者在不断增长。一个明显正在发生的动态情况是，市场化程度的提高使欧盟在健康领域的机构活动激增。随着所有类别的产品或经济活动成为欧盟内部市场的对象，与之相关的健康问题在欧盟经济活动中以多种方式得到处理。然而，除了将健康问题作为市场问题的副产品之外，随着时间的推移，欧盟在健康方面有限的立法权非但没有限制其健康领域机构行动者的增长，反而似乎为发展新的机制和行动者使健康问题得到更加审慎深入的研究和讨论，提供了巨大的机构创造力。

第六节　欧洲专门机构的健康政策

　　在欧盟最早从事公共健康工作的专门机构（agency）之一，包括1975 年成立的欧洲改善生活和工作条件基金会（the European Foundation for the Improvement of Living and Working Conditions，EUROFOUND）。该基金会旨在提供关于改善生活和工作条件的信息。⑱ 不过，尤其在 20 世纪90 年代，由于欧盟对技术和科学政策事项参与的扩张，"专门机构现象"得以增长。⑲ 对于专门机构在欧盟监管中作用增长的一个额外解释是，在成员国或其他政治利益的短期政治影响之外，它们"信守"长期的政策目标。⑳ 专门机构的权力在法律上受到"梅罗妮原则"（the Meroni principle）的限制，该原则要求权力不得授予需要广泛自由裁量权的专门机构，因为这将使授权机构的职责被转移到该专门机构。㉑ 健康领域可能

---

⑮　See Report from the Commission on the Working of Committees during 2016 ［COM (2017) 594 final］at p. 6.

⑱　Council Regulation (EEC) No. 1365/75 of 26 May 1975 on the creation of a European Foundation for the Improvement of Living and Working Conditions (OJ L 139 30−05−1975).

⑲　M. E. Busuioc The Accountability of European Agencies：Legal Provisions and Ongoing Practices (Utrecht：Eburon，2010) at p. 15.

⑳　G. Majone "The Rise of Statutory Regulation in Europe" in G. Majone (ed.) Regulating Europe (London：Routledge，1996) （作者提出了一个规范性理论，即监管仅能被用于矫正市场失灵，而不能用于财富的再分配。向非多数派独立专门机构授权，使得对市场失灵的监管超越了成员国短期国家利益的"政治"范畴）；然而，参见 S. Krapohl "Credible Commitment in Non−Independent Regulatory Agencies：A Comparative Analysis of European Agencies for Pharmaceuticals and Foodstuffs" (2004) European Law Journal 10 (5) 518−38。

㉑　Case C−9/56 and 10/56 Meroni v. High Authority ［1957/1958］ECR 133.

是一个敏感和高风险的监管领域，欧盟专门机构在该领域一直以来被分配的任务涉及食品安全、医药、职业病、吸毒和传染病等众多事项。

一　健康政策专门机构

欧盟有大约 1/3 的专门机构于某种程度上参与了健康政策。欧盟层面共有 30 多个专门机构（依据所采用的分类方式），这些机构要么收集和发布信息、管理特定公共政策计划的实施、执行事务性工作并促进政策合作、做出可能对个人有约束力的决定或行使决策权，要么通过制定普遍使用的规则草案执行（准）监管任务。[162] 这些专门机构的历史、职能和权力各不相同。另外，健康在某些专门机构是主要目标，但在其他专门机构可能是该机构之特定目标的一项重要考虑因素。欧洲范围内出现的首个与健康相关的专门机构——欧洲原子能共同体供应专门机构（the Euratom Supply Agency），就恰好是后一种专门机构。该专门机构系被用于协助实施有关工人和公民的健康与公共风险的规范。[163] 其主要目标是监管共同核市场的运行，但其中的重要方面包括公共威胁方面的人体健康保护、核电站工人的健康保护以及医学的发展，如癌症治疗的放射性疗法。

1975 年，欧盟理事会成立了本节开头所提到的欧洲改善生活和工作条件基金会（EUROFOUND）。[164] 在社会保障领域，该专门机构在信息收集和发布方面的工作范围相当广泛。然而，其并未将健康作为主要目标。健康只是其工作范围的一部分，因为其处理的是更一般的社会保障问题。

---

[162]　E. M. Busuioc European Agencies: Law and Practices of Accountability（Oxford: Oxford University Press, 2013）.

[163]　《欧洲原子能共同体条约（1957）》第 2 条（b）项。欧洲原子能共同体供应专门机构系由《欧洲原子能共同体条约》所设立。根据该条约第六章第二节中的原则，其自 1960 年 6 月 1 日开始运行。See Decision of the Commission fixing the date on which the Euratom Supply Agency shall take up its duties and approving the Agency Rules of 5 May 1960 determining the manner in which demand is to be balanced against the supply of ores, source materials, and special fissile materials（OJ 32 11-05-1960 at p. 776）（此时，医疗应用、研究、食品中放射性污染的最大可允许水平，以及发生放射性紧急事件时应采取的健康保护措施方面，也已经通过了该主题的立法）；also see Title III on Health and Safety in the old Euratom 1957 Article 31, Articles 34, 35, et seq.（其中已经提到了科学与技术委员会，该委员会系由成员国的公共健康专家组成，旨在为共同体委员会提供建议）。

[164]　Regulation（EEC）No. 1365/75 of the Council of 26 May 1975 on the creation of a European Foundation for the improvement of living and working conditions（OJ L 139, 30-05-1975 at p. 1）.

另一个健康方面的信息提供专门机构是欧洲工作场所安全与健康专门机构（the European Agency for Safety and Health at Work）。[165] 该专门机构主要参与工人职业健康领域的工作。其在日常运行中利用国家信息网络和国家联络点，为欧盟机构和成员国提供技术性的科学与经济信息，以在工作场所的安全与健康领域使用。此外，1993 年还成立了欧洲毒品与毒品成瘾监测中心（the European Monitoring Centre for Drugs and Drug Addiction，EMCDDA）。该专门机构的存在是为了给欧盟及其成员国提供欧洲毒品问题的事实概述和（反）毒品政策的支持证据；在此意义上而言，其主要职能也是发布和收集信息。[166]

相对年轻的欧洲疾控中心（the European Centre for Disease Prevention and Control，ECDC）成立于 2004 年。其工作包括但不限于信息提供。虽然成立时间短暂，但该专门机构已经成为公共健康领域的核心角色。其拥有行动权力（operational powers），[167] 在可能造成欧洲范围内公共健康影响的事件中，有代表性地开展工作。[168] 该专门机构的工作总体上专注于抗击传染病的框架[169]和正在出现的健康威胁，[170] 其中包含一个监督、预警和应对系统。[171] 健康与消费者执行专门机构（the Executive Agency for Health and Consumers，EAHC）（即此前的公共健康执行专门机构）则是一个"管理性专门机构"，因为其在 2005 年成立时是为了实施欧盟"健康计划"；2008 年，又补充了"消费者计划"和"更好的培训促进更安全的

---

⑯ Regulation（EC）No. 2062/94 of 18 July 1994 establishing a European Agency for Safety and Health at Work（OJ L 21，20-08-1994，pp. 1-8）.

⑯ Busuioc（2013）supra note 162.

⑯ S. L. Greer "The European Centre for Disease Prevention and Control"（2012）Journal of Health Politics，Policy and Law 37 1001-1030.

⑯ Respondent 26（High level representative ECDC，2010）. 欧洲疾控中心的核心目标包括：（1）搜索、收集、整理、评估和发布相关的科学和技术数据；（2）提供科学意见和包括培训在内的科学与技术援助；（3）向欧盟委员会、成员国、共同体专门机构和在公共健康领域开展活动的国际组织及时提供信息；（4）协调在中心任务领域内运行的欧洲机构网络，包括欧盟委员会支持的因公共健康活动而形成的网络，以及运行专门的监测网络；（5）交流信息、专业知识和最佳实践，并促进制定和实施联合行动。

⑯ Decision No. 1082/2013/EU（2013）supra note 48.

⑰ 《欧洲疾控中心条例》第 3 条。

⑰ 其工作的对象还包括：抗生素耐药性和医疗保健相关的感染；新出现的和媒介传播的疾病；食物和水传播的疾病及人畜共患病；性传播感染，包括艾滋病毒和血源性病毒；流感；结核病；以及疫苗可预防的疾病。

食品"倡议。[172]

欧洲药品管理局（EMA）是一个准监管性的专门机构，因为其负责人用和兽用医药产品的市场审批。[173] 从形式上看，其"仅仅"为评估医药产品的质量、安全性和有效性提供科学建议。然而，鉴于评估药品需要高度专业的知识，故大多数情况下，欧洲药品管理局的建议都会在欧盟委员会决定批准药品进入欧洲市场时得到采纳。[174] 欧洲药品管理局也负责药品警戒，但在此方面其工作范围与欧洲疫控中心的工作有一定重叠。故此，可以认为欧洲药品管理局可以或者说应当在药品警戒方面接受欧洲疾控中心的"监督"，后者保护公共健康的角度更广。欧洲疾控中心的一位代表表示，欧洲药品管理局在此方面不具有足够的动力，因为其并不希望削弱自己先前为欧盟委员会提供的建议。[175]

健康领域的另一个准监管性专门机构是欧洲食品安全专门机构（the European Food Safety Agency，EFSA），其负责就食品与饲料安全领域的风险提出建议。为应对20世纪90年代的一些食品危机如疯牛病事件，该专门机构于2002年成立。[176] 其工作为健康与食品安全总局下属的风险评估委员会提供了支持。这一点独立于食品与兽医办公室（the Food and Veterinary Office，FVO）的工作，该办公室负责检查和控制食品与饲料链的安全，以确保食品立法得到实施和适用。[177]

二　欧盟专门机构的角色

约1/3的欧洲专门机构参与了健康政策，且健康与食品安全总局目前对于更多专门机构工作的利用超过了其他任何总局。[178] 虽然减轻欧盟委员

---

[172]　Commission Decision 2008/544/EC of 20 June 2008 amending Decision 2004/858/EC in order to transform the "Executive Agency for the Public Health Programme" into the "Executive Agency for Health and Consumers"（L173/27 03-07-2008）.

[173]　Regulation（EC）No. 726/2004 of the European Parliament and of the Council of 31 March 2004 laying down Community procedures for the authorization and supervision of medicinal products for human and veterinary use and establishing a European Medicines Agency.

[174]　P. Craig and G. de Burca EU Law, Text, Cases and Materials（Oxford: Oxford University Press, 2008）at p. 156; also see Busuioc（2013）supra note 162.

[175]　Respondent 26（High level representative ECDC, 2010）.

[176]　Regulation（EC）No. 178/2002（2002）supra note 133.

[177]　食品与兽医办公室并非专门机构，而是一个更加独立的欧盟委员会（健康与消费者总局）服务部门。

[178]　在总共30个欧盟专门机构中，利用了大约10个。

会的工作负担经常被作为设立专门机构的主要理由，但并无证据表明欧盟委员会行政部门的工作负担实际得到了减轻。[179] 此外，如前所述，专门机构的设立是为了使欧盟委员会的工作去政治化和合法化，因为它们是具有自身法律人格的独立实体，独立于欧盟的机构。[180] 然而，鉴于欧盟的立法权限有限，在健康方面极为突出的一个有关专门机构的核心宪法难题是，通过将某些任务外包给专门机构，欧盟委员会可能授予或创设比其实际拥有的权力更多的权力。[181] 专门机构的存在仅仅只是为了"协助"欧盟委员会执行其行政和管理工作，但将特定任务分配给一个专门机构，已成为欧盟委员会参与"在欧盟层面创设新的行政和事务性工作，并在此方面给新成立的行动者分派任务"的一种方式。[182]

　　欧盟公共政策制定中专门机构作用的扩张，总体上也扩张了欧盟在健康领域的政策制定，因为许多专门机构都参与了健康政策——尤其是有研究表明在健康等敏感政策领域，通过利用专门机构做出可信的承诺或实现去政治化，可能并不总能奏效。[183] 这使得对专门机构以及其实施的政策进行合法性分析，变得更加重要。[184] 专门机构可以在欧盟层面使国家健康主管部门的健康政策制定者参与进来。该方面的许多公务人员是公共健康专家、流行病学家等。相较于机构划分和立法权力，这些专家可能对参与特定的健康政策话题更感兴趣。然而，无论是在专门机构还是委员会或专家组的背景下，他们可能带回本国的或在欧盟层面做出贡献的东西，可能都仍然涉及一项价值性的权威分配，而这一分配系由他们参与欧盟政策机制所推动。

[179] Busuioc （2013） supra note 162.

[180] See ibid. at p. 17 and reference to Krapohl （2004） supra note 160.

[181] D. M. Curtin "Delegation to EU Non-Majoritarian Agencies and Emerging Practices of Public Accountability" in D. Gerardin et al. （eds.） Regulation through Agencies in the EU: A New Paradigm of European Governance （Cheltenham: Edward Elgar, 2005）. 欧盟委员会只能将任务委托给不涉及通过次级立法之权力或制定立法实施规则之权力的专门机构；对该问题的进一步讨论，参见 Curtin （2009） supra note 8 at p. 146 et seq。

[182] Curtin （2009） supra note 8 at p. 145 and see D. M. Curtin "Holding （Quasi-） Autonomous EU Administrative Actors to Public Account" （2007） European Law Journal 13 （4） 523-41；欧盟法院在一起案件中确立了授权的法律基准，参见 Case C-9/56 and 10/56 Meroni v. High Authority ［1957/1958］ ECR 133，该案为将授权限制在不超过权力授予原则的范围内提供了准则。

[183] Krapohl （2004） supra note 160; Krapohl （2003） supra note 35.

[184] Busuioc （2013） supra note 162, 其关注该方面的问责。

第七节　不断增长的制定欧盟健康政策和
法律的机构能力

本章阐释了欧盟层面通过立法以外的政策制定处理健康政策的机构能力的增长，以及该能力的协调性的提高。对于欧盟健康政策行动者的机构图景的展示说明，随着时间的推移，健康已经成为愈发专业化的行动者而非一般机构的职责，而且随着健康领域相关权力的扩张或政策活动的增加，专业化和集中化在齐头并进。在欧盟委员会的行政部门中，健康在机构上已经固化为一个具有一定自主性的政策部门，尤其是考虑到欧盟健康政策的主要方面近年来已经被转移到健康与食品安全总局（DG SANTE）。

在欧洲议会甚至其环境、公共健康和食品安全（ENVI）委员会中，健康政策的行动者也变得更加专门化，健康政策在机构上也变得更加整合化。自 2002 年以来一直存在一个特殊的"健康工作组"，其被委托讨论任何未在全体委员会中进行讨论的健康议题，并提请全体委员会注意这些议题。在欧盟理事会的部长级别上，健康问题形式上系由就业、社会政策、健康和消费者事务（EPSCO）理事会进行讨论。然而在实践中，该级别上对健康问题的讨论同样已变得专门化，事实上健康部长们通常会在社会事务部长举行会议后的第二天举行单独的健康会议。与此同时，在欧盟理事会中，当经济与财政事务（ECOFIN）理事会处理涉及国家预算的问题时，健康问题有时也会出现在该理事会的议程之中。在部长以下的级别上，各成员国的欧盟健康政策专家和官员组成的由欧盟理事会主持的工作组，实际上推动了政策制定和软性协调与交流。高级健康工作组是该方面的一个主要例子。

故此，欧盟在所有核心机构中都引入了健康政策制定者。申言之，在作为立法者的正式角色外，欧洲议会、欧盟委员会和欧盟理事会都拥有一些论坛，它们通过这些论坛得以在立法活动之外参与健康政策制定。或许对于欧盟委员会而言，这并不非常令人惊奇，但对于欧洲议会和欧洲理事会则并非如此。例如，欧洲议会拥有特殊的工作组，并且创建了一个参与健康政策实施的机制。欧盟理事会也同样有一个特殊的机制，通过工作组和高级的部长会议协调健康政策。与此同时，在欧盟机构背景下参与健康政策的（或多或少非正式的）各委员会和小组之类型的高度多样性，说明了欧盟参与健康领域的深度。而所有欧盟专门机构中有大约 1/3 的机构参与健康政策，以及健康与食品安全总局目前对更多专门机构之工作的利用超过其他任何总局，则使得欧盟参与健康政策的实际深度至为显然。

　　概言之，本章阐明了参与健康政策制定的机构行动者越来越多样化，以及其参与方式也越来越多。此外，本章还说明了欧盟机构参与健康领域的不同方式正在持续扩张和改变。同时，本章也表明了拥有立法或监管权的正式机构在科层制的影响下，有足够的机会参与更多的非正式政策协调进程。健康政策中出现的越来越多的欧盟机构行动者，以及这可能引起的权力向欧盟的转移，再次使我们面对此种情况的合法性这一紧迫问题。这使得讨论欧盟健康政策对基本权利的影响变得更加重要。

第五章　欧盟公共健康：猪流感的应对措施

　　（针对公共健康紧急事件的）应对措施可能限制人员、动物、植物、食品、水、商品和能源的流动，并且可能对数据隐私保护产生影响。这些措施如果影响到社会经济生活，或产生司法后果，则应当是短暂、临时的，并应遵守辅助性原则。这些措施的实施有其必要，但在事件发生之前很难在法案中对之予以把握。①

　　本章将通过一个案例对欧盟应对公共健康紧急事件的措施进行研究。② 该案例研究针对的是欧盟对 2009—2010 年猪流感（甲型 H1N1 流感）暴发事件的应对。本章的主要目的是从法律上探索和描述健康政策制定通过与更正式的规则交织而得以强化的方式，以及该交织对欧盟基本权利和价值可能产生的影响。该案例研究说明了欧盟健康政策在立法权之外的增长和影响。其中，成员国对欧盟健康政策制定的参与，可能产生超出法律预设的影响。本章首先讨论了欧盟层面可以如何采取措施应对公共健康紧急事件，主要聚焦机构行动者；其次梳理了欧盟层面采取的应对猪流感大流行的措施；接着检视了非正式健康政策与更正式的法律的交织互动方式，此种交织互动有时甚至是由欧盟委员会有意安排；最后分析了该案例中欧盟健康法律与政策对基本权利的影响。

---

　　① European Commission Interim Document Technical guidance on preparedness planning for public health emergencies April 2005.

　　② 本章中的元素（如机构表）此前已在作者的其他著作中使用过，参见 A. de Ruijter, "Mixing EU Security and Public Health in the Health Threats Decision" in A. de Ruijter and M. Weimer (eds.), EU Risk Regulation, Expert and Executive Power (Oxford：Hart, 2017)。

第一节　2009 年猪流感大暴发和欧盟的应对

2009 年 4 月，一种新的流感病毒首次在墨西哥出现。[③] 该毒株起源于一批从亚洲运往北美的猪（因而被命名为"猪流感"或"墨西哥流感"）。[④] 这引发了公共健康官员的担忧。在 2003 年亚洲暴发的 SARS（重症急性呼吸系统综合征）疫情中，8096 名感染者里有 774 人死亡。[⑤] 相较于 1918—1919 年暴发的西班牙流感虽致死数百万人，但实际死亡率仅有 2.5%，[⑥] 这是一个较大的死亡比例（约 10%）。公共健康官员担心甲型 H1N1 流感的死亡率会与禽流感（甲型 H5N1 流感）的 60% 相当。[⑦] 2009 年 6 月 11 日，世卫组织宣布了"猪流感"大流行，并将警戒级别提升至 6 级（最高级）。然而，2010 年 3 月 21 日，全球范围内有超过 213 个国家和地区报告了 16391 例以上因甲型 H1N1 流感造成的死亡病例。[⑧] 虽然欧盟在公共健康事件的监测和预警中发挥着作用，[⑨] 但通过应

---

③　See M. Lacey and D. G. McNeil "Fighting Deadly Flu, Mexico Shuts School"（2009, 24 April）New York Times.

④　该流感是四种流感的变异：一种发现于人类，一种发现于鸟类，另外两种在猪身上更为常见。See European Centre for Disease Control Threat Assessment Human cases of swine influenza without apparent exposure to pigs, United States and Mexico of 24 April 2009；also see K. Bradsher "The Naming of Swine Flu, a Curious Matter"（2009, 28 April）New York Times.

⑤　See WHO Communicable Disease Surveillance and Response, Severe Acute Respiratory Syndrome（SARS）：Status of the Outbreak and Lessons for the Immediate Future, 20 May 2003 at p. 3；also see WHO, Severe Acute Respiratory Syndrome（SARS）—multi-country outbreak—Update 6 March 2003.

⑥　See V. Wiwanitkit Bird Flu：The New Emerging Infectious Disease（New York：Nova Science, 2008）at p. 2.

⑦　J. H. Beigel et al. "Avian Influenza A（H5N1）Infection in Humans"（2005）New England Journal of Medicine 353（13）1347-85.

⑧　这些只是实验室确认的病例，see WHO Pandemic（H1N1）2009—update 93, available at<http：//www. who. int/csr/don/2010_03_26/en/index. html>（last accessed March 2014）。

⑨　Commission Decision 2009/547/EC of 10 July 2009, amending Decision 2000/57/EC onearly warning and response system for the prevention and control of communicable diseases under Decision No. 2119/98/EC of the European Parliament and of the Council（OJ L 181/57, 11-07-2009）；Decision No. 2119/98/EC of the European Parliament and of the Council of 24 September 1998 setting up a network for the epidemiological surveillance and control of communicable diseases in the Community（OJ L 268/1, 03-10-1998）；M. Liverani and R. Coker "Protecting Europe from Diseases：From the International Sanitary Conferences to the ECDC"（2012）Journal of Health Politics, Policy and Law 37（6）913-32.

对措施管理和遏制公共健康紧急事件，很大程度上仍然属于成员国的事务。《里斯本条约》的修订于 2009 年生效，其对欧盟在健康危机方面的作用做出了如下界定：

> 作为国家政策补充的欧盟行动，应当旨在改善公共健康……此类行动应当包括通过推动对过程、传播和预防的研究抗击重大健康灾害，以及健康信息和教育，监测、预警和对抗严重的跨境健康威胁。[10]

通常而言，公共健康灾难的应对措施能够限制人员和商品的流动，直接影响社会和经济生活，并在许多方面产生法律影响——尤其是当人们认为这些措施可能包括隔离、对预先确定的群体进行选择性免疫接种以及征用财产和医疗设施时。[11] 为实施公共健康措施，应对措施甚至可以成为执法行动的理由。[12] 因此，这些措施直接影响着公共利益保护和个人权利保护之间的基本宪法平衡。接下来，本节将讨论如何以及由谁在欧盟层面采取应对措施。

一　欧盟机构行动者的作用

许多机构和行动者都参与了欧盟健康紧急事件的应对。欧洲主要的政治行动者是成员国、世界卫生组织和欧洲机构。然而，更具体的国家公共健康主管机构、欧洲专门机构［如欧洲疾控中心、欧洲药品管理局和健康安全委员会（the Heath Security Committee，HSC）］、专家委员会、制药公司和医学界也都发挥着重要作用。表 5.1 列举了一些参与欧盟应对健康紧急事件的主要机构行动者。

表 5.1　　　　参与健康紧急事件应对的欧盟机构行动者

机构行动者	作用	法律性质
世界卫生组织	全球性协调和公共健康（事件）政策	国际组织，欧盟在联合国拥有观察员地位

---

[10] 《欧盟运行条约》第 168 条。

[11] See L. O. Gostin and J. M. Mann "Towards the Development of a Human Rights Impact Assessment for the Formulation and Evaluation of Public Health Policies" (1994) Health and Human Rights: an International Quarterly Journal 1 (1) 50-78.

[12] See European Commission (2005) supra note 1 35-7.

续表

机构行动者	作用	法律性质
欧盟委员会总秘书处，危机管理单位	在欧盟委员会各部门间进行协调	欧盟机构行动者
欧洲委员会，健康与食品安全总局，健康威胁单位	监测、预警和应对，管理信息系统和信息交换，包括追踪接触者	欧盟机构行动者
欧洲疾控中心（ECDC）	监测、预警和应对，科学投入/产出，以及发布关于公共健康威胁的信息。通过公共健康团队行使有限的行动权力，隶属健康总局	欧盟专门机构
欧洲药品管理局（EMA）	批准疫苗和抗病毒药物，发布信息。隶属健康总局	欧盟专门机构
预警和应对委员会（EWRS）	信息交换和发布，传染病监测、预警和应对的协调，基于有关传染病预警和应对的第 2119/1998 号决议	工作程序委员会
健康安全委员会（HSC）	成员国在公共健康事件中的协调，除传染病外还包括化学、生物、放射性和核威胁。隶属健康总局	非正式合作
主席之友	横向理事会小组	非正式且临时

二 欧盟委员会服务部门在预警和应对中的作用

在欧盟委员会的主持下，欧洲公共健康紧急事件的协调属于健康与消费者总局（DG SANCO）的职责。但在欧盟委员会的总秘书处内部，还有一个危机管理单位，其使用一个名为"ARGUS"的信息交换系统，以在危机到来之时，使欧盟所有服务部门能够在内部了解到最新情况。[13] 通过这一单位，欧盟委员会主席和专员团能够随时了解公共健康危机的管理情况，且该单位还协调了参与危机处理的欧盟各服务部门。[14] 在健康与食品安全总局（DG SANTE）内部，C3 单位即"健康威胁单位"，专门负责处理流感等健康威胁。该单位成立于 2003 年，主要负责对传染病和生物恐怖主义行为所致疾病进行监测和预警，并发出警报。就此而言，该单位也执行对欧盟生物和化学威胁的监测和预警。该单位主管欧盟委员会的健康

---

[13] "它是纯粹内部性的，且该系统建立在众多部门特定警报系统的基础之上；快速警报系统（Rapid Alert Systems），被称为 RAS"，Respondent 8（Representative Secretariat General European Commission，2010）。

[14] Respondent 8（Representative Secretariat General European Commission，2010）；Respondent 9（Representative General Secretariat European Commission，2010）.

应急运行设施在卢森堡的运行。⑮ 然而，其同时也促进并管理传染病预警和应对网络委员会（the Network Committee for Early Warning and Response to Communicable Diseases，EWRS）的监管过程。

三　传染病网络委员会

在 1997 年《阿姆斯特丹条约》中强化了公共健康的法律依据后，1998 年又建立了一个传染病网络，依据由各成员国主管传染病的公共健康机构负责人组成的特许小组（a charter group）的建议，该网络最初系被作为一项自下而上的倡议。⑯ 传染病网络自 20 世纪 90 年代初便已存在，其当时是欧盟各国流行病学家为共同应对特定传染病而提出的一项倡议，主要用于流行病学数据的共享和交换。⑰ 1998 年决定（the 1998 Decision）提供的立法依据使得既有的网络委员会得以正式化，并将该委员会确立为一个监管委员会，由各成员国派出的两名代表组成，通常一名是流行病学家，另一名是健康部门的代表。健康与食品安全总局健康威胁单位的一名代表担任该委员会的主席。在该委员会的主持下，一个监测系统与一个预警和应对系统（即 EWRS）得以建立。⑱ 与此同时，该委员会还负责决定传染病的病例定义、监测数据和方法，并且可以就紧急情况下应采取的应对措施发布指南。⑲

就 EWRS 而言，与监测网络类似，为该系统的运行而进行的信息交换限于有关新型或未知传染病，或者第 2119/98/EC 号决定的附录所列疾

---

⑮　健康应急运行设施位于卢森堡，用于管理成员国通知的警报和紧急情况。在紧急情况下，欧盟委员会、成员国和欧盟委员会下属专门机构的应对措施，包括与世卫组织等国际组织的联络，都由该设施进行协调。European Commission，DG SANTE，The Commission Health Emergency Operations Facility：For a coordinated management of public health emergency at EU level，2007，available at：< http：//www.ec.europa.eu/health/archive/ph _ threats/com/preparedness/docs/heof _ en. pdf>（Last accessed March 2014）.

⑯　J. Weinberg et al. "On Behalf of the Charter Group：Establishing Priorities for European Collaboration in Communicable Disease Surveillance"（1999）European Journal of Public Health 9（3）236-40.

⑰　L. MacLehose et al. "Responding to the Challenge of Communicable Disease in Europe"（2002）Science 295 2047-50；also see M. R. Roberts "The European Centre for Disease Prevention and Control：Science and Political Integration in Europe"（2013）UCL STS Observatory blog at<https：//blogs.ucl.ac.uk/sts-observatory/2013/08/02/the-european-centre-for-disease-preventionand-control-science-and-political-integration-in-europe/>（last accessed November 2018）.

⑱　See Article 1，supra note 9；also see MacLehose et al.（2002）supra note 17 at p. 2048.

⑲　在猪流感暴发之时，依据第 2119/1998/EC 号决定第 3 条（c）、（d）、（f）项。

病的信息，包括紧急情况。[20] EWRS 是一个有"法律约束力"的系统，[21] 因为成员国的公共健康当局有义务报告关于预防和控制传染病以及所实施的应对措施的现有和拟议机制与程序的所有信息。[22]

除了 EWRS 系统外，还有一些其他的在紧急事件中分享信息的方式，尤其是关于传染病框架之外的信息。有观点表示，目前甚至可能有太多的信息交换网络和系统："有许多不同的系统，它们在建立之时全都极其合乎逻辑。"[23] 在传染病网络内部，监测系统和 EWRS 系统最初系由欧洲公共健康信息网络（the European Public Health Information Network，EUPHIN-HSSCD）内部的传染病健康监测系统（the Health Surveillance System for Communicable Diseases）管理。[24] 该监测网络：

> 更多的是长期监测，因此其并非为传染病的即刻暴发而设。换言之，如果某人在机场被发现患有霍乱（该事件上周发生于德国），那么就构成紧急情况，监测网络就应当启用且应当尽快启用 EWRS 系统。如今，如果想要对全年的霍乱进行统计，那么可以使用这些监测网络中的一个。[25]

就快速应对系统（Rapid Response Systems，RAS）而言，EWRS 系统系适用于"可能成为公共健康威胁"的事件。[26] EWRS 系统在三个层面上运行：一是基础的信息交换；二是有关潜在威胁的信息交换；三是有关明

---

[20]　第 2119/98/EC 号决定第 4 条。

[21]　Respondent 15（High level representative Commission Services SANCO，2010）.

[22]　第 2119/98/EC 号决定第 4 条（e）和（f）项以及第 6 条第 3 款。猪流感暴发时进一步相关的内容，参见 Commission Decision 2000/57/EC of 22 December 1999 on the early warning and response system for the prevention and control of communicable diseases under Decision No. 2119/98/EC of the European Parliament and of the Council（OJ L 21 26-01-2000 at p. 32），amended by Commission Decision 2008/351/EC of 28 April 2008 amending Decision 2000/57/EC as regards events to be reported within the early warning and response system for the prevention and control of communicable diseases（OJ L 117，01-05-2008）.

[23]　Respondent 15（High level representative Commission Services SANCO，2010）.

[24]　Commission Decision 2000/96/EC on the communicable diseases to be progressively covered by the Community network under Decision 2119/98/EC of the European Parliament and of the Council（OJ L28/50 03-02-2000）.

[25]　Respondent 8（Representative Secretariat General European Commission，2010）.

[26]　See Article 1 Decision 2000/57/EC Commission Decision 2000/57/EC（2000）supra note 22，其在猪流感暴发期间是可适用的法律。

确威胁的信息交换。㉗　与此同时，除 EWRS 系统外还有一个医疗智能系统
（Medical Intelligence System，MedIsys），该系统由健康与食品安全总局的
健康威胁单位负责运行。该系统利用互联网信息分析并识别潜在的公共健
康威胁。这些威胁除传染病外还包括化学、生物、放射性和核威胁。该系
统分析网络上的新闻报道和文章，并对这些信息进行分类。系统的一个版
本向公众开放，但还有一个限制性版本仅供公共健康当局使用。㉘　处理故
意释放化学、生物、放射性和核制剂造成的公共健康威胁事件的是 RAS-
BISCHAT 系统，其在化学威胁方面仅覆盖与恐怖主义活动相关的威胁。
该系统比 EWRS 系统更新，尽管其工作方式与 EWRS 系统类似，但其主
管机构是欧盟委员会而非某个特殊的监管委员会。若某项威胁系通过该系
统发布，则欧盟委员会的当值人员会确认该信息，并在向其他成员国发送
信息之前对发送人和信息进行验证。㉙　另外，针对化学威胁还有一个专门
的 RAS 系统（RAS-CHEM）正在开发之中，㉚　该化学威胁涵盖与恐怖主
义相关的化学制剂以及其他导致化学品泄漏的事件。㉛　然而，该 RAS 系统
连接的并非成员国的公共健康部门，而是国家毒物中心（national poison
centres），即欧盟毒物中心（EUPC）论坛［EU Poisons Centre
（EUPC）forum］。最后还有一个应对系统是 HEDIS 系统，其类似于
ARGUS（内部危机协调系统，由欧盟委员会总秘书处运行），仅在危机发
生期间运行。㉜　HEDIS 系统在特定的健康威胁暴发期间，为欧盟委员会和
各成员国提供支持和信息。这意味着为每一场危机创建了一个次级入口
（sub-portal），由此使所有相关信息被汇集起来供利益相关者参考，如国
际和国家公共健康部门的建议、形势图（situation maps）以及已经采取的

㉗　Article 2（1，2，3）Decision 2000/57/EC. See further working of the EWRS in Annex 1 and 2 of Commission Decision 2008/351/EC（2008）supra note 22.

㉘　Respondent 15（High level representative Commission Services SANCO，2010）and see<http：//medisys. newsbrief. eu//medisys/homeedition/en/home. html>.

㉙　European Commission，Programme of Cooperation on Preparedness and Response to Biological and Chemical Agent Attacks（Health Security）Luxembourg，17 December 2001（G/FS D（2001）GG）.

㉚　欧盟公共健康计划资助了欧盟委员会、欧洲公共健康计划项目、警报系统和健康监测系统项目（ASHTI），Newsletter February 2011（2）available at：<http：//webarchive. nationalarchives. gov. uk/20140714110153/http：//www. hpa. org. uk/webc/HPAwebFile/HPAweb _ C/12966831248 74>（last accessed November 2018）；RAS-CHEM 和其他快速警报系统如传染病预警和应对系统（EWRS）、化生放核健康威胁快速警报系统（RAS-BICHAT）共同位于健康应急运行设施内部。

㉛　该 RAS 系统遵循 EWRS 系统的协议和操作程序。

㉜　Respondent 15（High level representative Commission Services SANCO，2010）.

应对威胁的行动。和健康安全委员会（HSC）的成员一样，EWRS 系统的成员亦能访问该平台。㉝ 尽管在应对公共健康紧急事件方面，欧盟有许多可能在某个时点开始运行的信息监测和交换系统，但根据系统和通过系统所交换的信息类型的不同，各系统安全审查的水平相应地也有所差异。然而，对于作为接触者而被追踪的欧盟公民而言，例如通过 EWRS 系统进行追踪，尚不清楚有多少公务人员以及具体哪些人能够获得他们的个人信息。有鉴于此，HSC 的角色以及其成员能够访问所提到的绝大多数 RAS 系统的事实颇为有趣，尤其是考虑到其法律地位至少在 2009 年猪流感暴发之时基本上是非正式的。

四　健康安全委员会（HSC）

在猪流感暴发期间，HSC 在 EWRS 的委员会结构之外，提供了一个可以在欧洲层面做出紧急决定的平台。2011 年，欧盟理事会在 "9·11" 恐怖袭击之后，同时设立了 HSC 和欧盟委员会健康应急运行设施（the Commission Health Emergency Operations Facility）。㉞ 原则上，HSC 中的成员国代表系经其本国健康部长授权，在应对重大健康威胁方面做出协调决定和承诺。㉟ "它是另一种根据情况需要而启动的临时委员会，但事前已经得到确定。"㊱ 然而，健康与食品安全总局以及其他相关欧盟委员会服务部门和欧洲疾控中心与欧洲药品管理局等专门机构的代表们，也参与并推动了 HSC 的工作。目前，仍然可以邀请专家参会，并且有一些隶属 HSC 的工作组。㊲ 从某种意义上而言，HSC 负责评估欧洲健康应急决定将

㉝　European Commission（2001）supra note 29.

㉞　该健康应急运行设施位于卢森堡，用于管理成员国通知的警报和紧急情况。在紧急情况下，欧盟委员会、成员国和欧盟委员会下属专门机构的应对措施，都由该设施进行协调。

㉟　"因此对我们而言，主要是副部长或其副手参与该健康安全委员会"，Respondent 3（MS Representative Working Party on Public Health in the Council, 2010）; also see Respondent 4（MS Representative Working Party on Public Health in the Council, 2010）; see Communication from the Commission to the Council on transitional prolongation and extension of the mandate of the Health Security Committee in view of a future general revision of the structures dealing with health threats at the EU Level [COM（2006）699 final]; Council of the European Union, 2786th Council Meeting Employment, Social Policy, Health and Consumer Affairs, Brussels, 22 February 2007（6226/07 Presse 23）.

㊱　Respondent 6（Assistant to MEP, 2010）.

㊲　猪流感暴发后，健康安全委员会的地位根据第 1082/2013/EU 号决定得到了正式化，"Decision No. 1082/2013/EU of the European Parliament and of the Council of 22 October 2013 on Serious Cross-Border Threats to Health and Repealing Decision No. 2119/98/EC（O. J. L 293/15-11-2013）"。

会产生的政治、社会和经济影响：③⑧ "其与评估情况并采取行动相关。"③⑨

> HSC 并非单纯的专家组，其处于就癌症召开会议的专家组……和正式的理事会工作组之间，当中不仅有专家，还与治理问题相关，涉及政府正在实施的行为，但并非欧盟立法意义上的行为……④⑩

这意味着依据欧盟法，HSC 在猪流感暴发之时是一个非正式的论坛（forum），而且的确创设了一种在欧盟健康机构行动者，如欧盟委员会服务部门内部的不同专门机构和专家推动下的政府间协同工作方式：

> 其中的想法是成员国派遣高级代表。如果想要 HSC 真正能够就某事做出决定……则需要向其派遣与成员国部长有直接联系的人。因为如果是危机，就会产生非常重要的政治敏感问题。我是说，有多少部长由于此种危机而不得不辞职？这非常敏感，且比方说一旦有民众死亡，部长在政治上几乎每天都会被提问。这非常令人恐惧。国家议会很害怕。新闻界很警惕。公民或民间社会团体对部长施加压力。如果想要 HSC 实现什么，就需要有一个有权并且可能令其本国部长参与进来的代表。否则，当代表在政治上不受部长保护时，在 HSC 中达成协议是无用的。④①

该想法原则上是 HSC 可以与国家健康部门接轨，做出相对临时性的行政决定（尽管这可能取决于成员国），而且这可以解释为何 HSC 所做的决定被认为具有事实上的拘束力：

---

③⑧ See ibid.；also see Respondent 3 （MS Representative Working Party on Public Health in the Council, 2010）；Respondent 8 （Representative Secretariat General European Commission, 2010）；Respondent 15 （High Level Representative Commission Services SANCO, 2010）.

③⑨ Respondent 3 （MS Representative Working Party on Public Health in the Council, 2010）.

④⑩ Respondent 2 （Deputy Permanent Representative for Health in the Council, 2010）.

④① Respondent 4 （MS Representative Working Party on Public Health in the Council, 2010） 以及进一步表示："对于我们而言，这确实是一个成员国可以谈论、讨论和决定的论坛。因此，对我们而言，它显然是一个具有政府间工作方式的论坛。而且由于我们正在再次讨论成员国的权限，它也应当是这样一个论坛。"

它（HSC）必须考虑欧洲疾控中心的建议以及世界卫生组织的意见；我们也是世界卫生组织的成员，这是另一件孤立的事，但这一切的连接点都在成员国。总体上，可以说其具有事实上的约束力。[42]

另一代表认为其具有"道德拘束力，因为其未被创设为具有法律拘束力的委员会，且并非依据欧盟理事会的决定设立"。然而，HSC 的法律地位依然模糊的事实，似乎因为由此带来的相对灵活性而对成员国有利："如果对危机的评估不同于我们本国，我们就想利用这一灵活性做出略有不同的评估。"[43] 此外，成员国将 HSC 法律地位的非正式性视为对其在管理和应对公共健康紧急事件方面的自主权的保障：

> 成员国不希望这么快就将 HSC 建立在真正的立法法案上，因为这样会出现更具约束力的问题……在某些场合，成员国非常乐于拥有一定的灵活性。[44]

HSC 是在欧盟委员会的主持下成立的，但实际上它是"一个相当特殊的机构"[45]，既非完全由欧盟委员会主持，亦非完全由欧盟理事会主持：[46]

> 成员国要求提供一个场所：嗨，我想和同行们见面，我想在大男孩和大女孩们中做决定……因此欧盟理事会同意予以推动……如果你问我法律依据是什么，我可以告诉你当我们谈论这个问题的时候就正在辩论这个问题。[47]

猪流感暴发后，HSC 根据一项依据《欧盟运行条约》第 168 条所做

---

[42] Respondent 3（MS Representative Working Party on Public Health in the Council, 2010）.

[43] Respondent 2（Deputy Permanent Representative for Health in the Council, 2010）.

[44] Respondent 4（MS Representative Working Party on Public Health in the Council, 2010）; Respondent 8（Representative Secretariat General European Commission, 2010）; Respondent 15（High level representative Commission Services SANCO, 2010）.

[45] Respondent 15（High Level Representative Commission Services SANCO, 2010）.

[46] Respondent 15（High Level Representative Commission Services SANCO, 2010）.

[47] Respondent 13（High Level Representative Commission Services, DG SANTE, 2010）.

的新的决定具有了正式地位。[48]

五　欧盟理事会中的临时政策协调：主席之友

另一个处理猪流感问题的非正式政府间行政论坛是一个特设的"主席之友"（friends of the presidency）临时小组，其系由瑞典主席发起，旨在应对公共健康政策部门之外的问题，如与商业持续性（business continuity）和交通运输部门相关的跨部门问题："不仅仅是公共健康部门需要就事务做出决定，如果谈论到关闭学校、关闭公共交通、取消大型集会、要求民众居家，那么这些都远远超越了公共健康部门。"[49]

"主席之友"小组是一个横向的理事会小组，可以以不同的组合召开会议。其中一个组合负责处理大流行和流感：

> "主席之友"（背后）的想法是，我们仅在必要时才启动它们……HSC 的人员是公共健康人员。而主席之友的想法是，其人员还可以就交通运输部门、教育部门和公共服务部门等所有与商业持续性有关的事务进行沟通联络。[50]

该小组中的代表应当拥有高级别授权，且应当是从首都派来的个人或（副）常驻代表：[51]

> 主席之友是一个非正式的结构且因此非常强大——因为在布鲁塞尔，一切非正式的东西都比正式的结构强大得多，就形成意见并为决策铺平道路而言这是非常奇怪的。[52]

猪流感大流行之时，"主席之友"小组与不同的专门机构和 HSC 开展了紧密的合作。与 HSC 的合作据称是为了促进该小组的会议，据此"欧盟委员会突然有了一个非常好的平台来交流其信息等。这一合作的效果非

---

[48]　Decision No. 1082/2013/EU（n 37）.

[49]　Respondent 13（High Level Representative Commission Services, DG SANTE, 2010）.

[50]　Respondent 4（MS Representative Working Party on Public Health in the Council, 2010）.

[51]　Respondent 2（Deputy Permanent Representative for Health in the Council, 2010）; Respondent 4（MS Representative Working Party on Public Health in the Council, 2010）.

[52]　Respondent 2（Deputy Permanent Representative for Health in the Council, 2010）.

常显著，尤其是在危机期间"⑤。然而，下一任主席决定，鉴于流感的症状已相对温和，该特定组合的这一积极工作不再具有必要性。⑤

六　专门机构：欧洲疾控中心和欧洲药品管理局

随着 2004 年欧洲疾控中心的设立，协调监测系统和来自传染病网络委员会的相关公共健康网络的工作，被移交给了这一新的专门机构。⑤ 欧洲疾控中心也负责发布关于特定疾病的监测报告，并管理电子系统，其允许成员国上传健康数据以便其制作统计资料；另外，其也从事风险评估工作。⑤ EWRS 系统自 2007 年以来就一直由欧洲疾控中心运行，尽管欧盟委员会依然负责用户的管理者授权，即谁能够访问该信息交换系统，⑤ 但欧洲疾控中心在其他方面管理着该系统和信息更新。欧洲疾控中心不享有监管权，⑤ 但其通过全球健康动议（the Global Health Initiative）的渠道，与成员国、欧洲疾控中心、世卫组织和世界各地的公共健康部门和中心进行协调并保持长期联系。⑤

欧洲疾控中心还可以派遣检查团队，尽管法律未对此做出规定，但实践中其在健康紧急事件发生时的确享有行动权力（operational power）。例如，"它们可以在当地派遣人员；这意味着危机管理团队和实际资产

㊳　Respondent 13（High level representative Commission Services, DG SANTE, 2010）.

㊴　See further Council conclusions on Lessons learned from the A/H1N1 pandemic—Health security in the European Union 3032nd General Affairs Council meeting Brussels, 13 September 2010; also see Respondent 4（MS Representative Working Party on Public Health in the Council, 2010）and Respondent 2（Deputy Permanent Representative for Health in the Council, 2010）.

㊵　See Regulation（EC）No. 851/2004 of the European Parliament and of the Council of 21 April 2004 establishing a European Centre for Disease Prevention and Control（OJ L 142/1, 30-04-2004）; Decision No. 2119/98/EC（1998）supra note 8; Commission Decision 2009/312/EC of 2 April 2009 amending Decision 2000/96/EC as regards dedicated surveillance networks for communable diseases（OJ L91/27 03-04-2009）at Resolution 7; Respondent 15（High level representative Commission Services DG Health, 2010）; 欧洲疾控中心也负责《国际健康条例》的实施。

㊶　Respondent 15（High level representative Commission Services DG Health, 2010）.

㊷　国家常驻代表正式指定国家联络点，并向欧盟委员会和 EWRS 网络委员会请求访问。

㊸　See Commission Decision 2009/312/EC（2009）supra note 55 at r. 6.

㊹　全球健康动议是国家之间的非正式国际伙伴关系，用于强化针对大流行性流感以及其他公共健康威胁的健康防范措施。该网络于 2001 年 11 月，由加拿大、欧盟、法国、德国、意大利、日本、墨西哥、英国和美国发起。世卫组织是其专家顾问。该网络由加拿大公共健康专门机构，欧盟委员会消费者保护总局，法国卫生与团结部，德国联邦健康部，意大利健康部，日本健康、劳工与福利部，墨西哥健康部，英国健康部，美国健康与公众服务部以及世卫组织组成。

（real assets）"⑥。猪流感流行期间，欧洲疾控中心在信息更新、科学以及信息交换和发布方面扮演着非常重要的角色。在欧盟范围内，其主要与欧洲药品管理局、健康安全委员会、网络委员会（EWRS）以及其国际同行进行协调。总之，尽管欧盟层面有一些更稳定的应对健康紧急事件的机构行动者和机制，但如前所示，在欧盟对猪流感的应对中，同时也存在一些更加非正式和临时性的机制与行动者。

第二节　欧盟应对猪流感的措施

为应对猪流感暴发，欧盟层面采取的主要措施包括：对疫苗和抗病毒药物进行市场批准、接触者追踪或关于特定患者的信息交流、旅客检查、确定最先获得药物的优先群体，以及制定有关学校关闭和沟通公众的指南。

一　疫苗和抗病毒药物的市场批准，以及疫苗接种优先群体的确定

虽然采购与使用疫苗和抗病毒药物是成员国政府的职责，但在批准药物和药品警戒方面欧盟和成员国共同负有责任。⑥ 在此方面，欧盟是向共同体提供疫苗和抗病毒药物这一应对大流行性病毒感染之主要措施的核心行动者。⑥ 在向市场投放流感疫苗时，欧盟层面有一个强制性中央批准程序。但与此同时，成员国的国家主管部门也可以批准疫苗。此种情况下，疫苗在欧盟的分配适用互认机制。然而，大多数制药公司使用的是欧洲中央批准程序。⑥

为了批准大流行病疫苗的销售和分配，首先需要由欧洲药品管理局人

---

⑥　Respondent 8 (Representative Secretariat General European Commission, 2010).

⑥　See Regulation (EC) No. 726/2004 of the European Parliament and of the Council of 31 March 2004 laying down Community procedures for the authorisation and supervision of medicinal products for human and veterinary use and establishing a European Medicines Agency.

⑥　See Regulation (EC) No. 726/2004 of the European Parliament and of the Council of 31 March 2004 laying down Community procedures for the authorisation and supervision of medicinal products for human and veterinary use and establishing a European Medicines Agency.

⑥　Respondent 20 (High level representative European Medicines Agency, 2010); Respondent 21 (Representative European Medicines Agency, 2010); Respondent 25 (High level representative ECDC, 2010).

用医药产品委员会（Committee for Medicinal Products for Human Use's, CHMP）的疫苗工作组（Vaccine Working Group, VWG）对药品进行科学评估，再由欧盟委员会最终决定是否做出批准。⑭ 在世卫组织 2009 年 6 月 11 日宣布大流行之前的 5 月 1 日，制药行业与欧洲药品管理局合作制定了三份所谓的模拟档案（mock-up dossiers）。这意味着在大流行宣布之时，这些模拟档案可以得到现实转化，并被批准在 9 月底之前引入大流行疫苗株。⑮

　　　评估此类疫苗和评估常规医药产品的区别在于，前者必须在一个滚动的基础上进行。因为只有在存在病毒时才能制造疫苗。但一旦出现了病毒，每个人都想拥有疫苗。⑯

在猪流感大流行暴发的两年前，依据一些原理性研究的相对少量的证据，有三种疫苗提前获得了许可。"当大流行来袭时，要做的就只是进行批准评估，就像通常为正常流感季节所做的年度更新一样。"⑰ 这表明虽然制药公司拥有这些疫苗的许可，但其仅能在大流行期间使用许可。由于欧盟委员会已经批准了药品的"常规"部分，针对大流行的特定疫苗的审批程序因而就可以更快地进行。与此同时，还有另外两项疫苗分别在 2010 年 3 月和 6 月通过所谓的紧急程序获得了批准。⑱ 一旦宣布大流行，就可以加快疫苗审批进程。如果是为了满足未获满足的医疗需求，且有充分的证据证明风险与收益之间正向平衡，那么就可以依据在安全性和

---

⑭　Regulation（EC）No. 726/2004（2004）supra note 61.

⑮　9 月 29 日的 Pandemrix 和 Focetria 以及 10 月 6 日的 Celvapan；See European Medicines Agency, Pandemic report and lessons learned Outcome of the European Medicines Agency's activities during the 2009（H1N1）flu pandemic（29 April 2011），available at：<http://www. ema. europa. eu/docs/en_GB/document_library/Report/2011/04/WC500105820. pdf>（Last accessed March 2014）at p. 6.

⑯　Respondent 22（MS representative for the CHMP in the EMA, 2010）.

⑰　See European Commission Staff Document, Regulatory process for the authorisation of antiviral medicines and vaccines in the protection against Pandemic influenza H1N1 2009, accompanying document to the Communication to the Commission to the Council, the European Parliament and the European Economic and Social Committee and the Committee of Regions, Pandemic Influenza H1N12 2009［COM（2009）481-EC（2009）119 final］.

⑱　See supra note 24；Respondent 19（High level representative European Medicines Agency, 2010）；Respondent 22（MS representative for the CHMP in the EMA, 2010）；Respondent 23（MS representative for the CHMP in the EMA, 2010）.

有效性方面不如常规审批程序全面的数据，做出中央附条件上市批准。⑥ 虽然通常情况下审批程序可能历时多达 210 天，但此种情况下只需 70 天。⑦

欧盟在采购中也发挥着作用，虽然这在欧盟权限之外。⑪ 2009 年 7 月 6—7 日举行的一场健康理事会非正式会议，讨论了疫苗接种政策和联合采购疫苗的可能性，尤其是对那些未提前与制药公司订立购买协议的成员国。对于这些成员国，当时建立了一个疫苗联合采购机制。⑫

就抗病毒药物而言，2009 年 5 月，在有关一种来自墨西哥的新病毒暴发的首份数据传入后不久，欧洲药品管理局（人用医药产品委员会）建议将达菲（奥司他韦胶囊）的保质期从 5 年延长到 7 年。⑬ 在接下来的几个月里，人用医药产品委员会和世卫组织发布了有关这些抗病毒药物用于一岁以下儿童、孕妇和哺乳期妇女这类风险人群的指南。⑭ 但最近的研究表明，达菲在预防流感并发症方面可能无效。⑮

---

⑥ Article 14 （7） Regulation （EC） No. 726/2004 （2004） supra note 61；Commisson Regulation （EC） No. 507/2006 of 29 March 2006 on the conditional marketing authorisation for medicinal products for human use falling within the scope of Regulation （EC） No. 726/2004 of the European Parliament and of the Council （OJ L 92/6 30-03-2006）. 然而，这些批准的有效期只有一年，并且需要获得额外的科学数据的支持，以及可能不得不涉及关于收集药物警戒数据的特定附加义务。

⑦ See ibid.. 欧洲药品管理局对此制定了一些详细的技术指南：< https：//www. ema. europa. eu/documents/scientific-guideline/guideline-influenza-vaccines-quality-module-revision-1_en. pdf>.

⑪ 《欧盟运行条约》第 168 条第 7 款。

⑫ See the reference in the Communication from the Commission to the Council，the European Parliament and the European Economic and Social Committee and the Committee of Regions，Pandemic （H1N1），Commission Staff Working Document on Joint Procurement of Vaccine against influenza A H1N1 2009 ［COM （2009） 481-SEC （2009） 1188］.

⑬ 欧洲药品管理局在 2009 年 5 月 8 日发布了关于使用抗病毒药物的指南。然而，事实证明对于抗病毒药物的有效性普遍存在一些疑问。同时，另一种需要吸入的抗病毒药物（瑞乐沙）的保质期也得到了延长，但并非通过相互承认的程序；参见 European Commission Staff Document，Regulatory process for the authorization of antiviral medicines and vaccines in the protection against Pandemic influenza H1N1 2009，accompanying document to the Communication to the Commission to the Council，the European Parliament and the European Economic and Social Committee and the Committee of Regions，Pandemic Influenza H1N12 2009 ［COM （2009） 481-SEC （2009） 119 final］.

⑭ WHO Guidelines for Pharmacological Management of Pandemic Influenza A （H1N1） 2009 and other Influenza Viruses，Part I Recommendations，revised February 2010，available at：< https：//www. who. int/csr/resources/publications/swineflu/h1n1_guidelines_pharmaceutical_mngt. pdf> （last accessed November 2018）.

⑮ D. Cohen "Complications：Tracking Down the Data on Oseltamivir" （2009） British Medical Journal 339 （b5387） 1342-7.

批准大流行疫苗，是药品在公共健康紧急事件中扮演应对措施角色的一个方面。此外，对疫苗的使用也同样是一个重要方面，其可以对疫苗作为应对措施的有效性产生影响。然而，一般而言，每个成员国在疫苗使用方面原则上都享有自主权。用人用医药产品委员会的一名成员国代表的话来说：

> 困难的是尽管疫苗系在欧盟层面上获得批准，但其如何使用最终却是由各成员国和国家疫苗接种计划决定。[76]

依据欧洲药品管理局的一名高级代表的意见，这引发了一些协调方面的矛盾：

> 医疗保健主管部门……并未与我们合作来规范这一点（疫苗的使用）。在它们开始对疫苗接种政策做出反应之前……我们说："嘿，为什么不来找我们？因为，我们有甚至可以给孕妇接种的疫苗吗？我们有数据吗？哪个年龄的群体？一剂，两剂？"[77]

不过，2009年8月25日，成员国在欧盟范围内就疫苗接种优先群体的共同战略进行了协调，[78] 该战略系基于世卫组织免疫接种战略咨询专家组 [the WHO Strategic Advisory Group of Experts（SAGE）on Immunization] 在2009年7月7日所列的三个目标。[79] 2009年9月15日，欧盟委员会发布了疫苗接种的战略和优先群体。为维持基本服务，欧盟委员会将医护工作者和其他基本服务的工作者作为优先接种疫苗的人群。此外，由于病毒看起来对孕妇、儿童和原本患有慢性病者可能更加危险，欧盟委员会将2岁以下的儿童、慢性病人群、孕妇和65岁以上人群也纳入了优先

---

[76] Respondent 22（MS representative for the CHMP in the EMA, 2010）.

[77] Respondent 19（High level representative European Medicines Agency, 2010）.

[78] EU Health Security Committee（HSC）/Early Warning and Response System（EWRS）HSC EWRS Statement on Influenza A（H1N1）2009：target and priority groups for vaccination, 25 August 2009, avaliable at：<http://www.ec.europa.eu/health/archive/ph_threats/com/influenza/docs/hsc_ewrs_statement_en.pdf>（last accessed March 2014）.

[79] 该专家组目前正在接受欧洲委员会议会大会的调查，因为世卫组织的高层被怀疑可能过分依赖该专家组的建议，尤其是考虑到该专家组的成员在药品行业存在一些利益冲突。

接种群体。[80] 欧盟理事会 2009 年 10 月 12 日的总结"注意到"了这一信息，但更正式地援引了与之类似的疫苗接种对象和优先群体共同战略（基于世卫组织战略咨询专家组的建议）。[81]

就疫苗的数量和实际接种战略而言，由于猪流感病毒是一种全新的病毒，人们被假定不具有任何抗体，因此每个人都需要注射两针疫苗："所以我们（欧洲药品管理局）最初说你需要接种两针疫苗。为什么？因为我们认为每个人都没有任何免疫力……"[82] 然而，在夏季，

> 表明人们某种程度上已经得到保护，且很可能只需要注射一针疫苗的数据，出现得相对较晚。原因在于，在 8 月人们真的非常迫切地想要接种疫苗，且没有人愿意透露（一针可能就够了）。故此，我们需要的数据直至秋季才出现。[83]

是故，在疫苗的使用作为一项有效的（和高性价比的）应对措施方面，欧洲协调系统被认为存在瑕疵：

> 我曾经希望政策制定者和监管者进行一些更好的对话。当明确了我们坐在一起是为了一个对部长具有重大影响的重要决定，因为它们（成员国）为了使安全和有效的疫苗上市，并未考虑所有重要事项，或者就如何使用疫苗做出建议……以及当我们不需要两针疫苗而只需一针疫苗的数据和事实出现，所有成员国政府都聚集在一起并拥有许多尚未使用的疫苗时……该协调系统将在过程中得以改善。[84]

二　信息交流、接触者追踪和乘客筛查

除批准大流行疫苗外，欧盟层面最先采取的应对措施之一是为猪流感

---

[80] Commission staff working document, Vaccination Strategies against pandemic（H1N1）2009 accompanying the Communication from the Commission to the European Parliament, the Council, the European Economic and Social Committee and the Committee of the Regions（Pandemic H1N1 2009）［COM（2009）481-SEC（2009）1189 final］p. 7.

[81] See Council Conclusions on Influenza A/H1N1 infection 30 April 2009, 2965th employment, social policy, health and consumer affairs Council meeting（Luxembourg, 12 October 2009）.

[82] Respondent 23（MS representative for the CHMP in the EMA, 2010）.

[83] Respondent 22（MS representative for the CHMP in the EMA, 2010）.

[84] Respondent 19（High level representative European Medicines Agency, 2010）.

确定一个有法律约束力的病例定义。相关决定在欧盟委员会的支持以及欧洲疾控中心和世卫组织的建议下，于 2009 年 4 月 30 日做出。[85] 病例定义的通过意味着，成员国自此有义务依据该定义，通过 EWRS 系统报告流感的发生情况。[86] 因此，病例定义是重要的，

> 它可以确保所有成员国都报告相同的内容。需要有一个在法律上得到通过的病例定义，以说明疾病是什么……病例定义虽然是技术性的，但由于其确定了成员国应当相互报告的内容，因而也同样是一个法律支柱。[87]

病例定义同时也是一项法律识别标准，例如对于允许疫苗的制备而言。[88] 此外，在同一时期内，对于如何预防和治疗感染者或感染者的接触者，世卫组织和欧洲疾控中心还向病例定义中加入了技术指南。

另一项应对措施是追踪感染者的接触者。[89] 这意味着为确保可能已经接触病毒的人没有生病且没有给其他人带来感染风险，国家层面将对这些人进行追踪。一个相关的例子是：德国向欧洲公共健康主管部门通报了一例来自弗里敦（塞拉利昂）并途经布鲁塞尔和法兰克福的拉沙热发热患者。该患者在飞行途中发病，且携带的导尿管功能失常，出现漏尿现象。虽然欧洲疾控中心认为这给其他乘客带来的风险较低，但还是同意了启动接触者追踪程序，欧盟委员会、欧洲疾控中心、德国和比利时健康主管部门、比利时萨贝纳（Sabena）航空公司和世卫组织为此进行了协调。乘客中有 92 名接触者，其中 43 人是欧洲人，该 92 人的名单被分发给了这些主体，由这些主体寻找并追踪这 92 人。最后由于未发现其他病例，因而

㊄　See Commission Decision of 10 July 2009 amending Decision 2002/253/EC as regards case definitions for reporting Influenza A（H1N1）to the Community network（2009/540/EC）（O. J L 180/25 11-07-2009）.

㊅　关于该系统的详细情况，参见本章第二节；ibid.。

㊆　Respondent 15（High level representative Commission Services SANCO，2010）；Commission Decision 2009/547/EC（2009）supra note 9.

㊇　Respondent 15（High level representative Commission Services SANCO，2010）；Commission Decision 2009/547/EC（2009）supra note 9.

㊈　See P. Dąbrowska-Kłosińska，"Tracing Individuals under the EU Regime on Serious，Cross-Border Health Threats：An Appraisal of the System of Personal Data Protection"（2017）8 European Journal of Risk Regulation 700.

未向公众发布信息。⑨

此种接触者追踪以前曾通过与欧盟委员会协调的方式进行过。然而，在猪流感的应对中，2009 年 7 月 10 日通过的一项决定正式将接触者追踪作为 EWRS 系统的一部分。⑨欧盟委员会的一名高级代表解释道：

> 去年，我们需要关于接触者追踪的法律规范，规定在尊重数据隐私和数据保护的成员国之间可以流通哪些信息，并允许成员国使用该电子系统交换为了接触者追踪的目的而必须追踪的个人的详细信息。⑨

如今，只要数据的交流系发生在有资质的健康专业人员之间，第 95/46/EC 号指令第 8 条第 3 款和第 EC 45/2001 号条例第 10 条第 3 款中规定的个人数据保护方面的公共健康例外，就明确可以适用。⑨患者应当被告知其接触者受到追踪，除非"这被证明不可能或者需要付出不成比例的努力"⑨。提出该项要求的决定的附录 3 中的指示性清单，列举了被交流和追踪的不仅有个人的详细信息，如姓名、身份证号码和家庭住址，还有个人的行程轨迹、接触者以及接触者的个人数据。⑨与此相关的一项措施是对乘坐飞机等公共交通工具的乘客进行筛查。欧盟理事会 2009 年 4 月的总结已经表示，为了遏制大流行的传播，成员国应当在出行（禁止）方面采取"所有适当的措施"，并与其他成员国、欧洲疾控中心和世卫组织就此展开联络和协调。⑨

三 学校关闭、防护措施和公众沟通

欧盟层面的其他措施涉及向公众提供信息。欧盟发布了关于向公众提

---

⑨ See Report form the Commission to the Council and the European Parliament, Operation of the EWRS of the Community Network for epidemiological surveillance and control of communicable diseases during 2006 and 2007（Decision 2000/57/EC）［COM（2009）229 final］at p. 4.

⑨ 关于该系统的详细信息，参见本章第二节。Decision No. 2119/98/EC（1998）supra note 8；Commission Decision 2009/547/EC（2009）supra note 9.

⑨ Respondent 15（High level representative Commission Services SANCO, 2010）.

⑨ 此外，世卫组织（2008 年）的《国际健康条例》（2005 年，第二版）的第 23 条第 1 款也规定，世卫组织可以要求缔约国交换关于出行旅客和感染患者的接触者追踪情况的数据。

⑨ Commission Decision 2009/547/EC（2009）supra note 9.

⑨ See ibid. , Annex 3.

⑨ See EPSCO Council Conclusions（2009）.

供个人保护措施信息的建议、针对计划前往受影响区域者或者从受影响区域返回者的出行建议、病例管理和治疗的指南，以及医疗专业人员的医疗应对措施建议。此外，2009 年 6 月 6 日，欧洲疾控中心还发布了不具有约束力的缓解和防护措施（mitigation and delaying strategies），供欧盟国家使用。2009 年 8 月 13 日，则发布了其他关于学校关闭的声明。⑰

四　欧盟在采取措施应对猪流感暴发中的作用

上文所列的欧盟应对措施表明，欧盟除监测、预警和应急协调外，还参与了公共健康紧急事件的管理和遏制工作。然而，欧盟在某些方面（如批准大流行疫苗）拥有的权力多于其他方面（如疫苗的使用或采购）。在此方面，欧盟针对大流行暴发所采的应对措施彰显了硬监管措施与软协调措施的混合或重叠。此外，欧盟的参与方式亦显著不同于成员国在国家层面的参与，就后者而言，疫苗接种战略直接影响到特定群体的公民。然而，即使在成员国完全掌控正式权力的场合（如疫苗接种战略或者沟通公众），欧盟也高度参与其中。下一节将探讨在猪流感事件中，非正式的健康政策是如何与更正式的监管交织在一起的，此种情况有时甚至系欧盟委员会故意为之。

第三节　欧盟健康政策制定的扩张：
将实践与法律相联系

如本章已阐明的那样，参与应对 H1N1 大流行的机构行动者虽然有时是临时性或非正式的，但其系在更正式的机制下运行。其中有些行动者可能一直具有临时性，如"主席之友"小组。然而矛盾的是，该小组的成立是为了应对健康安全委员会制度化进程缓慢的问题，而后者在概念上也是一个由欧盟理事会发起的政府间行动者：

---

⑰　European Commission, Statements of Health Security Committee and Early Warning and Response System（MEMO/09/362, 13-08-2009）；Influenza A（H1N1）2009：EU Health Security Committee agrees statements on school closures and travel advice（IP/09/1234 03-08-2009）；健康安全委员会 2009 年 11 月 12 日、13 日于卢森堡召开之会议的结果，参见 < http：//www. ec. europa. eu/health/archive/ph_threats/com/influenza/docs/hsc1311_en. pdf > （last accessed March 2014）。

因此，过去有健康安全委员会是好的，但如今欧盟委员会是其背后的推动者，而我们不希望欧盟委员会参与，其在该领域的权力有限；这是我们设立"主席之友"的原因。[98]

通过两个行动者，成员国似乎一直在寻找非正式的行动者/方式来协调它们对猪流感的应对。然而，猪流感大流行期间，欧盟层面具有更正式作用的行动者也在超越自身被指定的任务范围行动。虽然欧洲药品管理局的正式作用仅限于大流行药物的批准和登记，但其也更多地参与了确定自身认为合适的应对措施。这尤其涉及大流行流感疫苗的使用和疫苗接种优先群体的确定，尽管成员国主要负责国家层面的采购和疫苗接种战略。欧洲疾控中心和欧洲药品管理局在此方面甚至存有一些分歧：

例如，欧洲疾控中心表示其认为对于重要的目标群体而言，可能需要等到 2009 年 12 月再对其进行疫苗接种，因为没有充分的医疗试验来评估疫苗使用者的获益风险……该看法与一些成员国健康部长的观点不同。例如，后者认为最先接种疫苗的人群应当是孕妇。但出于人道主义（！）应当将她们作为最后接种疫苗的人群之一。[99]

可以看出，不同专门机构和欧盟行动者的参与造成的一个风险是，它们会提出不一致的科学建议。为应对这一情况，专门机构之间存在一些工作安排。此外，该事实反映出人们越来越意识到特定的科学建议可能会产生政治反弹，尤其在高风险的情形。[100]

一 将健康安全委员会与 EWRS 委员会相联系

故此，虽然为更快应对病毒的急速传播采用了一些非正式机制，但为

---

[98] Respondent 3 (MS Representative Working Party on Public Health in the Council, 2010).

[99] Respondent 19 (High level representative European Medicines Agency, 2010).

[100] Respondent 20 (High level representative European Medicines Agency, 2010)：我们与欧洲疾控中心之间有工作安排，以便在我们的职责重合领域开展合作……尤其是在大流行或不时发生的特定传染病的场合。我们建立了某种人才库，其中一些人来自我们机构，一些人来自欧洲疾控中心，以便同他们就此进行合作……原因在于，最糟糕的情况是舆论会从两个不同的欧盟专门机构得到不一致的信息，以及这会破坏体系的问责制。

了采取应对措施，也需要更具约束力的程序和监管。虽然前面提及的健康安全委员会已经变得有些制度化，但在猪流感暴发之时，其仍然是一个非正式行动者。自 2001 年作为"9·11"事件的非正式应对机制而成立以来，健康安全委员会的权限逐渐得到扩大和延伸。2006 年，其权限从来自可能使用生物和化学制剂之袭击的健康威胁，扩大至更加一般化的健康紧急事件防范以及流感的防范和应对。⑩ 但在决策的具体程序方面，其从未获得过正式地位。然而，不考虑模糊的正式地位，健康安全委员会的声明（declarations）仍然具有权威性，或者用一名代表的话来讲，其能够对成员国产生"道德约束力"。如果此等声明的科学基础系由欧盟专门机构和专家，以及公共声明和对世卫组织的可能的法律义务提供支持，那么成员国可能发现自己受到了"约束"，而不得不通过特定的政策或对公众提出类似建议。

除了"组合不同，人员类似"的"双重帽子"（double hattedness）外，欧盟委员会还以确保非正式合作将与更具约束力的监管性决策相联系的方式，组织了一些会议：大流行期间，欧盟委员会负责设置会议议程。为了应对法律上的模糊性，或者为了在属于欧盟权限的情况下拥有正式权限来做出决定，欧盟委员会常常将监管性的 EWRS 网络委员会与健康安全委员会结合起来：

> 所以如果需要采取任何法律行动，且我们不得不再次向其他人群解释这一切，那么我们会将两者放在一个房间里。所以当我们在大流行期间每天举行音频会议时，健康安全委员会和 EWRS 网络委员会的成员都聚焦到了一起。⑩

这意味着即使对于欧盟可能没有制定政策的确定立法权限的应对措施，通过将问题和拥有更强的欧盟监管权力的机构行动者联系起来，也仍然可以创设有约束力的义务。

二　临时政策制定作为法律的基础

如前所述，欧盟委员会创造性地将正式和非正式政策实践联系起

---

⑩　See Commission Communication（2006）.

⑩　Respondent 15（High level representative Commission Services SANCO，2010）.

来，以回应健康紧急事件；但这并非危机期间需要解决的唯一问题。在评估欧盟在应对猪流感中的作用时，又浮现出了一些其他问题。处理猪流感的方式，使政策制定者意识到在如何应对公共健康危机方面，欧盟层面的法律框架存在不透明的问题。一方面，世卫组织的《国际健康条例》（International Health Regulations，IHR）是管理跨国公共健康紧急事件的主要法律文件。因此，对于成员国而言，欧盟的参与是危机期间的协调问题需要考虑的一个额外层面。另一方面，欧盟也与世卫组织进行协调。

具体就《国际健康条例》而言，欧盟首次参与传染病的监测系发生在 1972 年与世卫组织换文的背景之下。[103] 随着时间的推移，世卫组织与共同体的合作逐渐增加，共同体内部的合作亦然。[104] 在此背景下，随着欧盟委员会参与程度的提高，2005 年通过了修订后的《国际健康条例》。[105] 然而，这意味着目前对健康紧急事件尤其是传染病的管理，分为国际、欧洲和成员国三个层面。[106] 但欧盟并未签署《国际健康条例》，这在法律框架和谁负有职责方面造成了困惑：

除欧盟委员会外，所有成员国都签署了该文件。所以你在民族国家有一个计划，但欧盟无须遵守该计划。由于公共健康是一个国内问题而非欧洲问题，因此欧盟没有准备这样一个官方的计划。但在此情

---

[103] Exchange of letters between the European Communities and the World Health Organisation laying down the procedure for cooperation between the two organizations —Memorandum defining the arrangements for cooperation between the World Health Organisation and the European Communities （72/725/ECSC, EEC, Euratom） （OJ L 300, 28-10-1982 at pp. 20-22）.

[104] Exchange of letters between the World Health Organization and the Commission of the European Communities concerning the consolidation and intensification of cooperation （2001/C1/04） （OJ C1/7 2001）.

[105] See World Health Assembly, Global Health Security：Epidemic Alert and Response （WHA 54. 14） 21 May 2001 and World Health Assembly, Revision of the International Health Regulations （WHA 56. 28） 28 May 2003.

[106] 《国际健康条例》目前是成员国对于世卫组织之责任的法律依据。这意味着当存在公共健康风险，即"给公众健康带来严重和直接威胁"的事件时，世卫组织可以就国际公共健康措施做出有约束力的建议，如出行限制和贸易禁令，成员国必须采纳，但对此并不存在执行机制。不过，其中存在一个争端解决程序。关于与欧盟的合作，《国际健康条例》第 57 条规定，"作为区域经济一体化组织之成员的国家，应当在其相互关系中适用在该区域经济一体化组织内有效的共同规则"。这意味着如果世卫组织做出建议，欧盟将不得不根据欧盟委员会的倡议采取集体行动。

况下，这构成了一种跨境的风险。因而有一个电梯开始上升，下降，上升，下降……所以这是令人恐慌的。[107]

在危机期间启动运行的大量警报系统加剧了这一恐慌。猪流感大流行期间启动运行的，至少有三个不同的警报系统。第一个是欧盟委员会自己的双层警报系统，其系由总秘书处的危机协调单位进行管理。[108] 在传染病方面，该警报系统还对世卫组织的警报系统做出回应。如果危机等级提高到 6 级（大流行），欧盟可能会进行药品紧急批准。欧盟健康与食品安全总局的健康威胁单位还有一个针对成员国的警报机制。[109]

在世卫组织 2009 年 6 月 11 日宣布进入 6 级警戒状态后，一连串应急规范开始实施。[110] 其中极其重要的是大流行疫苗的批准在该宣布后具有了法律上的可能性。这意味着在公共健康紧急事件的场合，欧盟针对药品的中央批准程序取决于另一国际组织（世卫组织）的大流行宣布。如果发生的公共健康事件并未传播至欧盟境外，那么在欧盟层面，是否有可能在法律上宣布大规模的公共健康紧急事件或大流行，是存在疑问的。[111]

在猪流感大流行期间出现于议程上的另一个问题是大流行疫苗和抗病毒药物的采购。欧盟委员会多年来一直努力建立抗病毒药物的储备。然而，这可能直接影响成员国在公共健康紧急事件场合管理药品可及性之福利待遇的能力。

　　　　我们对欧盟抗病毒药物的储备讨论到了所有人都筋疲力尽的程

---

[107]　Respondent 6（Assistant to MEP, 2010）.

[108]　Respondent 6（Assistant to MEP, 2010）；Respondent 8（Representative Secretariat General European Commission, 2010）；Respondent 15（High level representative Commission Services SANCO, 2010）.

[109]　See Commission（2007），其中仍然列出了之前的欧盟紧急事件三级结构。

[110]　Respondent 6（Assistant to MEP, 2010）；ibid.；Respondent 15（High level representative Commission Services SANCO, 2010）.

[111]　Respondent 15（High level representative Commission Services SANCO, 2010）. 可以认为网络委员会依据传染病决定能够在欧盟层面宣布大流行。但该委员会只是欧盟官僚体系中一个相对低级别的主体。而且，尽管药品监管为欧盟提供了宣布官方大流行的可能，但传染病决定并未就宣布大流行的（正式）程序做出规定。

度，最终决定无法达成共识。而且当大流行发生之时，它们（成员国）很快发现自己处在一种局面之下，即一些国家的药物储备很多，而一些国家却没有任何储备。在危机中期，无法对此进行处理，因此我们需要……提前形成足够好的论据，以说服人们及时而非事后采取措施。由于在卡特里娜飓风、海啸或某些糟糕的事情发生后，非常容易采取措施，因此每个人在此方面都可以成为专家，但我认为真正的挑战是着眼未来并说出我们认为基于既往经验，我们需要做些什么。⑫

这在成员国层面也得到了反映：

我们（成员国）自 2005 年以来就一直努力建立一个联合采购机制。在大流行的影响下，我们达成了一个协议……因此，从某种意义上而言，其永远是危机驱动的，就像许多政策那样……⑬

这些事实说明，除了食品药品领域的公共健康监管外，公共健康领域政策制定的一个重要驱动力是危机的应对。在此方面的其他例子还有疯牛病危机，在其发生之后建立了健康与食品安全总局和风险评估机制，以及"9·11"袭击，在其发生之后建立了一个健康威胁单位和健康安全委员会。公共政策制定者充分认识到了公共健康危机的这种一般影响："冲击消费者的危机是加速政策制定的绝佳方式。"⑭ 就此而言，猪流感大流行为"健康威胁和安全"相关的立法建议和进一步的政策创设了基础。例如，就警报系统"森林"而言，欧盟委员会表示：

我们现在正在提议建立一个我们自己的警报系统。成员国此前对此相当不情愿，它们只有在真正受到危机迎面袭击时才会前进。⑮

2011 年 12 月，欧盟委员会建议就所有严重的跨境威胁形成一项新的

⑫　Respondent 15（High level representative Commission Services SANCO, 2010）.

⑬　Respondent 4（MS Representative Working Party on Public Health in the Council, 2010）.

⑭　Respondent 2（Deputy Permanent Representative for Health in the Council, 2010）.

⑮　Respondent 2（Deputy Permanent Representative for Health in the Council, 2010）.

决定，以解决前文列出的一些问题。⑯ 故此，该建议将既有的框架延伸至涵盖所有严重的跨境威胁，而非仅限于处理传染病管理的具体问题。这意味着其包含对如下威胁的应对：造成非传染病的生物制剂释放；化学品释放和抗生素耐药性的威胁；公共健康的环境威胁，如热浪和寒潮；来历不明的威胁，包括那些恶意的威胁。⑰ 该建议于 2013 年得到了通过。⑱ 这项新通过的决定还为联合采购医疗应对措施建立了一个自愿系统，该系统直接影响到成员国提供药品（福利）可及性的作用，成员国的疫苗战略也可能受其影响。另外，该新决定还在一定程度上使健康安全委员会得以正式化。⑲

新"健康安全决定"的通过扩大了欧盟在公共健康保护领域的参与，并使该参与得以制度化，这说明了一项危机如何使作为实践问题的临时政策与立法联系起来，并因此为政策的进一步发展创造基础："经验就是如此：每一次危机过后欧盟委员会都会更加强大，而且在危机期间成员国通常愿意欧盟委员会采取行动。"⑳ 欧洲层面的政策制定者可能意识到了这一机制，用一名欧盟委员会代表的话来说：

> 一个众所周知的经过研究的效应是，危机过后，欧盟……在某个领域被赋予更多权力，这是各种机制和部门随时间推移不断发展的部分原因。㉑

第四节　欧盟公共健康政策对基本权利和价值的影响

在欧盟健康政策背景下的欧盟基本权利框架中，个人权利方面的重点

---

⑯　Commission proposal for a decission of the European Parliament and of the Council on serious cross-border threats to health Brussels ［COM（2011）866 final］.

⑰　Article 2 Decision No. 1082/2013/EU of the European Parliament and of the Council of 22 October 2013 on serious cross-border threats to health and repealing Decision No. 2119/98/EC （OJ L 293, 15-11-2013）.

⑱　Article 2 Decision No. 1082/2013/EU of the European Parliament and of the Council of 22 October 2013 on serious cross-border threats to health and repealing Decision No. 2119/98/EC （OJ L 293, 15-11-2013）.

⑲　de Ruijter （n 2）.

⑳　Respondent 4 （MS Representative Working Party on Public Health in the Council, 2010）; Respondent 15 （High level representative Commission Services SANCO, 2010）.

㉑　Respondent 8 （Representative Secretariat General European Commission, 2010）.

首先是知情同意权，其次是隐私权和数据保护权。这些个人权利在健康政策语境下具有特殊的含义和分量。知情同意权与人格尊严权和人身完整权紧密相关。[122] 此处的人格尊严可以指涉对个人人身完整性的保护，也可以指对社会公众的一般保护。[123]《宪章》第 3 条中关于知情同意的规定通常也是欧洲人权法院判例法的一部分。然而，《欧洲人权公约》并未就知情同意做出专门规定。[124]

其次受关注的是隐私权和保密权。[125]《宪章》第 7 条中规定的私人生活权与收集和存储的个人信息相关，如医疗数据和医疗记录的收集。此外，隐私权还意味着医生有义务对患者的医疗和精神健康状况保密，这关系到患者的尊严，以及维护患者对医疗行业和一般健康服务的信心。[126]《宪章》第 8 条重申了保护第三方可以获取或者可能被第三方获取的个人数据的权利。这在医疗服务提供者或公共健康主管部门跨境交换某位患者的医疗信息的场合，是一项重要的权利。[127] 就此而言，个人数据保护权和患者健康状况保护权在欧盟层面得到了明确的保护。然而，出于公共健康的理由可能会对个人数据保护权做出限制。[128]

一　个人权利

欧盟层面采取的遏制猪流感传播的应对措施可能影响欧洲人的个人权利。公共健康紧急事件通常可以创设一项保护知情同意权的例外，在公共

---

[122]　《宪章》第 1、3 条。

[123]　Case C-377/98 The Netherlands v. European Parliament and Council of the European Union，[2001] ECR I-07079（参见第 77、78 段，关于依据人格尊严不允许对人体要素申请专利）。

[124]　Case C-404/92 X v. Commission of the European Communities [1994] ECR I-04737（关于知情同意）；also see Case C-62/90 Commission v. Germany [1992] ECR I-2575.

[125]　《宪章》第 7、8 条。

[126]　R. Reintjes et al. "Benchmarking National Surveillance Systems: A New Tool for the Comparison of Communicable Disease Surveillance and Control in Europe" (2007) European Journal of Public Health 17 375-80; S. Gainotti et al. "Ethical Models Underpinning Responses to Threats to Public Health: A Comparison of Approaches to Communicable Disease Control in Europe" (2008) Bioethics 22 466-76.

[127]　Decision No. 1082/2013/EU of the European Parliament and of the Council of 22 October 2013 on serious cross-border threats to health and repealing Decision No. 2119/98/EC (OJ L 293/15-11-2013).

[128]　Regulation (EU) 2016/679 of the European Parliament and of the Council of 27 April 2016 on the protection of natural persons with regard to the processing of personal data and on the free movement of such data, and repealing Directive 95/46/EC (General Data Protection Regulation) recital 52.

机构的强制要求下，患者会被迫接受医学治疗、非自愿试验或违背本人意愿的医疗检查。[129] 此外，就个人医疗数据的保密而言，公共健康紧急事件也可以创设暂停保护该项权利的例外情形。[130]

（一）疫苗的上市批准和疫苗接种优先群体的确定

在大流行疫苗的批准中，知情同意可以成为一项可能在临床试验方面发挥作用的个人权利。然而，这与正常情况下欧盟层面的药品审批并无不同。这意味着即使疫苗为获批准经历了紧急程序，但在临床试验的场合，试验主体的知情同意始终是一项强制要求。[131] 就疫苗接种优先群体的确定而言，鉴于猪流感相对温和的症状，可以说知情同意的基本权利并未受到影响，因为成员国并未采纳强制接种疫苗的措施。然而，从本质上而言，如同我们在埃博拉疫情中所看到的那样，优先群体的确定可能会影响知情同意权。为了遏制埃博拉疫情，来自西非的人有时会被隔离在机场，且必须接受强制医疗检查。猪流感疫情中的一个例子是，在美国应对猪流感的过程中，疫苗接种最优先群体的一些成员——医护人员，被告知必须进行流感免疫接种，否则可能会被解雇。[132]

与此同时，猪流感的优先免疫群体的确定在欧盟层面是否具有约束力，以及能否对欧洲公民正式地产生直接影响，也存在疑问。从法律上而言，为特定优先群体确定实际的强制疫苗接种计划是成员国的工作，因为《欧盟运行条约》第 168 条第 7 款限制了欧盟在提供医疗服务方面的权限。然而，猪流感暴发之时适用的 1998 年传染病决定的第 3 条（f）项，

---

[129] 联合国人权事务高级委员会的《公民权利与政治权利国际公约》允许公共利益在一些情况下优先于个人权利，其中包括存在公共健康威胁之时。See C-28/05 Doktor and Others［2006］ECR I-5431（关于动物口蹄疫和防卫权的欧盟一般原则）；Also see Joined Cases C-317/08，C-318/08，C-319/08，and C-320/08，Alassini and others［2010］ECR I-2213 第 63 段：依据既定的判例法，基本权利并非不受约束的特权，可以对其进行限制，但前提是该限制事实上符合争议措施所追求的普遍利益之目标，以及就所追求的目标而言，该限制不涉及不成比例和不可容忍的干预，即侵犯了所保障权利的实质。Also see S. Gruskin "Is There a Government in the Cockpit: A Passenger's Perspective, or Global Public Health: The Role of Human Rights"（2004）Temple Law Review 77 313-34；and see Nuffield Council on Bioethics（2007）"Public Health: Ethical Issues", available at: < http://nuffieldbioethics.org/wp-content/uploads/2014/07/Public-health-ethical-issues.pdf>（last accessed February 2014）.

[130] See supra note 54.

[131] 详见《临床试验指令》。

[132] US Centers of Disease Control and Prevention, Prevention and Control of Influenza with Vaccines: Recommendations of the Advisory Committee on Immunization Practices（ACIP）, Weekly August 26, 2011/60（33）at 1128-1132.

允许欧盟采取实施措施，但仅涉及就成员国在紧急情况下采取的保护性措施提供"指南"。

鉴于欧盟法院在将某项欧盟措施纳入"欧盟法范围"方面采用的相对宽泛的解释，如果成员国实施了欧盟的指南，那么就有可能适用欧盟的基本权利。因此，虽然在猪流感的案例中并未采取本会严重影响欧洲人知情同意权的应对措施，但诸如确定疫苗接种优先群体这样的措施，可能会在未来产生此种影响，尤其是如今欧盟在公共健康威胁领域的立法基础已有扩张，欧盟的决定可以更容易地被表述为一项"欧盟义务"。此外，欧盟层面的机构行动者的权威和数量，确实涉及通过疫苗接种优先群体的确定，进行权威性的价值分配。在此方面，欧盟和成员国代表将欧盟层面达成的协议视为具有"事实上的约束力"[133]，或者"道德上的约束力"[134]。这意味着尽管在法律上主张知情同意权可能有些牵强，但知情同意权的价值却受到了影响，因为欧洲的协议和协调可能会迫使某些人如医务工作者接受猪流感免疫接种。

（二）信息交流、接触者追踪和乘客筛查

就隐私权和个人数据权而言，公共健康因素一直被作为一项合法的干预理由。[135] 虽然有关医疗数据的一般规则禁止向第三人提供数据，但在某些情况下，只要尊重了基本权利，这种行为就仍然可能会被允许。[136] 在此方面，关于患者健康状况的信息被确认为欧盟范围内的一项基本患者权利。[137] 公共健康威胁可以要求医生在怀疑患者的状况可能构成公共健康威胁时，向主管部门进行报告。在欧盟，这一信息紧接着会在欧盟和成员国的公共健康主管部门之间进行共享。另外，在国际背景下，《国际健康条例》也规定了一项报告义务。[138] 某些国家甚至为医生报告可能的威胁提供

[133]　Respondent 3（MS Representative Working Party on Public Health in the Council, 2010）.

[134]　Respondent 15（High level representative Commission Services SANCO, 2010）.

[135]　《宪章》第7、8条。

[136]　Case C-369//98（Fisher）The Queen v. Minister of Agriculture, Fisheries and Food, ex parte Trevor Robert Fisher and Penny Fisher［2000］ECR I-06751 第31段和第32段；为回答数据库中包含的特定信息能够披露的问题，有权机构必须平衡提供信息者的利益和需要信息者的利益，以满足合法性目标。然而，在评估相关人员在个人性质的数据方面的各自利益时，必须确保对基本自由和权利的保护。

[137]　Case C-404/92 P, X v. Commission［1994］ECR I-4737.

[138]　See R. Reintjes et al. "Benchmarking National Surveillance Systems: A New Tool for the Comparison of Communicable Disease Surveillance and Control in Europe"（2007）European Journal of Public Health 17 375-80；World Health Organization International Health Regulations 2005 2nd edn（2008）.

了财务激励。^⑬ 这意味着个人（医疗）数据可能会被第三方获取，而这正是猪流感疫情中接触者追踪措施方面发生的情况。

欧盟层面采取的关于接触者追踪、乘客筛查以及健康主管部门之间的信息交流的应对措施，可以影响患者的隐私权和个人数据保护权这些基本权利。^⑭ 猪流感危机发生之时，欧盟依据当时适用的传染病决定采取了实施措施。尽管原则上是成员国的主管部门最先进行接触者追踪，但猪流感案件中的具体细节系依据一项独立的决定。^⑭ 此外，鉴于成员国依据传染病决定有义务共享该数据，因此这将落入欧盟法的范畴。是故，接触者追踪、关于单个患者的"公共健康事件"信息交换以及机场的乘客筛查这些应对措施，都会影响隐私权和数据保护权，尽管保卫公众（健康权）可能会为该侵权行为提供合法理由。

二 健康权

《宪章》第 35 条规定的健康权包括获得医疗保健服务的权利。虽然欧盟法院未就这一点做出裁定，但若假设健康权是《宪章》中的一项"原则"，^⑭ 则可以一般性地将之用于评估欧盟健康政策的合法性。^⑭《欧盟运行条约》第 263 条为个人起诉欧盟设定了一个较高的门槛，尤其是在涉及立法措施之时。在此情况下，个人必须能够证明存在直接的和个别的影响。^⑭ 然而，私人主体可以在仅证明直接影响的情况下，挑战欧盟的监管行为。^⑭

对于成员国而言，健康权是《宪章》中一项原则的假设影响了可诉

<hr />

⑬　S. Gainotti et al. "Ethical Models Underpinning Responses to Threats to Public Health: A Comparison of Approaches to Communicable Disease Control in Europe"（2008）Bioethics 22 466-76.

⑭　Dąbrowska-Kłosińska（n 88）.

⑭　Decision 2009/547/EC of 10 July 2009 amending Decision 2000/57/EC on early warning and response system for the prevention and control of communicable diseases under Decision No. 2119/98/EC of the European Parliament and of the Council（OJ L 181/57, 11-07-2009）.

⑭　参见本书第三章第三节，回顾健康权在欧洲（《宪章》）背景下应被视为"原则"还是"权利"并不确定。

⑭　《欧盟运行条约》第 263 条，《宪章》第 52 条第 5 款、第 35 条。

⑭　参见本书第二章第三节第三项的第一分项，Case 25/62 Plaumann & Co v. Commission［1963］ECR 95 案的第 31 段。

⑭　Case T-262/10 Microban International and Microban（Europe）v. Commission,［2011］ECR II-07697; Case T-18/10 Inuit Tapiriit Kanatami and Others v. Commission, nyr,［2011］（Microban 案涉及欧盟委员会为保护公共健康而做出的一项执行行为）。

性的可能性。⑩ 如同第三章中所讨论的那样，被视为《宪章》中原则的权利如何能够付诸实施，仍是一个不确定的问题。如果国家法违法，且无法按照指令所表达的基本权利进行解释，那么个人可以同时援引《宪章》条款和指令。⑭ 然而，如果将《宪章》中的隐含性权利视为一项原则，那么从可诉性的角度而言，个人仍然不能针对成员国援引该项权利。⑭ 此外，针对欧盟机构也很难援引医疗保健权，即使是为了依据《欧盟运行条约》第 263 条进行合法性审查亦如此。

《宪章》第 35 条为获取医疗保健权提供了一项额外保障，即"国家法律和实践"确立了其条件。简言之，这暗示了欧盟可以通过不干预实现获取医疗保健权的国家法规定，保障该权利在欧盟层面得到认可。可以说，成员国只要拥有哪怕最有限的确立获取医疗保健权的规定，欧盟就无权审查国家行为。然而，如赫维（Hervey）所言，健康权和获取医疗保健权在许多情况下可以与个人权利结合起来（"社会权+"的方法）。⑭ 就此而言，健康权在同时对个人权利造成影响时，如生命权、尊严权或不受歧视的权利，可以具有可诉性（甚至可能产生横向影响）。⑮

在《宪章》之外，鉴于所有成员国都签署了包含保护健康权的《欧洲社会宪章》第 11 条，⑮ 以及大部分成员国也签署了规定医疗援助权的《欧洲社会宪章》第 13 条，故而可以将健康权作为一项一般原则予以援引。⑮ 除了在法院主张健康权的实际可能性外，健康权还为分析欧盟健康政策的合法性创设了一个基准，因为其是一项需要在欧盟范围内予以遵守和促进的原则。⑮ 就此而言，健康权不仅是一项纯粹的法律规定，而且还

---

⑯　但是，参见 T. Hervey and J. McHale "Article 35 Health Care" in S. Peers et al. （eds.）The EU Charterof Fundamental Rights （Oxford：Hart，2014）at p. 967（该书把健康权称为"权利"——尽管这一权利有例外情形和注意事项）。

⑰　Case C-555/07 Seda Kücükdeveci v. Swedex GmbH & Co KG［2010］ECR I-00365.

⑱　Case C-176/12 Association de médiation sociale v. Union locale des syndicats CGT（CGT）nyr［2014］at para. 46.

⑲　参见本书第三章第三节第一项的第一分项。

⑮　T. K. Hervey "The Right to Health in European Union Law" in T. Hervey and J. Kenner （eds.）Economic and Social Rights Under the Charter of Fundamental Rights（Oxford：Hart，2003）at p. 196.

⑮　《欧洲联盟条约》第 6 条。

⑮　T. K. Hervey and J. V. McHale Health Law and the European Union （Cambridge：Cambridge University Press，2014）.

⑮　《宪章》第 51 条，而且在基本权利专门机构的工作中也有体现。

表达了一项作为欧盟基础的欧洲成员国的共同"价值",⑭ 尤其是因为其体现了人格尊严的一个特定方面,并促进了欧盟公民的福祉。⑮

鉴于欧盟公共健康政策的广泛性,为分析欧盟公共健康政策对基本权利的影响,当前的分析将着眼于欧盟在此方面与机构实践相关的应对猪流感的行为。欧盟应对猪流感暴发的措施——疫苗批准、接触者追踪和关于特定患者的信息交流、乘客筛查、最先获得药物的优先群体的确定、有关学校关闭的指南制定以及公众沟通,总体上针对的都是不特定的公众。在采取应对措施时,健康权的两个方面,即公共机构保护健康的职责和医疗保健可及性的促进,可以发挥作用。就健康紧急事件而言,《欧盟运行条约》第168条规定欧盟可以采取行动补充国家政策:

> 此类行动应当包括通过促进对重大健康灾祸原因、传播和预防的研究对抗重大健康灾祸,以及健康信息和教育,监测、预警和抗击严重的跨境健康威胁。

《欧盟运行条约》第168条第5款规定了采取这类行动的程序,即利用普通立法程序通过事实上可能没有统一国家法的"激励措施"。⑯

对于欧盟采取的应对猪流感的措施,其法律依据包括"补充"成员国在监测、预警和抗击严重跨境健康威胁方面的政策的基础健康规定,以及基于《欧盟运行条约》第114条对内部市场的利用,其中欧盟在批准药物和其他形式的(非正式)合作方面拥有监管权。就此而言,确定欧盟健康政策是否直接影响健康权,以及如何对此进行分析的基础,取决于所采取的应对措施是什么、应对措施是由哪一机构行动者做出,以及应对措施是通过何种程序做出。

(一)疫苗的市场批准和疫苗接种优先群体的确定

最先讨论的应对措施是欧盟层面的大流行疫苗批准。欧盟有义务在其

---

⑭　Council Council Conclusions on Common Values and Principles in European Union Health Systems（OJ C 146/1, 2006）.

⑮　参见《欧洲联盟条约》序言中对《欧洲社会宪章》的援引,以及《欧洲联盟条约》第2、3条。

⑯　"激励措施"的确切含义尚不清晰。

所有政策中确保高水平的健康保护。[157] 这意味着欧盟只有在其他政策中出现健康问题时，才有义务保护健康，否则，健康权就会成为欧盟扩大其立法权以外之作用的基础。[158] 通常而言，确保医疗应对措施的可获得性被认为是公共机构负有的一项义务。[159] 然而，即使在成员国已经授权欧盟批准大流行药物的场合，如果由于某种原因欧盟决定不予批准，是否存在一项给欧盟施加作为义务的健康权，也是存疑的。目前，并无规定基于健康权而允许欧盟强制制药公司申请中央批准以就大流行病药物做出批准（如果有这些药物的话）。

然而，另一个问题是健康权在大流行病药物实际存在时会如何受到影响，亦即可以向欧盟和成员国施加哪些健康权相关的义务？关于成员国，就药物的可及性而言，有许多成员国与制药公司签订了大流行病疫苗的预购协议。这导致无论大流行多么严重，都存在一些成员国拥有对其人口而言过多的疫苗，而其他成员国则拥有对其人口而言过少的疫苗的情况。[160] 对于存在疫苗潜在短缺问题的成员国，欧盟委员会制定了一项临时的采购计划，依据该计划，疫苗过剩的成员国可以向这些成员国出售疫苗。然而，在计划出台之时，人们已经清楚了该猪流感毒株是一种相对温和的病毒。这一情况暴露了成员国之间缺乏团结，表明一旦危机发生，成员国倾向于首先照顾自己的国民。[161] 尽管成员国对该计划的参与建立在自愿的基础之上，但欧盟委员会努力减轻疫苗公共采购方面缺乏协调性的影响，促进了获取医疗保健服务的权利，因为在这种情况下，欧盟参与了协调更公平地获取药物的工作。与此同时，该政策活动不可能为欧盟公民带来一项针对欧盟或其成员国的直接可执行的权利。成员国不负有任何欧盟义务参与成员国之间的临时性疫苗公共采购或交换，因此欧盟公民无法提出具有可诉性的基本权利诉讼。即使与《宪章》第 21 条的平等对待权相结合，

㊟　《欧盟运行条约》第 6、9、168 条，《宪章》第 35 条。

㊞　《欧盟运行条约》第 51 条第 2 款。

㊙　See H. P. Hestermeyer "Access to Medication as a Human Right" (2004) Max Planck UNYB 8 101-80 at 178. 在此方面，参见《公民权利与政治权利国际公约》第 4 条以及第 6 条。

㊰　而且一些成员国为了同样的疫苗要比其他成员国支付得更多。See Respondent 15 (High level representative Commission Services SANCO, 2010); Respondent 19 (High level representative European Medicines Agency, 2010); Respondent 25 (High level representative ECDC, 2010).

㊱　Commission Communication from the Commission to the European Parliament, the Council, the European Economic and Social Committee and the Committee of the Regions on Action Against Cancer: Euroepan Partnership [COM (2009) 291/4].

鉴于在疫苗公共采购方面并不存在一项欧盟作为义务,[162] 获取医疗保健权在此也无法创设一项可执行的权利。

要讨论的第二项应对措施是疫苗接种优先群体的确定。[163] 在此,机构能力的增长为欧盟通过机构实践事实上影响健康权创造了可能性。疫苗接种优先群体的确定指南的法律地位,在机构方面相对复杂。该指南系由健康安全委员会和常设的 EWRS 委员会一起通过,但同时又建立在欧洲疾控中心、欧盟委员会和世卫组织专家的建议之上。[164] 然而,该指南就自身性质而言并不具有强制性。这意味着如果成员国决定不实施该指南,也不会引起一项基于健康权或医疗保健权的直接可执行的基本权利诉讼,即使采取"社会权+"的方法,如基于生命权或平等对待权,也同样如此。[165]

与此同时,疫苗接种优先群体的确定指南在表达特定价值方面的确对基本权利具有影响。尽管该指南并未创设一项具有法律约束力的欧盟义务,但考虑到参与起草该指南的机构行动者的数量和权威性,该指南的确具有权威价值。故此,该指南对医务工作者和孕妇等人的生命产生了影响,因为这些人属于疫苗接种优先人群。由于该指南的存在,他们的医疗保健服务可及性得到了改善,而那些被排除在优先群体之外的欧洲人则被剥夺了获取医疗保健的权利。

在批准大流行病药物和选择疫苗接种优先群体中,另一项相关的考量因素是为应对猪流感暴发而批准的疫苗和抗病毒药物的安全性。如同在猪流感的案例中所描述的那样,大流行疫苗系通过一项紧急程序获批,并且甚至在完成科学与常规评估的完整程序之前就获得了"临时批准"。在分配给数百万欧洲人使用的首批疫苗中,大多数都采用了这一附条件批准程序。其中之一——由 GlaxoSmithKline 制药公司制造和销售的 Pandemrix 疫苗,也被分配给了具有优先性的高风险群体,包括儿童,尤其是那些患有

---

[162] 《欧盟运行条约》第 168 条第 7 款。

[163] Communication from the Commission to the Council, The European Parliament and the European Economic and Social Committee and the Committee of Regions, Pandemic (H1N1), Commission Staff Working Document on Joint Procurement of Vaccine against influenza A H1N1 2009 [COM (2009) 481-SEC (2009) 1188]; HSC/EWRS Statement on Influeza A (H1N1) 2009: target and priority groups for vaccination available at: http://www.ec.europa.eu/health/archive/ph _ threats/com/influenza/docs/hsc_ewrs_statement_en.pdf> (last accessed March 2014).

[164] 参见本书第五章第二节。

[165] 《宪章》第 2、21 条。

哮喘和心脏病的儿童。欧盟有大约 3000 万人接种了该疫苗。[166] 但该疫苗如今被发现会增加 30% 的嗜睡症风险，这是一种严重的儿童神经系统疾病。[167]

在此方面有问题的是，依据欧盟条例本应由制药公司对此种损害负责，但成员国政府和制药公司之间订立的大多数预购协议都订有一项补偿条款，约定由成员国政府最终支付损害赔偿。[168] 在此情况下，如果发现欧盟层面的公共健康机构以及最终的欧盟委员会通过其批准程序，并未采取足够的注意来保护这些受害儿童的健康，那么健康权和生命权就会受到影响。儿童属于指南确定的优先性风险群体，是需要考虑的另一个方面，这主要是因为疫苗系通过欧洲的快速通道程序获得批准，而临床试验通常将儿童排除在外，故程序中的临床数据尤其是有关疫苗副作用的数据较少。[169] 如果欧盟采取的预防措施实际上并不充分，并且导致了这些群体的健康风险的增加，那么后者就会对这些群体的健康权造成严重影响。

（二）信息交流、接触者追踪和乘客筛查

在信息交流、接触者追踪和乘客筛查的应对措施方面，如果欧盟没有采取这些类型的努力来遏制猪流感的传播，健康权就会受到影响。就此而言，公共机构有义务尽其所能遏制疾病的传播。然而，这些努力具体应包含什么，最终系由公共机构决定。欧盟层面采取的上述应对措施系依据《欧盟运行条约》第 168 条，该条要求欧盟对监测、预警和抗击严重的跨境威胁开展补充工作。欧盟只需"补充"国家政策的事实引发了一个问

---

[166]　Y. Dauvilliers et al. "Post - H1N1 Narcolepsy - Cataplexy" (2010) Sleep 33 1428 - 30; I. Sample "Swine Flu Vaccine Can Trigger Narcolepsy, UK Government Concedes, Review of Fresh Evidence Finds Jab Given to 6 Million People in Britain Can Occasionally Cause Sleep Disorder" (2013) The Guardian Thursday 19 September.

[167]　I. Persson et al. "Risks of Neurological and immune-Related Diseases, Including Narcolepsy, After Vaccination with Pandemrix: A Population-and Registry-Based Cohort Study with Over 2 years of Follow-Up, January 2014" (2014) Journal of Internal Medicine 1; EMA Press Release, European Medicines Agency recommends restricting use of Pandemrix (27 July 2011, EMA/CHMP/568830/20110).

[168]　See Sample (2013) supra note 166; Respondent 15 (High level representative Commission Services SANCO, 2010); Respondent 19 (High level representative European Medicines Agency, 2010); Respondent 25 (High level representative ECDC, 2010).

[169]　Commission Communication to the European Parliament and the Council, Better Medicines for Children, From Concept to Reality, Progress Report on the Paediatric Regulation (EC) 1901/2006 [COM (2013) 443 final].

题，即个人基于健康权以欧盟或成员国未努力阻止病毒传播为由提出的索赔是否有效。

　　然而，在合法性审查的可能性方面，成员国相对依赖有关另一成员国公共健康状况的信息，如携带病毒的患者是否已被定位。由于这类事件的信息需要彼此交流，欧盟的预警系统因而具有强制性。如果未给信息交流提供便利，如未采取一项关于确定交流之病例定义的执行措施，则可能会因为健康权而受到质疑。⑰ 然而，在猪流感危机的案例中，欧盟通过信息交流和乘客筛查，参与了实现欧洲公民健康权的行动。就此而言，应对措施影响了健康权；不仅如此，如下文将讨论的，它们还会严重影响个人权利。

（三）学校关闭、防护措施和公众沟通

　　欧盟为应对猪流感大流行而通过的学校关闭的指南，不会对健康权产生直接影响，因为这些指南并非依据任何欧盟法律规定所制定。这也同样适用于防护措施的确定，该措施通常是基本的卫生规则（洗手、咳嗽时用手肘遮挡）。然而，在提供公共健康风险信息方面，欧盟的健康权具有相关性。当健康权和生命权结合在一起时，则更是如此。欧洲人权法院审理的 Oneryildiz v. Turkey 案表明，在存在严重健康风险的场合，公共机构可能有义务警示公众以使其采取预防措施保障生命安全。⑰ 同时，鉴于欧盟在跨境健康威胁方面负有协调成员国政策的职责，欧盟需要确保公众能够获取清晰可靠的信息，以及成员国不会发布不同的和混乱的信息。由此可能产生上述警示义务并因此影响欧盟的健康权，尤其是在欧盟批准了一种有缺陷的疫苗的场合。⑰

---

　　⑰　See Article 3（a）of what is now No. 1082/2013/EU of the European Parliament and of the Council of 22 October 2013 on serious cross-border threats to health and repealing Decision No. 2119/98/EC（OJ L 293/15-11-2013）：［A］"病例定义"是指一套共同商定的诊断标准，必须符合这些标准才能在特定人群中准确识别目标严重跨境健康威胁病例，同时排除对无关威胁的检测。

　　⑰　Grand Chamber Judgement, Case of Oneryildiz v. Turkey（Application No. 48939/99）Strasbourg, 30 November 2004.

　　⑰　EMA Press Release, European Medicines Agency Recommends Restricting Use of Pandemrix（27 July 2011, EMA/CHMP/568830/20110）.

第五节　非正式协调和正式法律相互交织的影响

欧盟在应对 2009 年猪流感危机中的作用，说明了先前针对各种疾病暴发和危机的临时应对措施的增长可以如何达到高潮，并扩张欧盟在人体健康领域的权力。此外，猪流感案也表明，欧盟公共健康保护的监管层面可以和成员国不同方式的健康政策协调交织在一起，导致欧盟发挥更大的作用（例如在药品领域）。在猪流感疫情中，针对药物的监管权与传染病控制的协调以及成员国在欧盟层面的非正式和临时合作方式相互交织在一起。

然而，由此导致的是，（就应对措施而言）无论是疫情暴发期间还是疫情结束之后，欧盟层面都有可能采取比之前更具约束力的措施，从而扩张欧盟在人体健康领域的权力。一方面，在猪流感暴发期间，欧盟系通过联合 EWRS 委员会和（非正式的）健康安全委员会采取应对措施。另一方面，在猪流感病毒被认为不再具有危险性之后，欧盟为制度化和正式化应对猪流感期间制定的临时解决方案创设了依据，并且通过了新的立法。

对公共健康紧急事件的应对会触发行政机关采取行动，欧盟在此方面亦不例外。然而，区别在于欧盟在人体健康领域的应急权力受到了严格限制。成员国对欧盟层面的非正式甚至政府间合作方法的信赖表明，虽然其认为有必要在欧盟层面展开合作，但仍然不愿意赋予欧盟更多权力。或许矛盾的是，即便如此，通过将这些非正式程序和自身拥有监管权的领域交织在一起，欧盟处理公共健康问题的权力也的确得到了扩张。

在欧盟的作用以及成员国在欧盟层面的协调方面，存在疑问的都是欧盟公共健康政策是否具有合法性。为应对猪流感而采取的措施对基本权利的影响是什么？鉴于在保护公众免遭健康风险的同时还要将之与个人权利相平衡，欧盟的权力行使合法吗？虽然欧盟在公共健康领域的立法权仍然有限，但其在应对猪流感暴发中的作用也说明，公共健康与个人权利之间不稳定的平衡不再由成员国单独完成。猪流感案对于欧盟层面采取的应对措施在影响基本权利方面的合法性，也提出了疑问。下一章将对另一个案例进行介绍，该案例中正式的立法程序引发了以前在欧盟层面无法想象的关于医疗保健的政策话语。

第六章　欧盟医疗保健：医疗服务的可及性

在健康被纳入《马斯特里赫特条约》之后，我们只能谈论公共健康，而不得提及医疗保健，因为后者在教会中是亵渎神明的……这种情况持续了 15—20 年，如今我们正在公开讨论一项关于患者权利和跨境医疗保健的指令。这在《马斯特里赫特条约》通过之后的那段时间里是不可想象的。①

本章研究欧盟立法在医疗保健而非公共健康领域的发展，将聚焦《跨境医疗保健中的患者权利指令》（以下简称《指令》或《患者权利指令》）的通过过程，以及欧盟不同的机构行动者和政策机制在其中的参与情况。②《指令》的通过表明了一个情况，用一名成员国代表的话来说：

> 该情况非常敏感，其的确关系到整个医疗保健体系……其也很棘手，因为涉及的是一个管理权限主要归属成员国的领域。③

本章首先将对《指令》本身以及其是否将医疗保健的可及性扩展到整个欧盟进行介绍。其次，本章将对通过《指令》的方式进行讨论，主要关注欧盟机构行动者的不同作用以及立法过程引发的欧盟医疗保健领域的话语和争议。最后，本章将讨论欧盟医疗保健政策在通过新《指令》之外的扩张，这源自医疗保健政策话语的增加以及该扩张对个人权利和医疗保健可及性的影响。

---

① Respondent 2（Deputy Permanent Representative for Health in the Council，2010）.

② Directive 2011/24/EU of the European Parliament and of the Council of 9 March 2011 on the application of patients' rights in cross-border healthcare（OJ L88/45，04-04-2011）.

③ Respondent 3（MS Representative Working Party on Public Health in the Council，2010）.

第一节 《指令》通过前后的跨境医疗服务可及性

在更具体地涉及医疗服务的提供和获取的医疗保健领域，欧盟无权统一国家法律。在此方面，《欧盟运行条约》第 168 条第 7 款规定了辅助性原则：

> 欧盟应当尊重成员国确定其健康政策以及组织和提供健康服务与医疗服务的职责。成员国的职责应当包括管理健康服务和医疗服务，并为这些活动分配资源。

矛盾的是，2011 年，欧盟通过了一项关于提供跨境医疗服务的指令。该指令适用于"跨境医疗保健服务"。但什么是跨境医疗保健服务？该服务具体指什么情形？在实践中，跨境医疗保健服务可以指多种安排。近年来，为促进国家医疗保健体系的发展，欧盟出现了大量自下而上的协调机制。这意味着国家医疗保健服务的提供者和健康保险机构会定期与健康机构进行跨境合作。④ 然而，患者也可以在个体的情境下，要求获得跨境医疗保健服务。这可能是旅行或跨境定居（患者的流动）所致。⑤ 健康服务也可以从一个成员国的领土提供到另一个成员国的领土上，如远程医疗或

---

④ 例如，比利时每年送数百名患者到法国进行核磁共振扫描，奥地利每年送数批患有高度传染性疾病的患者到慕尼黑，马耳他每年送大约 300 名患者到英国接受专门治疗，以及爱尔兰将移植患者送往英国。为了减少等待时间，德国每年将大约 500 名慢性病患者送往奥地利、匈牙利、意大利、捷克共和国和斯洛伐克进行预防性治疗；see L. Bertinato et al.（eds.）Policy Brief：Cross-Border Health Care in Europe（Geneva：World Health Organization on behalf of the European Observatory on Health Systems and Policies，2005）。

⑤ See R. Busse et al.（eds.）Mapping Health Services Access：National and Cross-Border Issues（HealthACCESS）Final Report（DG SANCO：2006）at p. 22；European Parliament legislative resolution of 23 April 2009 on the proposal for a directive of the European Parliament and of the Council on the application of patients' rights in cross-border healthcare [COM（2008）0414-C6-0257/2008-2008/0142（COD）]. 他们可能会在临时出国时需要医疗服务，无论是度假还是一整年都在国外旅行。另一个重要的跨境患者群体是那些退休后去了另一国家的人。越来越多的北欧人退休后到南部成员国养老，由于这些患者是欧洲老龄人口的一部分，他们可能比普通游客更加脆弱，特别是由于他们已经离开了他们的家庭网络：他们已经放弃了在本国获得医疗服务的权利，这意味着他们如果想要返回本国寻求医疗服务的话，可能需要获得他们养老所在成员国当局的健康保险机构的批准。此外还有一个越来越大的患者群体，对于他们很难坚持继续适用单一领土原则（the principle of single territory）。这些患者来自较新的成员国，这些成员国向另一成员国提供技术工人或金融服务工作者，他们工作日在伦敦，周末则在法国；Flash Eurobarometer，"Cross-border Health Services in the EU"，Analytical Report（2007）；L. Bertinato et al.（eds.）（2005）supra note 4。

远程诊断、开处方和实验室服务（服务的流动）。此外，医疗专业人员自身也会应某医院或健康保险机构的邀请进行跨境流动（医疗服务提供者的流动），例如为了处理特定医疗服务的候诊名单。⑥ 事实上，大多数跨境医疗保健服务是由这些类型的合作安排组成的。这主要是由于医疗人员能力不足，以及为了在医疗定价方面形成本地竞争。⑦

一　《指令》通过前的医疗保健可及性

个人患者的医疗保健可及性系通过欧洲社会保障协调机制进行调整。此种通过"《社会保障条例》"进行的协调自 1958 年以来便一直存在，其最后一次修订于 2010 年生效。⑧ 如果一个欧洲人在短期停留于其他成员国期间生病，其只要拥有欧洲健康保险卡，就有权接受该国国民可获得的所有医学上必要的诊疗，该卡通常位于国家健康保险卡的背面。⑨ 在此种情况下，东道国的主管部门为跨境医疗提供保险，且在紧急情况下没有任何额外要求。⑩ 第 883/2004 号条例的第 20 条第 2 款规定，即使并无紧急情况，如果医疗属于患者在其母国通常享有的福利，且患者已经获得其母国主管机构的事前批准，成员国的患者也有权享受跨境医疗服务。⑪ 如果考虑到患者当前的健康状况和可能的病程，患者无法在国内正常所需的时间内进行治疗，则患者居住国的主管机构必须提供批准。⑫ 母国机构直

---

⑥　例如，英国的医院从德国聘请外科团队。他们飞到英国，为大量需要非紧急手术的英国患者进行手术，以缩短等待时间。

⑦　See Busse et al. (eds.) (2006) supra note 5; also see I. A. Glinos et al. (eds.) Contracting Crossborder Care in Belgian Hospitals: An Analysis of Belgian, Dutch and English Stakeholder Perspectives (Brussels: European Social Observatory, 2005). 其他类型的跨境健康安排包括紧急安排、提供者之间的安排（边境地区的医院）、一国保险人/购买者和另一国提供者之间的安排，或者旨在促进国外医疗可及性但实际不涉及购买或提供医疗服务的行政安排。See e. g. P. Harant "Hospital Cooperation Across French Borders" in M. Rosenmuller et al. (eds.) Patient Mobility in the European Union: Learning from Experience (Brussels, European Observatory on Health Systems and Policies: 2006).

⑧　Regulation (EC) No. 883/2004 of the European Parliament and of the Council on the Coordination of Social Security Systems (OJ L 166, 03-04-2004); Regulation No. 3 of the Council on Social Security for Migrant Workers (OJ 3025-09-1958 at p. 561).

⑨　Communication from the Commission concerning the introduction of a European health insurance card [COM (2003) 73 final]; Regulation (EC) No. 883/2004 of the European Parliament and of the Council on the Coordination of Social Security Systems (OJ L166, 03-04-2004) at p. 12.

⑩　第 883/2004 号条例第 19 条，ibid.。

⑪　第 883/2004 号条例第 20 条第 1 款，ibid.。

⑫　第 883/2004 号条例第 20 条第 2 款，ibid.。

接向东道国医疗服务提供者支付国外治疗的全额费用，无须患者个人垫付医疗费用，除非母国机构依据国家医疗保健体系的规则通常会给患者提供报销。

如果一个欧洲人依据第 883/2004 号条例获得了事前批准，则其在国外发生的所有医疗费用要么可以得到本国机构的报销，要么由本国机构直接向跨境医疗服务提供者支付。与此同时，欧盟法院基于自由流动原则，为获得跨境医疗保健服务发展出了第二项"机制"。相关案件的背景为：依据《社会保障条例》，患者在获得跨境医疗服务方面仅享有有限的权利。20 世纪 90 年代，患者开始绕过其所需的本国健康主管部门的"事前批准"，转而基于其自由流动权寻求跨境医疗服务，以便能够前往国外进行治疗，并依据《社会保障条例》就其医疗费用获得本国健康保险的补偿。

二　基于自由流动原则的跨境医疗保健可及性

欧盟法院发展出的跨境医疗保健可及性主要系基于欧盟范围内跨境提供和接受服务的自由。[13] 虽然在 20 世纪 90 年代早期有一些案件适用了自由流动原则，[14] 但 1998 年的 Kohll 案综合了先前案件中发展出的所有要素，[15] 确定了《社会保障条例》的事前批准程序可能直接违反基础条约法。[16] 该案基本事实为：一名卢森堡公民在没有寻求《社会保障条例》所规定的事前批准的情况下，就其女儿在德国接受的牙科治疗的费用要求本国健康保险提供补偿。法院解释道："某些服务的特殊性质并不能将之排除在自由流动这项基本原则的适用范围之外。"[17] 这意味着要求事前批准违反了提供服务自由原则。在同一天针对 Decker 案做出的判决里，欧盟法院对于商品做出了同样的裁定，

---

⑬　《欧盟运行条约》第 57 条，Case C-204/90 Hanns-Martin Bachmann v. Belgium［1992］ECR I-149；J. B. Cruz "The Case Law of the European Court of Justice on the Mobility of Patients: An Assessment" in J. W. Van De Gronden et al. (eds.) Health Care and EU Law (The Hague: Asser, 2011)。

⑭　T. K. Hervey "Re-judging Social Rights in the EU" in G. de Búrca et al. (eds.) Critical Legal Perspectives on Global Governance (Oxford: Hart, 2014).

⑮　See ibid.; also see Joined cases C-283/82 and C-26/83 Luisi and Carbone v. Ministero del Tesoro［1984］ECR-377；Case C-159/90 Society for the Protection of Unborn Children Ireland (Ltd.) v. Stephen Grogan［1991］ECR I-4685；See S. de la Rosa "The Directive on Cross-border Healthcare or the Art of Codifying Complex Case Law" 2012 Common Market Law Review 49 15-46.

⑯　Case C-158/96 Raymond Kohll v. Union des caisses de maladie［1998］ECR I-1931.

⑰　Case C-158/96 Raymond Kohll v. Union des caisses de maladie［1998］ECR I-1931. at para. 10.

该案涉及一名卢森堡公民在比利时购买了一副眼镜。⑱ Kohll 案极其重要，因为其确定了尽管事前批准程序可能符合《社会保障条例》，但成员国的行为首先必须符合条约中规定的自由流动原则。借此，该案在成员国的法律管辖范围（利用《社会保障条例》中的事前批准）之外，开辟了获取跨境医疗保健服务的另一条路径。这基本上使跨境医疗服务的可及性超越了成员国医疗保健体系的自主权，进入欧洲内部市场的范畴。⑲

　　成员国对 Kohll 案和 Decker 案的一项重要反对理由为，事前批准程序在维持社会保障体系的财务平衡方面具有必要性。⑳ 欧盟法院在要求对病人的涌入有一定预见性的医院服务规划方面接受了这一理由。㉑ 然而，由于这两个案件中的医疗服务并不涉及医院服务，欧盟法院因而认为不得适用这一例外。㉒ 在后来的案件中，欧盟法院明确表示，在医院医疗方面，无论患者是依据第 882/2004 号条例前往国外治疗以便就其在东道国的医疗费用获得全额报销，还是依据自由流动原则前往国外治疗并基于国家规则获得医疗费用报销，国家医疗保健主管部门都可以要求患者必须获得事前批准。㉓ 在此方面，欧盟法院接受了能力规划、医院医疗服务供应的不

---

⑱　Case C-120/95 Nicolas Decker v. Caisse de maladie de employes prives［1998］ECR I-1831.

⑲　关于欧盟法院本可以做出何种判决的批判性意见，参见 Hervey（2014）supra note 14。

⑳　Respondent 2（Deputy Permanent Representative for Health in the Council, 2010）；Respondent 4（MS Representative Working Party on Public Health in the Council, 2010）. 有趣的是，欧盟法院之前已经裁决，该例外仅适用于自由流动的障碍原则上不具有歧视性的场合，see R. Giesen "Annotation Case C-120/95, Nicolas Decker v. Caisse de maladie des employés privés, Judgment of 28 April 1998, Case C – 158/96, Raymond Kohll v. Union des caisses de maladie, Judgment of 28 April 1998"（1999）Common Market Law Review 36（4）；然而相关案件中的措施明显具有歧视性。

㉑　See Advocate General Tesauro's Joint Opinion C-158/96 Kohll and C-120/95 Decker［1998］ECR I-1831.

㉒　此外，在保护患者免遭国外劣质医疗侵害方面，欧盟法院认为由于医学学位互认方面的统一和协调，这不能被作为公共利益例外予以适用；See ibid.。

㉓　欧盟法院确立了事前批准对于非医院医疗不再必要。患者可以去国外接受治疗、提前支付医疗费用，并要求本国机构就其若未前往国外治疗则将获得机构支付的医疗费用提供报销。然而，如果患者依据如今的第 883/2004 号条例的第 20 条寻求事前批准，则应当有一个及时和透明的程序，该程序受司法或准司法控制，且不得导致患者获得的医疗费用补偿少于其如果在本国接受治疗将会获得的补偿。Case 368/98 Abdon VanBraekel and Others v. Alliance nationale des mutualités chrétiennes（ANMC）［2001］ECR I-5363. 事前批准也不得基于医疗服务之实验性方面的国家标准而被拒绝。此外，欧盟法院指出，如果患者所属国无法在合理时间内提供必要治疗，尤其是考虑到每个患者的具体情况，则不得拒绝事前批准。Case C-385/99 Joint case V. G. Muller-Faure and E. E. M. van Riet v. Onderlinge Waarborg Maatschappij ZAO Zorgverzekeringen［2003］ECR I-4509；Case C-466/04 Yvonne Watts v. Bedford Primary Care Trust, Secretary of State for Health ECR［2005］I-4325.

平衡和后勤财务的浪费，可以为自由流动原则的例外提供正当理由。㉔ 此外，欧盟法院在后来的案件中还确定了在无法依据《社会保障条例》做出批准，或者像在 Vanbraekel 案中那样，国家体系的报销高于东道国的报销时，可以依据服务自由原则做出批准。另外，欧盟法院在 Watts 案中明确了无论是通常通过实物给付的机制提供医疗服务（不要求报销，且无须具体确定治疗的具体价格），还是通过报销的机制提供医疗服务，医疗保健体系的性质都并不重要。㉕ 患者若想就医疗费用获得补偿，只需已经出国并且发生了医疗费用。

概言之，欧盟法院对于内部市场规定不适用于医疗保健服务总体上仅接受了有限的正当理由。然而，维持社会保障体系的平衡，可以给自由流动原则的适用提供一项有力的例外。㉖ 尽管如此，这一例外的正当理由也需要符合比例原则，并依据客观和非歧视的标准执行，这意味着只要相关医院服务系根据母国要求获得医疗费用补偿，给自由流动制造障碍的理由就不会被轻易接受。㉗

通过欧盟法院获取跨境医疗保健服务的历史，显示了有关欧盟在医疗保健领域之作用的政治困扰。㉘ 虽然成员国最初可以通过利用《社会保障条例》以及对其的修订，重申并保持自身对医疗保健体系的控制，但在 Kohll 案以及后续案件之后，内部市场明显创造了另一条独立的获取医疗

㉔　Case C－385/99 Joint case V. G. Muller－Faure and E. E. M. van Riet v. Onderlinge Waarborg Maatschappij ZAO Zorgverzekeringen［2003］ECR I－4509 at 77－81；also see Case C－158/96 Raymond Kohll v. Union des caisses de maladie［1998］ECR I－1931 at para. 104.

㉕　Case C－466/04 Yvonne Watts v. Bedford Primary Care Trust, Secretary of State for Health ［2005］ECR I－4325.

㉖　See inter alia Case C－158/96 Raymond Kohll v. Union des caisses de maladie［1998］ECR I－1931 at para. 41；also see Case C－157/99 B. S. M. Geraets－Smits v. Stichting Ziekenfonds VGZ and H. T. M. Peerbooms v. Stichting CZ Groep Zorgverzekeringen（Smits and Peerbooms）［2001］ECR I－5473 at para. 73；also see Case 368/98 Abdon VanBraekel and Others v. Alliance nationale des mutualités chrétiennes（ANMC）［2001］ECR I－5363 at para. 47.

㉗　Case C－368/98 Abdon VanBraekel and Others v. Alliance nationale des mutualités chrétiennes （ANMC）［2001］ECR I－5363；Case C－158/96 Raymond Kohll v. Union des caisses de maladie ［1998］ECR I－19310；Commission Staff Working document, accompanying document to the Proposal for a Directive of the European Parliament and of the Council on the Application of Patients' Rights in Cross－Border Healthcare, Impact Assessment［COM（2008）414 final］［SEC（2008）2164］.

㉘　D. Sindbjerg Martinsen, An Ever More Powerful Court?: The Political Constraints of Legal Integration in the European Union（Oxford: Oxford University Press 2015）133 et seq.

保健服务的路径，因而"利用个人需求和意愿重构了欧洲的空间"㉙。

这一结果也使关于医疗保健体系的协调和协调的立法路径的辩论发生了转变。21世纪初，欧盟委员会（市场总局）发布了首份关于内部市场规则在医疗保健服务领域适用情况的报告。㉚ 此后不久，第一份《服务指令》提案中包含了一项关于医疗保健服务的规定。㉛ 这些事件以及欧盟法院的积极作用，最终为通过一项关于跨境医疗保健中患者权利的单独指令奠定了基础。在研究通过该指令的机构环境之前，我们首先讨论该指令所带来的变化。

三 《指令》通过后的医疗保健可及性

《跨境医疗保健中的患者权利指令》通过于2011年。㉜ 该指令原本必须在2013年10月末之前得到实施；但一些成员国的实施工作目前仍处于滞后状态。㉝《指令》的法律依据为规定促进内部市场运行的《欧盟运行条约》第114条和规定公共健康的《欧盟运行条约》第168条。这本身是自相矛盾的，因为《欧盟运行条约》第168条第7款在界定医疗保健

㉙ G. Davies "Legislating for Patients' Rights" in J. W. van de Gronden et al. (eds.) Health Care and EU Law (The Hague: Asser, 2011) at p. 207.

㉚ Commission Staff Working Paper, Report on the Application of Internal Market Rules to Health Services, Implementation by the Member States of the Courts Jurisprudence, [SEC (2003) 900].

㉛ European Commission, Proposal for a Directive of the European Parliament and of the Council on services in the internal market [COM (2004) 2 final].

㉜ 关于该指令的法律影响，有大量的文献资料：A. P. van der Mei "De nieuwe richtlijn betreffende de toepassing van de rechten van de patiënt bij grensoverschrijdende zorg" (2011) Nederlands Juristenblad 2717; D. Delnoij and W. Sauter "Patient Information Under the EU Patients' Rights Directive" (2011) European Journal of Public Health 271; E. Szyszczak "Patients' Rights: A Lost Cause or Missed Opportunity?" in J. W. van de Gronden et al. (eds.) EU Health Care and EU Law (The Hague: Asser, 2011); F. Pennings "The Draft Patient Mobility Directive and the Coordination Regulations of Social Security" in J. W. van de Gronden et al. (eds.) Health Care and EU Law (The Hague: Asser, 2011); M. Peeters "Free Movement of Patients: Directive 2011/24 on the Application Of Patients' Rights in Cross-Border Healthcare" (2012) European Journal of Health Law 19 (56); R. Baeten and W. Palm "Preserving General Interest in Healthcare Through Secondary and Soft EU Law: The Case of the Patients' Rights Directive" in U. Neergaard et al. (eds.) Social Services of General Interest in the EU (The Hague: Asser, 2013) at p. 391; de la Rosa (2012) supra note 15; K. Tomasevski "Health Rights" in A. Eide et al. (eds.) Economic, Social and Cultural Rights (Dordrecht: Martinus Nijhoff, 1995); W. Sauter "Harmonisation in Healthcare: The EU Patients' Rights Directive" (2011) Tilec Research Paper 8。

㉝ H. Nys "After the Transposition of the Directive on Patients' Rights in Cross-Care Healthcare in National Law by the Member States: Still a Lot of Effort to Be Made and Questions to Be Answered" (2014) European Journal of Health Law 21 1–14; 以及参见同一期《欧洲健康法杂志》中的一些文章。

政策、组织提供医疗保健服务、管理健康服务和医疗服务方面，明确规定
了辅助性原则。㉞《欧盟运行条约》第168条在此并不能被作为《指令》
的法律基础，但是用一名成员国代表的话来讲，"把它纳入只是出于视觉
上的原因，但你当然知道其背后的整个历史是内部市场"㉟。与此同时，
《欧盟运行条约》第168条第1款明确规定在制定和解释所有欧盟立法时
需确保高水平的健康保护，这与《欧盟运行条约》第114条第3款中的
类似规定相呼应。虽然这直接指的是"公共健康"而非"医疗保健"，但
是对于医疗保健服务的质量和安全性，人们仍然可以认为在《指令》的
背景下，需要有公共健康和安全规定的具体依据。㊱《指令》的适用范围
相当广泛。其第3条（a）项规定，无论具体如何组织、提供或获得资金
支持，"医疗保健"是指健康专业人员向患者提供的评估、维持或恢复其
健康状态的健康服务，包括开处方、配药以及提供医药产品和医疗器
械。㊲《指令》旨在促进患者在其所属国以外的成员国获得安全和高质量
的医疗服务。㊳但与此同时，《指令》的目标也包括促进医疗保健方面的
合作，以及澄清患者权利［在内部市场的背景下所发展（第1条）］与
《社会保障条例》背景下的跨境医疗保健的关系。㊴

（一）　获取跨境医疗保健的两项机制：区别何在？

《指令》并未改变仍然存在两项机制可以使患者获得跨境医疗保健的
事实。第一项机制如上所述系依据第883/2004号社会保障条例。㊵第二
项机制如今不再仅仅是规定提供服务自由的《欧盟运行条约》第56条以
及欧盟法院在此方面的判例法，而是《指令》。然而，两项机制之间的关
系目前已经受到了《指令》第8条第3款的调整。如果患者申请跨境医
疗保健的事前批准，其所属成员国的主管机构首先会确定是否满足《社

㉞　《欧盟运行条约》第168条第7款：欧盟的行动应当尊重成员国在界定其健康政策以及
组织和提供健康服务与医疗服务方面的职责。成员国的职责应当包含管理健康服务和医疗服务，
并向这些服务分配它们被分得的资源。

㉟　Respondent 2（Deputy Permanent Representative for Health in the Council, 2010）.

㊱　W. Palm and R. Baeten "The Quality and Safety Paradox in the Patients' Rights Directive"
（2011）European Journal of Public Health 21（3）272-4.

㊲　《指令》第1条第2款。

㊳　《指令》第1条和第2条（e）款。

㊴　长期护理、以器官移植为目的的器官分配以及针对传染病的公共疫苗接种计划，被排除
在《指令》适用范围之外。

㊵　《欧盟运行条约》第48条。

会保障条例》规定的事前批准条件。此种情况下，事前批准的授予系依据该条例，除非患者另有要求。《指令》第 8 条第 2 款列举了需要进行事前批准的医疗保健服务的种类。

欧盟法院将拒绝批准的可能性限制在医院医疗场合，而《指令》则将事前批准的可能性扩大到了：符合规划要求的医院医疗保健服务，尤其是为了确保在成员国平等地获得医疗保健服务；至少需住院一夜的医院医疗保健；以及/或者需要极高成本的医疗基础设施的医院医疗保健。可能拒绝事前批准的理由非常广泛，这意味着相较于欧盟法院此前所接受的例外情况，《指令》中列举的例外情况更为具体。与此同时，《指令》也为成员国拒绝事前批准留下了更多理由。[41] 如果根据临床评估可以合理确定患者的安全风险，则这可以为拒绝批准获得跨境医疗保健提供依据。当跨境医疗保健可能给公众带来安全风险时，或者实施治疗的成员国的医疗服务提供者在遵守安全和质量标准及指南方面引发了严重和具体的担忧时，也可以拒绝批准。

当考虑到患者目前的健康状况和可能的病程，在医学上合理的时限内能够在患者所属国为患者提供医疗服务时，可以拒绝事前批准，这一规定与判例法相呼应。[42] 如果争议医疗服务属于患者在其所属成员国有权获得的福利，则患者所属成员国必须在不超过患者接受的医疗服务的实际费用范围内，对跨境医疗服务的费用提供补偿。[43] 医疗费用的计算必须透明，并基于客观非歧视的标准。[44]

医疗费用的计算是一个相当敏感的问题，因为在许多成员国，确切的治疗费用难以确定，而在一些医疗服务由中央和公共资助的成员国，则没有任何可用于确定医疗费用的机制。[45] 为了使患者得到补偿，不得向其强加任何在国家医疗保健体系中常见的额外行政负担或条件，除非这些行政负担可以通过与提供持续、充分、长期的高品质治疗相关的规划要求，或

---

[41]　de la Rosa（2012）supra note 15.

[42]　《指令》第 8 条第 6 款（d）项。

[43]　《指令》第 8 条第 6 款（d）项。

[44]　《指令》第 6 条第 7 款。

[45]　例如在英国，医疗服务系以"实物"的方式提供；see J. Schreyögg et al. "Defining the 'Health Benefit Basket' in Nine European Countries"（2007）European Journal of Health Economics 6 (1) 2-10 and also see Case C-466/04 Yvonne Watts v. Bedford Primary Care Trust, Secretary of State for Health [2005] ECR I-4325。

者通过避免费用和财务、技术或人力资源浪费的愿望，在客观上得以正当化。[46] 出于对压倒一切的公共利益的考虑，可以对跨境医疗保健的补偿规则做出限制，[47] 即将之限制在对于维护公共利益而言必要且合比例的范围之内。此外，如果适用这一限制，需要通知欧盟委员会。[48]

（二）实施和授权：扩张欧盟在医疗保健领域作用的可能性

在通过《指令》的过程中，争议较大的问题之一是如何确定欧盟委员会依据《指令》加强监管或制定实施措施的权力。[49]《指令》设立了一个以实施指令具体方面的规定为目的的委员会。[50] 在制定医疗服务质量和安全的共同指南方面，成员国仅接受了通过其国家联络点交换信息这一形式的合作。[51] 然而，关于医药产品处方和医疗器械处方的认可，欧盟委员会可以采取措施，关于电子处方的互操作性（interoperability），则可以根据监管程序通过指导方针。[52] 该监管程序对于促进成员国在电子健康网络方面的合作也同样适用。这一网络的目的在于为患者和医疗服务提供者创建可以互操作的电子健康系统和服务，并制定将这些电子健康系统中的信息用于公共健康和研究的规则。[53]

此外，为了健康技术评估方面的合作，也建立了一个网络。[54]《指令》还在成员国的医疗服务提供者和专家中心之间建立了欧洲参考网络，以便在为患者提供高度专业化的医疗服务方面建立欧盟范围内的合作，尤其是在罕见病领域。为促进这些网络的建立，《指令》第 17 条还授予了欧盟委员会采取措施的权力。通过利用这些新建立的委员会和网络，欧盟委员会获得了扩大其在医疗保健领域之参与的可能性，尽管这种可能性受到了具体的限制，但这一事实本身就为进一步增强欧盟在人体健康领域的作用提供了一个平台。

---

[46] 《指令》第 7 条第 7 款。

[47] 《指令》第 7 条第 9 款。

[48] 《指令》第 7 条第 10 款和第 7 条第 11 款。

[49] 《欧盟运行条约》第 290、291 条。

[50] 《指令》第 16 条。

[51] 《指令》第 10 条。

[52] 《指令》第 16 条和第 1999/468/EC 号决定第 5 条。

[53] 《指令》第 14 条。

[54] 《指令》第 15 条。

四　跨境医疗保健：一个敏感问题

上文所概述的跨境在另一欧盟成员国获取医疗保健服务的不同路径，说明了过去 20 年来欧盟不同机构行动者之间在医疗保健方面的角力。尤其是在一连串判例法的影响下产生的政治反应，已经在政策话语中得到了详细呈现。本书的阐述并未详细描述所涉问题的复杂性，尤其是与创设跨境医疗保健可及性相关的技术性问题，以及可能涉及的不同的法律因素。[55] 然而，这场政策辩论也表明，医疗保健政策——处理某些极不稳定的健康问题，这些问题涉及个人患者医疗服务的可及性以及相关的共同价值[56]——可以引发关于价值和基本权利的辩论。[57] 就此而言，跨境医疗保健的通过，为一场关于欧盟政策对基本权利和价值之影响的相对明确的辩论奠定了基础。下一节将聚焦欧洲医疗保健政策的这一方面，更详细地讨论《指令》的通过方式。

第二节　《指令》的通过：建立关于价值和
权利的政策话语

《指令》的通过可以分为三个演变阶段，其中每一阶段都有各自的主导者。最初，由于欧盟法院将内部市场规则适用于医疗保健服务，欧盟委员会市场总局居于主导地位，但随着时间的推移，健康与食品安全总局的平行活动得到了发展。当把医疗服务纳入 2004 年《服务指令》提案引发争议时，[58] 健康与食品安全总局取代了市场总局的主导地位。但最终，在欧盟理事会的谈判顺利进行后，欧盟理事会决定"让欧盟委员会的提

---

[55]　See e. g. Martinsen（n 28）. J. W. van de Gronden et al.（eds.）Health Care and EU Law（The Hague：Asser, 2011），以及《欧洲健康法杂志》中的许多文章；进一步的参考，supra note 32。

[56]　C. Newdick "Disrupting the Community—Saving Public Health Ethics from the EU Internal Market" in J. W. van de Gronden et al.（eds.）Health Care and EU Law（The Hague：Asser, 2011）; D. da Costa Leite Borges "Making Sense of Human Rights in the Context of European Union Healthcare Policy：Individualist and Communitarian Views"（2011）International Journal of Law in Context 7（3）335-56.

[57]　E. Muir "The Fundamental Rights Implications of EU Legislation：Some Constitutional Challenges"（2014）Common Market Law Review 51 219-46.

[58]　European Commission（2004）supra note 31.

案去'见鬼'，我们将以理事会的名义起草我们自己的提案"⑤⑨。

一　第一个演变阶段：市场总局

在第一个演变阶段，市场总局居于支配地位。在 20 世纪 80 年代欧盟法院首次做出裁定后，成员国仅仅通过修改《社会保障条例》做出了回应。然而，在 1998 年的 Kohll 案和 Decker 案之后，成员国无法忽视《社会保障条例》已经不再能够作为一个缓冲，抵抗欧盟法对成员国管理本国医疗保健体系之自主权产生的越来越大的影响。欧盟法院的裁判引起了轩然大波：

> 它们（成员国）在欧盟理事会的会议厅里大喊大叫道，欧盟法院的这些判决会破坏医疗保健体系，因此有必要对其进行反思。⑥⓪

该项被认为有必要进行的反思系在健康与食品安全总局的背景下予以组织。1999 年才建立的健康与食品安全总局，当时正试图塑造其自身在欧盟医疗保健政策中的核心角色。⑥① 例如，健康与食品安全总局组织了欧洲健康政策论坛，在该论坛中，健康利益相关者可以从更单一的健康视角，仔细审查内部市场和服务总局、经济和财政事务总局、企业总局（在药品领域）或就业、社会事务和包容总局的提案。⑥② 然而，为了引导就欧盟法院裁判对健康和内部市场的后果展开讨论，新成立的健康与食品安全总局还设立了一个高级委员会，该委员会又设立了一个内部市场与健康工作组。⑥③ 高级委员会就健康战略的发展向欧盟委员会各服务部门提供建议，并且在欧盟委员会的服务部门和成员国的健康主管部门之间交换信

⑤⑨　Respondent 2（Deputy Permanent Representative for Health in the Council, 2010）.

⑥⓪　Respondent 10（Representative Commission Services DG MARKT, 2010）.

⑥①　Respondent 5［MEP（ENVI Committee），2010］；also see S. L. Greer The Politics of European Union Health Policies（Maidenhead/Philadelphia：Open University Press, 2009）；T. K. Hervey and B. Vanhercke "Health Care and the EU：The Law and Policy Patchwork" in E. Mossialos et al.（eds.）Health Systems Governance in Europe：The Role of European Union Law and Policy（New York：Cambridge University Press, 2010）.

⑥②　S. L. Greer et al. "Mobilizing Bias in Europe：Lobbies, Democracy and EU Health Policy - Making"（2008）European Union Politics 9（3）403-33.

⑥③　See High Level Group on Health Services and Medical Care—information from the Commission（15190/04, Brussels）at p. 25.

息，其成员系由健康部门指定。[64] 内部市场和服务总局对这一发展持有一定的怀疑：

> 我认为它是个好想法；我认为当欧盟法院的判决引起了组织论坛以供讨论的情绪时，它是个好想法。但这其中存在危险。欧盟法院的判决作为法院判决应当得到尊重，不应该利用这些论坛推翻欧盟法院的判决；这就是这种做法的风险。[65]

高级委员会的总体目标是将原先在内部市场背景下管理的政策领域纳入健康政策框架。[66] 此外，高级委员会总结道，尽管完全统一健康体系从实践层面来看是不可能的，但可以利用"里斯本议程"中的开放式协调方法将欧洲医疗保健政策纳入主流。[67] 然而，与此同时，内部市场和服务总局已经在准备一项关于内部市场服务指令的提案，打算向其中纳入一项关于医疗保健的条款。[68] 另外，欧盟法院当时仍然在继续做出限制和界定事前批准规则的判决。[69] 同时，健康部长理事会呼吁开展高级别反思程序。[70] 参与这一反思程序的行动者包括一个部长级别的工作组，及国际互助协会（the International Mutual Association）等民间团体；医院和医生的

---

[64] David Byrne, Commissioner for Health and Consumer Protection, "Enabling Good Health for All, A reflection process for a new EU health strategy", European Communities (2004), available at: < http: //www. ec. europa. eu/health/archive/ph _ overview/documents/pub _ good _ health _ en. pdf > (last accessed March 2014).

[65] Respondent 10 (Representative Commission Services DG MARKT, 2010).

[66] European Commission, The Internal Market and Health Services, Report of the High Level Commitee on Health, Brussels, 17 September 2001 (该文件的基础系 EHMA 的研究，即 1958—1998 年发布的与内部市场有关的条例、指令、决定和欧盟法院的裁决，有可能影响成员国的医疗保健体系）; see European Health Management Association, "The European Union and Health Services: The Impact of the Single European Market on Member States", Summary of a Report to the European Commission Directorate General for Research (BIOMED2) Dublin (2001) at p. 19。

[67] Report of the High Level Committee on Health, The Internal Market and Health Services (2001); also see K. Armstrong and C. Kilpatrick "Law, Governance, or New Governance? The Changing Open Method of Coordination" (2007) Columbia Journal of European Law 13 649-79.

[68] European Commission (2004) Commission Communication on patient mobility and health care developments in the EU [COM (2004) 301 final].

[69] J. B. Cruz (2011) supra note 13.

[70] 2002 Council Meeting, Ministers for Health, Conclusions of the Council and the Representatives of the Member States Meeting in the Council of 19 July 2002 on Patient Mobility and Health Care Developments in the European Union (OJ C 183/01).

代表；以及代表患者、健康管理者和社会保险的群体。⑦ 虽然这次反思系由欧盟理事会发起，但为了寻求对欧盟法院判决的共同回应，各成员国也利用该论坛表达了保留健康领域职责的坚定意愿。⑦ 内部市场和服务总局的一名代表表示：

> 该部长工作组最终并未实现其目标。自然结果本将是接受欧盟法院的司法裁判，并因此接受健康服务被纳入《服务指令》……事实上，会员国最终寸步不让，只是拒绝接受欧盟法院的司法裁判。⑦

事实上，在高级别反思程序进行的同时，内部市场和服务总局也在开展着相关的平行活动。在 2003 年 7 月的一份工作报告中，欧盟委员会研究了成员国执行欧盟法院判例法的程度。其特别考虑了 1998 年的 Kohll 案和 Decker 案，以及 2001 年的 Smits 案、Peerbooms 案和 Vanbraekel 案。该报告的主要结论是，成员国并未充分考虑欧盟法院判例法的后果。报告发现，事前批准程序几乎仍然全面适用于医院和非医院医疗服务。此外，在确定治疗是否具有实验性时，通常依据的仍然是国家医疗标准，而非判例法所要求的国际循证标准。⑦ 总体而言，这份报告试图说明将医疗保健纳入 2004 年《服务指令》第 23 条的必要性，理由是建立服务市场的附加价值可能会超过最初对有约束力的医疗保健框架的抵触。⑦ 然而，这一条款以及《服务指令》中原属国原则（the country-of-origin principle）的普遍适用引发了欧盟理事会和欧洲议会的强烈抗议，后者威胁要完全废除《服务指令》。此外，纳入医疗保健条款的提案也引发了欧洲劳工联盟的强烈反对。

---

⑦　Minutes of the Meeting on the High level Reflection process on Patient Mobility and Health care Developments in the European Union, 3 February 2003 （HLPR/2003/2 REV1）.

⑦　Respondent 2 （Deputy Permanent Representative for Health in the Council, 2010）.

⑦　Respondent 10 （Representative Commission Services DG MARKT, 2010）（补充强调）。

⑦　Commission Staff Working document, Report on the application of internal market rules to health services. Implementation by the Member States of the court's jurisprudence ［SEC （2003） 900］ Case C-368/98 Abdon VanBraekel and Others v. Alliance nationale des mutualités chrétiennes （ANMC） ［2001］ ECR I-5363.

⑦　Respondent 10 （Representative Commission Services DG MARKT, 2010）; Respondent 12 （Representative Commission Services DG SANCO, 2010）.

　　在此背景下，2005 年 3 月的欧洲理事会表示，拟议的《服务指令》如果包含医疗保健条款，将无法获得通过。[76] 此外，在 2005 年的一份关于患者流动性和医疗保健发展的报告中，欧洲议会也表达了对《服务指令》中纳入医疗保健条款的强烈反对。[77] 是故，《服务指令》中最终删除了医疗保健条款（《服务指令》第 2 条第 f 款）；根据欧盟委员会的意见，这一结果是由于技术上的复杂性、舆论的敏感性以及医疗保健中涉及大量公共资金，这意味着《服务指令》中的单一条款并不能公正地处理医疗保健的特殊情况。[78]

二　第二个演变阶段：健康与食品安全总局——采用"健康价值与权利"的方法

　　在将医疗保健纳入《服务指令》的工作终止后，健康与食品安全总局仍然参与着高级委员会的相关工作。另外，就业、社会事务和包容总局在医疗保健和长期护理方面采用了一种开放式的协调方法。[79] 因此，尽管《服务指令》中未纳入医疗保健条款，但关于医疗保健的讨论和政策交流始终未曾停止。然而，健康与食品安全总局如今成了主角。与《服务指令》中纳入医疗保健服务的提案同步发展的想法，如今得到了扩张。2004 年高级别反思程序之后的通信文件（the Communication）不仅涵盖患者的流动性，而且还包括关于医疗保健政策合作的一般想法，具体包括关于健康信息技术、电子健康和健康技术评估的想法。[80] 此外，这些交流还提出设立一个关于健康服务与医疗服务的常设高级小组，以将之前的高级委员会制度化。该高级小组迄今为止已制定了一系列关于跨境医疗的战

---

　　[76]　See European Council, 22 and 23 March 2005（7619/1/05, REV 1）.

　　[77]　Report of the European Parliament, 29 April 2005, on patient mobility and health care developments in the European Union［2004/2148（INI）］.

　　[78]　European Commission, Amended proposal for a Directive of the European Parliament and of the Council on services in the internal market（COM/2006/0160 final）European Parliament, Resolution of 23 May 2007 on the impact and consequences of the exclusion of health services from the Directive on services in the internal market［P6 TA（2007）0201］.

　　[79]　See A. de Rujiter and T. K. Hervey "Healthcare and the Lisbon Agenda" in P. Copeland and D. Papadimitriou（eds.）The EU's Lisbon Strategy, Evaluating Succes, Understanding Failure（New York: Palgrave MacMillan, 2012）.

　　[80]　European Commission（2004）.

略，例如有关医疗服务采购和共同医疗原则的战略。[81]

在 2006 年的健康理事会会议上，成员国认为在其再次讨论欧盟范围内的医疗保健问题前，需要确定一些宪法界限。故此，健康理事会通过了一项"欧盟健康体系中共同价值和原则的声明"，以为如何在欧洲层面组织和协调医疗保健提供立法基准，尤其是患者权利和医疗保健的普遍可及性方面。[82] 此后不久，欧洲议会在 2007 年通过了一项决议，呼吁制定有约束力的立法保障患者权利。[83] 作为回应，健康与食品安全总局启动了一项关于健康服务的公共咨询，旨在汇集关于患者流动性的数据，并就制定更有约束力的跨境医疗保健立法文件提出了一些更广泛的想法。这些想法涵盖的方面包括：医疗责任与赔偿机制；欧洲参考中心（罕见病专业医疗中心）；对创新的管理；共享高级小组开发的作为制定欧洲循证医疗保健政策基础的数据。[84] 虽然通信文件表明也有可能对社会保障立法进行改革，[85] 但《跨境医疗保健中的患者权利指令》的草案当时已在拟订之中，并最终于 2008 年 7 月发布。[86] 该指令的提案系作为 21 世纪欧洲新社会议程的一部分被提出。[87] 与《服务指令》的第一份提案相比，这标志着方法上的转变。欧洲社会议程的明确目标是为发展中的经济增长议程提供一项制衡力量。虽然此时关于医疗保健的有约束力的立法又被提上了议事日程，但内部市场和服务总局内部仍然持悲观态度：

[81]　See e. g. European Commission HLG, Work of the high level group on health services and medical care during 2005 (HLG/2005/16); European Commission HLG, Work of the high level group in 2006 (HLG/2006/08, 2006); Centres of Reference for rare diseases in Europe: State-of-theart in 2006 and recommendations of the Rare Diseases Task Force to the the High Level Group on Health Services and Medical Care (December 2006), available at: <http://www. ec. europa. eu/health/ph_threats/non_com/docs/contribution_policy. pdf> (last accessed February 2014).

[82]　Council Conclusions on Common values and principles in European Union Health Systems (2006/C 146/01) (OJ 146/1).

[83]　European Parliament resolution of 23 May 2007 on the impact and consequences of the exclusion of health services from the Directive on services in the internal market [2006/2275 (INI)].

[84]　Communication from the Commission, Consultation regarding Community action on health services [SEC (2006) 1195/4]; European Commission, Summary report of the responses to the consultation regarding "Community action on health services" [SEC (2006) 1195/4].

[85]　Commission Communication (2006) supra note 84.

[86]　Commission Proposal for a Directive of the European Parliament and of the Council on the Application of Patients' Rights in Cross-Border Healthcare [COM (2008) 414 final].

[87]　Commission Staff Working Paper, Towards a Renewed Social Agenda for Europe-Citizens' Well-Being in the Information Society [SEC (2008) 2183] [COM (2008) 414 final].

　　我们对《患者权利指令》的结果非常悲观；大多数成员国想要的只是一个拒绝给予患者批准的法律框架，我认为这令人震惊。[88]

三　第三个演变阶段："欧盟理事会的提案"——引入成员国

　　由健康与食品安全总局起草的《指令》提案于 2007 年推迟，并于 2008 年年初再次推迟。该提案系围绕三个主要方面展开：第一，其列出了欧盟所有健康体系中的共同原则；第二，其描述了一个与欧盟法院判例法类似的跨境医疗保健的具体框架；第三，其制定了欧洲医疗保健政策合作的基本规则。[89] 谈判初始的推迟系由成员国、欧洲议会和欧盟委员会之间就《指令》内容的严重分歧所致。这场辩论变得非常激烈，以至于人们担心该提案会妨碍《里斯本条约》的通过。[90] 这些困难也与相互冲突的话语有关：

　　　　起初，健康与消费者总局（健康与食品安全总局）让内部市场和服务总局的一名公务人员处理相关材料，这使得与欧盟委员会的第一次会议上的讨论极其困难。他们傲慢地走进会议室："我们带着我们的提案而来，并拥有内部市场作为法律依据，无论是否愿意，你们都必须接受它。"所以如果你问我的话，这就是讨论为何历时几乎一年的原因。[91]

　　在此方面重要的是，如今系由健康与食品安全总局起草的提案，当时将要在欧盟理事会的公共健康工作组中进行谈判，这意味着理事会的代表并未将医疗保健视为一项"市场产品"：

　　　　欧盟委员会从内部市场和服务总局派人来参加健康工作组。他们

---

[88]　Respondent 10（Representative Commission Services DG MARKT, 2010）.

[89]　See Commission Proposal（2008）supra note 86.

[90]　L. Kubosova "Brussels Postpones Landmark Bill on EU Cross-border Health Care Until 2008"（2007）European Observer at<https：//euobserver. com/economic/25361>；H. Mahoney "EU Health Bill Pulled Amid National and MEP Criticism"（2008）European Observer at < https：//euobserver. com/social/25426>.

[91]　Respondent 3（MS Representative Working Party on Public Health in the Council, 2010）.

认为自己是坚不可摧的，因为他们一直在内部市场和服务总局中处理这些问题。那么，他们将接连感到惊奇，因为他们对我们医疗保健体系的组织方式知之甚少。[92]

在第一年的谈判之后，欧盟理事会内部普遍认为除非他们对起草过程本身更加积极主动，否则《指令》将永远无法获得通过：

> 第一份提案太夸张、太过头了。欧盟理事会和欧盟委员会之间完全不存在有效的讨论。所以我们欣然决定在理事会内部起草我们自己的提案，这样提案就是我们的文本，而不再是血腥的欧盟委员会的文本——这是一个非常重要的心理因素。欧盟委员会是在用火箭筒打苍蝇；这就是我们真实的感觉。[93]

然而，欧盟理事会内部的谈判也同样相对低效。理事会中谈判的第一个重点是医疗保健相关的辅助性问题，医疗保健不久前在《欧盟运行条约》第168条中被重申为专属于成员国的职责。然而，对于该问题，无论是在公共健康工作组还是在成员国常驻欧洲副代表（COREPER I）中，抑或是在欧盟理事会中，都无法达成一致意见。而且，法国、捷克和瑞典主席国提出的折中提案也全部遭到了否决。[94]

---

[92] Respondent 4（MS Representative Working Party on Public Health in the Council, 2010）.

[93] Respondent 2（Deputy Permanent Representative for Health in the Council, 2010）；以及 "我们预见到的提案后果的一半，他们自己都没有预见，所以他们提出了一个基于市场的提案，而完全未考虑医疗保健体系的组织方式"，Respondent 4（MS Representative Working Party on Public Health in the Council, 2010）。

[94] See e. g. Czech Presidency proposals and amendments proposal for a Directive of the European Parliament and of the Council on the application of patients' rights in cross-border healthcare［2008/0142（COD）7379/090］；Questions from the Presidency to the Council, in preparation for the Council meeting on 8 and 9 June 2009 on the Proposal for Directive of the European Parliament and of the Council on the Application of Patients' Rights in Cross-Border Health Care［2008/0142（COD）10027/09］；Committee of Permanent Representatives to Council of the European Union, Proposal for a Directive on the Application of Patients' Rights in Cross-Border Health Care［2008/0142（COD）1600/09］, in preparation for Council Meeting on Employment, Social Policy, Health and Consumers Affairs, 30 November and 1 December, 2009；Working Document on the Proposal for a Directive of the European Parliament and of the Council on the Application of Patients' Rights in Cross-Border Healthcare from the General secretariat of the Council to the Working Party on Public Health（11307/08 SAN 136 SOC389 MI 234 CODEC 904）［2008/0142（COD）15655/08］at p. 11.

四　对立的价值：市场 VS 健康

提案的修正草案在欧洲议会"共同决定程序 124"（the co-decision procedure 124）的一读中获得了通过，[95] 尤其是有关成员国允许获取跨境医疗保健之职责的章节。[96] 此次辩论导致欧洲议会两极分化，从中间分裂开来。[97] 在欧洲议会内部，关于内部市场和消费者保护委员会（IMCO 委员会）与环境、公共健康和食品安全委员会（ENVI 委员会）中由何者主导医疗保健的提案，也发生了争议："其他委员会一直施压，要求就提案享有平等权利。"[98] 与此同时，欧洲议会也注意到了欧盟委员会内部市场与服务总局和健康与食品安全总局之间的持续内讧：

> 所以该问题在欧洲议会中也同样存在。欧盟委员会内部市场服务部门和健康与环境服务部门之间存在竞争关系。[99]

然而，欧洲议会和欧盟理事会之间的谈判也同样困难：

> 欧洲议会已经确立了一项完全不同的使命："我们支持患者的权利"，这是具有新的外观元素的《指令》……因此其中也存在非常多的紧张关系，因为他们必须从月亮上下来到地球上：你们难道不知道我们现在正在讨论的问题是如何运行的吗？真是令人难以置信。[100]

与此同时，内部市场和服务总局开始启动关于获取医疗保健服务的违规诉讼程序（infringement procedures），这也使情况变得更加复杂。内部

---

⑨⑤　Draft Report by Parliamentary Committee on the Environment, Public Health and Food Safety, Rapporteur John Bowis, on the proposal for a directive of the European Parliament and of the Council on the application of patients' rights in cross-border healthcare ［COM（2008）0414-C6-0257/2008-2008/0142（COD）］.

⑨⑥　European Parliament legislative resolution of 23 April 2009 on the proposal for a directive of the European Parliament and of the Council on the application of patients' rights in cross-border healthcare ［COM（2008）0414-C6-0257/2008-2008/0142（COD）］.

⑨⑦　大多数"反对"意见来自左派，see H. Mahoney "Cross border Health Proposal Splits Parliament"（2009）European Observer。

⑨⑧　Respondent 5 ［MEP（ENVI Committee），2010］.

⑨⑨　Respondent 7（MEP，2010）.

⑩⑩　Respondent 2（Deputy Permanent Representative for Health in the Council，2010）.

市场和服务总局在医疗保健方面的抱怨颇多：

> 违规诉讼此前系由就业、社会事务和包容总局负责，但它们没有采取任何措施；它们把它放在一个小角落、小柜子里……然后在欧盟法院做出所有判决之后，它们决定将违规诉讼事务移交给内部市场和服务总局负责。[101]

这意味着在《服务指令》中删除了医疗保健条款后，内部市场和服务总局开始启动医疗保健问题的违规诉讼程序，以形成该主题相关的判例法。这引起了内部市场和服务总局与健康总局之间的摩擦。在就《指令》进行谈判的同时，内部市场和服务总局继续启动着违规诉讼程序，健康总局对此并不完全理解。

> 我们（健康总局）说，我们尤其不要在该领域启动违规诉讼程序，以免鼓励欧盟法院在该领域做出司法宣告，让我们不得不坐下来挠头说，这对我们的提案意味着什么？[102]

然而有趣的是，健康与食品安全总局在欧盟委员会内部明显没有足够的力量阻止这些违规诉讼程序启动：

> 我们与内部市场和服务总局就此进行了沟通，但有时并不怎么成功，所以我们问它们："这样做是为了什么？"我们告诉它们不仅不要启动，而且要停止继续启动，因为这样做会失败，而且我们已经在欧盟法院中败诉了……上一个针对法国的案件不仅在事实方面败诉，而且法律依据也并不充分，这是给欧盟委员会的一记响亮的耳光。[103]

五　通过限制和界定的悖论式权力扩张

虽然《指令》中的许多问题引发了大量讨论，尤其是电子健康和事

---

[101]　Respondent 10（Representative Commission Services DG MARKT, 2010）.

[102]　Respondent 13（High level representative Commission Services, DG SANCO, 2010）.

[103]　Respondent 13（High level representative Commission Services, DG SANCO, 2010）, and see Case C-64/09 European Commission v. French Republic［2010］ECR I-03283（关于涉及医院外的大型医疗设备的跨境医疗费用补偿）.

前批准规则等问题，但在关于授权和实施的谈判中，成员国对欧盟委员会在医疗保健领域的意图的一些不信任感越来越明显。然而，另一个重要的复杂因素是谈判系在《里斯本条约》通过之时进行，此时并不确定依据《欧盟运行条约》第 290、291 条向欧盟委员会授予权力，或者将实施权力移交给欧盟委员会意味着什么："当然我们仍然不知欧盟委员会依据授权性法案和实施性法案可以做什么。"[⑭] 例如，医疗服务的质量将如何监管以及由谁来监管。

欧盟委员会在初始提案的第 5 条（a）项中建议，医疗服务的质量、团结和普遍可及性适用国际标准。然而，欧盟理事会希望以一个系统替代该语言，该系统需要能够使患者可以轻易获得关于跨境适用的质量标准以及医疗指南和医疗协议（protocols）的透明信息。[⑮] 这意味着成员国的医疗保健服务仍然系依据国家标准提供：[⑯]

> 他们想要在医疗质量方面拥有指导权限；他们并未谈论工作程序。但指导权限并不仅限于开放式协调方法（OMC），其还包括由欧盟委员会确定医疗标准……然而，应当由我们决定诊疗目录的范围。[⑰]

> 他们在第 5 条，最初是第 3 款中给自己在质量和安全方面开了一张完全空白的支票。他们说欧盟委员会将通过指导方针发挥推动作用，并未提及工作程序。我们说："你们的提议没有法律依据。"他们回答道："我们在内部市场和服务总局一直这样做。"[⑱]

> 欧盟委员会正试图攫取更多权力……他们越能控制医疗保健体系的运作方式，就越能显示欧洲正在取得一些成就。[⑲]

　　⑭　Respondent 3 (MS Representative Working Party on Public Health in the Council, 2010).

　　⑮　Draft Progress Report from the Working Party on Public Health to the Permanent Representatives Committee in Preparation of the Council Meeting of 16 and 17 December on the Proposal for a Directive of the European Parliament and of the Council on the Application of Patients' Rights in Cross-Border Health-care [2008/0142 (COD) 16781/08].

　　⑯　Working Document Council Working Party on Public Health (2008).

　　⑰　Respondent 3 (MS Representative Working Party on Public Health in the Council, 2010).

　　⑱　Respondent 4 (MS Representative Working Party on Public Health in the Council, 2010); also see COREPER (2008); also see Case C-208/07 Petra von Chamier-Glisczinski v. Deutsche Angestell-ten-Krankenkasse [2009] ECR I-6095.

　　⑲　Respondent 3 (MS Representative Working Party on Public Health in the Council, 2010).

当《指令》最终于 2011 年获得通过时，欧盟委员会最初的提案在对跨境医疗保健实行事前批准的能力、对欧盟委员会的授权以及其他许多方面被大幅削减。最终，欧盟委员会内部深感失望："是的，这是一个被冲淡的梦想。"⑩ 然而，其中也有一些实用主义的思想：

> 你不能向成员国强加它们不愿意的立法，因为最终你会面临实施难题；它们会通过不适用这一立法的后门与你抗争。⑪

第三节 积石成墙：超越市场的健康政策和法律

《患者权利指令》的通过说明在政治上敏感的政策领域制定政策话语，可以为更有约束力的法律规则"提供基础"——尤其是由于《指令》将医疗保健的可及性作为一项欧洲层面提供的福利待遇，围绕其产生的争议引发了欧盟层面的冲突性话语，并在欧盟的机构环境中得到了体现。对各机构的不同立场可作如下总结：

> 欧盟委员会旨在将该体系作为内部市场的一部分予以保护，欧洲议会的目的系保护和捍卫患者，欧盟委员会与欧洲议会关系密切，而两者都遭到了欧盟理事会的反对，因而自然结成了对抗欧盟理事会的联盟。⑫

欧盟理事会代表着管理医疗保健体系以及其财务可持续性的立场。

> 当然对于成员国而言，《欧盟运行条约》第 114 条规定了欧盟对成员国规则的统一，第 168 条则又规定了对统一的排除，这一矛盾对成员国非常重要。一开始对我而言非常清楚的是，欧盟委员会认为，"我们将利用欧盟法院的判决放开对医疗保健领域的限制"。反正大家对其都持这样的看法。它们想要掌控医疗保健市场，这是它们对医

---

⑩ Respondent 13（High level representative Commission Services，DG SANCO，2010）（原文强调）。

⑪ Respondent 13（High level representative Commission Services，DG SANCO，2010）（原文强调）。

⑫ Respondent 2（Deputy Permanent Representative for Health in the Council，2010）。

疗保健体系的称呼。但我们说不，提供良好的医疗保健体系是我们成员国政府的基本任务。[113]

《指令》通过之时，"由于各自不同的视角"，各机构内部和各机构之间发生了一些重大的冲突和内讧。[114] 事实上，健康与消费者总局的一名代表评论道：

> 它们（内部市场和服务总局）的视角与我们不同：它们支持自由服务，而我们的目的是保障患者权利和民众福祉。[115]

这些相互冲突的话语简言之体现了欧盟在健康领域的作用交织情况，欧盟以创设欧盟层面的医疗保健福利待遇和权利为目标，通过"市场矫正"政策和福利政策发挥作用。就此而言，欧盟政策话语在影响成员国医疗服务提供的首个法院判例出现时，可能便已经开始，因为贯穿这一切的一直是成员国在国家预算方面的自主权这一突出问题，以及关于市场政策和健康政策的实质性讨论。

一　政策话语的制度化

然而，通过平衡政策目标（健康 VS. 市场 VS. 基本权利）而引发的政策辩论，使得临时性或非正式的政策制定机制得以制度化。在《指令》谈判期间便已制度化的高级小组，被纳入了欧洲健康战略，并成为欧盟理事会主持下的"结构化实施"机制的一部分。[116] 此外，一些网络也依据《指令》得到了制度化，如参考中心和健康技术。与此同时，为解决医疗保健相关的宏观经济政策问题，开放式协调方法得以建立。[117] 医疗保健政策话语的性质从"内部市场话语"演变为"健康和权利话语"，后者包含对平衡健康语境下的价值和权利的考虑。这一话语转变也反映在机构发展

---

[113]　Respondent 4 (MS Representative Working Party on Public Health in the Council, 2010).

[114]　Respondent 2 (Deputy Permanent Representative for Health in the Council, 2010).

[115]　Respondent 13 (High level representative Commission Services, DG SANCO, 2010).

[116]　See Council Conclusions on a cooperation mechanism between the Council and the Commission for the implementation of the EU Health Strategy 2876th EPSCO Council meeting (Luxembourg, 10 June 2008).

[117]　de Ruijter and Hervey (2012) supra note 79.

当中；在医药方面，用欧洲药品管理局一名代表的话来讲："我们现在已经建立了一个（医药产品的）内部市场，可以将注意力主要转移到对健康的影响上来。"[118]

二　从健康价值的政策辩论到法律

与此同时，《指令》的通过显示了医疗保健政策的制度化演变并不是一个线性过程，而是一个软性协调缓慢增多以及就立法权限进行谈判的过程。

> 所有这些较软性的关键意图和欧盟理事会的结论……不久后你会发现欧盟委员会是真正的大师，其引用欧盟理事会的这些结论，建立一种或真或假的紧迫性以提出更为严厉的措施。所有此等信息交流，等等……如果你将1000块这些石头垒在一起，你就会得到一面墙，那么你就拥有了足够的重要力量以提出严肃的提议，如以内部市场为正当理由建议就跨境医疗保健制定立法……为了《指令》所做的工作中，有许多都与无约束力的活动相关，例如关于共同价值、进行反思工作的高级小组，以及所有这些不具法律约束力的平台以及互动机制、会议、反思小组等。这些工作一次又一次地进行，作用在于让我们对提出有法律约束力的成品更有思想准备。[119]

故此，如果不考虑成员国努力对《指令》所做的限制，例如在事前批准方面，由于如今具备了讨论进一步的立法和监管的基础，欧盟在医疗保健领域的权力最终得到了增长。这方面的一个重要原因是，通过重构参与其中的机构行动者，即现在更多的是健康政策专家，而非农业或内部市场专家，《指令》的通过强化了欧盟的医疗保健政策。《指令》设立了若干政策论坛（委员会和网络），通过这些论坛，欧盟的权威作用可能会进一步增长。

---

[118]　Respondent 20（High level representative European Medicines Agency, 2010）.

[119]　Respondent 2（Deputy Permanent Representative for Health in the Council, 2010）.

第四节　欧盟医疗服务的可及性：
对价值和权利的影响

本节聚焦欧盟在医疗保健领域的权力扩张对基本权利和价值的影响，主要围绕《指令》对医疗保健服务质量和安全以及事前批准所做的规定进行分析。选择这两项元素用于分析的原因是，两者是《指令》调整的核心和争议问题。关于事前批准的规定构成了《指令》旨在规范的核心内容，即成员国在何种情况下可以否认跨境医疗保健的可及性？关于质量和安全的其他规定则极具争议性，因为欧盟各国医疗服务的质量和安全差异很大，对此做出改善可能会使成员国付出高昂的代价。

"跨境医疗保健中的患者权利指令"这一名称具有暗示性，因为"患者权利"意味着与通常在该术语下进行衡量的个人权利的关联。然而，如许多评论家所言，《指令》并未明确涉及通常意义上的患者权利。[120] 尽管《指令》涉及的方面属于获取医疗保健权的范畴，但健康权通常也可以在医疗保健政策方面发挥作用，尤其是在涉及防止生命损失的情形，例如在医疗设施的安全和质量方面。《指令》的主要明确目标是实现患者医疗服务的可及性。[121]《指令》第4条列举了治疗所在成员国的职责，且明确规定了成员国须遵守普及性原则、获取优质医疗的原则、公平原则以及团结原则。其中的基本思想是治疗所在成员国必须确保来自另一成员国的患者能够基于其需求获得治疗，以及在健康体系如何回应公众需求和健康体系所服务的患者的需求方面，整个欧盟有一套共同的价值和原则。[122]

---

⑫　参见本书第三章第三节第二项；H. Nys "After the Transposition of the Directive on Patients' Rights in Cross-Care Healthcare in National Law by the Member States: Still a Lot of Effort to Be Made and Questions to Be Answered" (2014) European Journal of Health Law 21 1-14; M. Peeters "Free Movement of Patients: Directive 2011/24 on the Application of Partients' Rights in Cross-border Health-care" (2012) European Journal of Health Law 19 (56) 29-60; de la Rosa (2012) supra note 15; W. Sauter "Harmonisation in Healthcare: The EU Patients' Rights Directive" (2011) Tilec Research Paper 8; also see R. Baeten and W. Palm "Preserving General Interest in Healthcare through Secondary and Soft EU Law: The Case of the Patients' Rights Directive" in U. Neergaard et. al. (eds.) Social Services of General Interest in the EU (The Hague: Asser, 2013), p. 391。

⑫　正如立法过程中出现的不同话语所表明的，立法者之间和文献当中显然已经假定了隐含的目的；also see references in supra note 32。

⑫　Recital 21 of the Directive and see Council Conclusions on Common values and principles in European Union Health Systems (OJ C 146/1, 2006).

一　健康权:《指令》中的医疗保健质量和安全

就健康权而言，当患者在跨境医疗中因医疗服务的安全或质量欠缺而死亡或受伤时，质量和安全将成为重要问题。总体而言，欧盟的监管政策影响着医疗的质量和安全。[123] 然而，现今并无任何欧洲法规来确定整个欧盟的医疗标准，曾经为此所做的统一努力也被排除在了《指令》之外。[124] 目前，关于提供治疗成员国的医疗标准的信息，必须由国家联络点予以提供。[125] 这是由于成员国想要保留对该事项的控制权。虽然在此方面未做出任何统一规定，但《指令》第 10 条中规定了一种软性治理形式，即成员国必须在医疗保健的质量和安全标准方面进行互助与合作。[126]

与此同时，如果对于患者寻求跨境医疗服务的国家的医疗标准没有保障，成员国有具体和严重的担忧，则成员国可以拒绝患者获取跨境医疗服务。[127] 鉴于《指令》促进了患者跨境医疗保健的可及性，这就将跨境情况下的特定医疗纳入了欧盟法的范畴。[128] 这意味着如果在跨境情况下提供的医疗服务的标准方面发生问题，则可能会适用基本权利。

然而，《指令》在治疗所在成员国需要提供的医疗保健质量和安全性方面，仅做出了有限的信息要求——患者所属成员国仍有可能基于质量和安全的担忧而拒绝患者获取跨境治疗，或者拒绝为试图摆脱本国劣质医疗的患者提供事前批准。[129] 患者所属成员国在有"具体和严重的担忧"时，可以做出此等拒绝。然而，存在疑问的是，患者所属成员国的医疗保健主管部门对于国外医疗机构中的情况是否具有足够信息，或者此等信息是否会向其提供，以用于恰当地保护其本国患者。在保护患者于治疗所在成员

---

[123]　H. D. C. Roscam Abbing "Patients' Right to Quality of Healthcare：How Satisfactory Are the European Union's Regulatory Policies？" (2012) European Journal of Health Law 19 (5) 415–22.

[124]　M. Peeters (2012) supra note 36 at p. 43.

[125]　《指令》第 4 条第 1 款、第 4 条第 2 款 (a) 项和 (b) 项。

[126]　M. Peeters (2012) supra note 36 at p. 55 also see W. Palm and R. Baeten "The Quality and Safety Paradox in the Patients' Rights Directive" (2011) European Journal of Public Health 21 (3) 272–4.

[127]　《指令》第 8 条第 2 款 (c) 项、第 5 条 (a) 项。

[128]　Case C–617/10, Åklagaren v. Hans Åkerberg Fransson [2013] ECR 1–0000.

[129]　Case C–268/13 Elena Petru v. Casa Judeteană de Asigurări de Sănătate Sibiu and Casa Natională de Asigurări de Sănătate (ECLI：EU：C：2014：2271). See also M. Frischhut and R. Levaggi, "Patient Mobility in the Context of Austerity and an Enlarged EU：The European Court of Justice's Ruling in the Petru Case" (2015) 119 Health Policy 1293.

国免遭不安全医疗条件侵害方面，相关的信息提供要求非常有限。通过治疗所在成员国的国家联络点向"来访患者"提供的信息具有局限性，因为该信息无须翻译，而且无须通过考虑文化差异、期待和医疗保健体系的组织形式等确保患者已经理解了该信息。[130]

是故，如果患者因为公共机构过失造成的系统性劣质医疗而受伤或死亡，则其本人（或者其近亲属）可以基于健康权向国家健康机构提起诉讼（取决于医疗保健体系的组织形式），可能也会同时提起生命权诉讼。然而，考虑到保护的缺乏以及通常假设患者有能力充分知悉并理解跨境医疗的潜在风险，《指令》本身是否真正为保护患者生命和健康提供了保障，是存在疑问的。因此，一方面，《指令》促进了跨境医疗的可及性，但并未保障跨境医疗的安全性，这对健康权造成了影响。另一方面，《指令》开放获取跨境医疗的能力，促进了患者获得在质量和安全性方面可能高于国家水平的医疗服务。[131] 对上述因素的讨论说明了《指令》与健康权和获取医疗保健权的联系。

二 健康权：《指令》中的事前批准

《指令》通过后，考虑到成员国更有可能行使其事前批准权力，患者主动寻求跨境医疗保健的可能性受到了限制。[132] 因此，尽管《指令》为跨境医疗带来了可能性，但通过制造进一步的行政障碍，《指令》的通过限制了"欧洲路径"，进而影响了欧盟层面的获取医疗保健权。

然而，问题在于，在欧洲层面，健康权对于获取医疗保健服务的要求是什么？首先，《宪章》第35条和生命权相结合，可以为个人诉讼提供依据，例如在以资源有限为由拒绝提供医疗服务时。[133] 这可能出现在这样一种情况下：一些成员国出于生命质量甚至是医疗服务配给政策的考虑，可能不鼓励延长生命的治疗，因而拒绝了患者的事前批准请求，进而导致患者无法获得延长生命的治疗。当结合《宪章》第4条关于施加非人道或有辱人格待遇的规定解释第35条时，可以为另一项个人诉讼提供依据。在此种情况下，如果疼痛或残疾患者被拒绝获取跨境医疗，并且被要求等

㉚ 《指令》第4条第2款（b）项。

㉛ Frischhut and Levaggi（n 129）.

㉜ S. de la Rosa（2012）supra note 15 at p. 39.

㉝ As also suggested by Respondent 15（High level representative Commission Services SANCO, 2010）.

待本国医疗，则其可以基于自己受到了非人道或有辱人格的对待以及医疗保健权而提起诉讼。[134]

确保患者获得事前批准的必要性，凸显了欧盟在健康权方面面临的困难。《指令》在欧盟层面创设的获取医疗保健权，可能会妨碍成员国层面的获取医疗保健权。成员国采用了一系列方式确保医疗保健的平等可及，包括配给医疗的不同方式。《指令》创设的跨境医疗保健可及性，可以同时保障并妨碍医疗保健权。然而，《宪章》第 35 条强调了成员国层面的获取医疗保健权，这可被视为暗示了在本国获得医疗保健服务的可能性高于跨境获得医疗保健服务的可能性。接下来的分析将转向欧盟健康政策对个人权利的影响。

三　欧盟健康政策对个人权利的影响

在欧盟基本权利的分析框架中，个人权利方面的专门分析首先聚焦于知情同意权以及隐私权和数据保护权。这些个人权利在健康政策背景下具有特别的含义和分量。知情同意权与人格尊严权和人身完整权紧密相关。[135]

四　个人权利：《指令》中的知情同意

一般而言，医疗保健政策可以通过多种方式影响个人权利。在此方面，平等对待权对于获取医疗保健权而言格外重要。[136] 然而，由于知情同意权及隐私权和数据保护权在健康领域的特殊重要性，为了说明欧盟健康政策对基本权利的影响，我们选择将这两者作为重点。

《指令》第 4 条第 1 款规定，跨境医疗保健服务依据治疗所在成员国的立法予以提供。这意味着认定侵害知情同意之基本权利的侵权行为，原则上适用治疗所在成员国的法律规定。在此方面，各成员国适用不同的医疗标准。其中的重要差异尤其涉及医生为使患者能够同意治疗而必须向患

---

[134]　For example Case C-466/04 Yvonne Watts v. Bedford Primary Care Trust, Secretary of State for Health ECR I-4325.

[135]　《宪章》第 1、3 条。

[136]　J. V. McHale "Fundamental Rights and Health Care" in E. Mossialos et al. (eds.) Health Systems Governance in the EU: The Role of EU Law and Governance (New York: Cambridge University Press, 2012); TK Hervey and JV McHale, European Union Health Law (Cambridge University Press 2015).

者提供的信息。针对知情同意的注意义务的不同模式，可以按照一个光谱进行排列。在光谱的一端，医生依法有权代表患者决定患者需要知道的信息。而在光谱的另一端，医生必须考虑患者的具体个人需求。[137] 例如，在英国，关于医疗场景下信息提供的法律规则，系由一位"审慎的医生"在类似情况下将告知理性患者的内容所决定。而在德国，知情同意的标准系由对一个问题的回答决定，即为了同意治疗，什么对于该"个人患者"而言是重要的？[138]

就《指令》而言，决定患者为同意治疗而需要之信息的标准，并非完全由治疗所在成员国的医生决定。《指令》第 4 条第 2 款 (b) 项规定，医疗服务提供者应当提供相关信息帮助患者个人做出知情选择，包括关于治疗选择的信息，以及关于其提供之医疗服务的质量与安全性的信息。《指令》第 4 条第 2 款 (a) 项则规定了应请求，治疗所在国的国家联络点应当向患者提供关于治疗所在成员国适用的质量和安全标准及指南的信息。[139]

关于提供相关信息以使患者做出知情同意，《指令》并未要求医生向他国患者提供比其向本国医疗保健体系内的患者提供之信息更多的信息。[140] 然而，无论患者是否提出要求，医生都必须向患者提供此等信息。此外，治疗所在成员国也可以要求医疗保健体系内的其他行动者向患者提供信息，如健康保险机构。[141] 此外，《指令》第 6 条第 3 款还规定国家联络点应当向患者提供关于医疗服务提供者的信息，包括应请求提供的有关提供者提供服务之权利或者对其执业执照所做之限制的信息；关于治疗所在成员国适用的立法的信息；关于患者权利、投诉程序，以及在发生跨境医疗损害时可选择哪些解决争议的法律和行政手段的信息。[142]

---

[137] See L. L. Emanuel "Four Models of the Physician-Patient Relationship" (1992) Journal of the American Medical Association 267 (16) 2221-6; also see R. R. Faden and T. L. Beauchamp A History and Theory of Informed Consent (New York: Oxford University Press, 1986).

[138] See generally A. de Ruijter "Patient Autonomy in Europe" in J. Rutgers (ed.) European Contract Law and the Welfare State (Groningen: Europa Law, 2010).

[139] 《指令》第 6 条规定了国家联络点的任务和职责。

[140] See generally H. Nys "The Right to Informed Choice and the Patients' Rights Directive" (2012) European Journal of Health Law 19 (4) 327-31.

[141] 《指令》的叙文 20。

[142] 《指令》第 10 条第 4 款与此相关，其在将数据保护规则纳入考虑的同时，要求治疗所在成员国确保在其领土上建立的国家或地方登记簿中所列的健康专业人员的执业权利信息，在其他成员国官方机构为了跨境医疗的目的而提出要求时，能够向其他成员国官方机构提供。

《指令》在知情同意方面带来了一个复杂的问题，因为医生依据《指令》无须向来自其他成员国的患者提供更多的信息。语言在此方面可能是一个障碍，因为医生没有义务以患者母国的语言向其提供信息。[143] 另一个问题是患者对其即将接收的信息可能具有的文化和法律期待。如上文德国和英国的法律规则所示，来自德国的患者可能期待收到其认为对个人情况而言重要的所有信息，然而在英国，医生对于决定理性患者在该情况下需要知道哪些信息享有更多的自主权。在此方面，《指令》并未就跨境医疗中涉及的知情同意的注意标准，提供替代性的指示。如果仅适用成员国的立法和法律规则，那么当患者因语言或文化差异而未实际理解治疗选择时，可能会构成侵犯《宪章》所规定的知情同意权。

故此，《指令》中的知情同意规则包含的内容非常有限，因为其并未具体规定知情同意需要的所有信息的实质性内容，如治疗风险和可能的并发症。这意味着《指令》本身并未对知情同意权提供保障——对于确定患者在做出与其健康有关的决定时充分知情，《指令》为成员国设置了一个较低的门槛，这导致个案中知情同意权也会受到影响。

五 个人权利：隐私权和数据保护权

隐私权的保护作为一个一般性的人格尊严和医疗保密问题，也十分重要，因为若不对隐私权加以保护，患者可能倾向于就其健康状况的某些方面向医生撒谎，从而引起诊断错误，或者患者可能不再寻求医疗服务。《宪章》第7条规定了隐私权，第8条规定了数据保护权。《指令》也就隐私和个人数据的保护做出了专门规定。《指令》第4条第2款（e）项规定，治疗所在成员国需要确保患者的私人生活和数据得到保护。而对此的确保需要与旨在实施欧盟数据保护规定的国家立法一致。[144] 此外，第4条第2款（f）项规定，接受跨境医疗服务的患者有权就其治疗获得书面或电子医疗记录，以及至少一份符合数据保护指令国家实施措施的医疗记录副本。

《指令》的叙文（Recital）25承认了跨境医疗保健通过确保在跨境医

---

[143] 《指令》第5条第5款。

[144] Directive 95/46/EC（1995）；Directive 2002/58/EC of the European Parliament and of the Council of 12 July 2002 concerning the processing of personal data and the protection of privacy in the electronic communications sector（OJ L 201, 31-07-2002, pp. 37-47）.

疗保健的连续性方面，关于患者健康状况的个人数据应当从一个成员国流向另一个成员国，有可能影响《宪章》第 8 条。另外，其指出，应确保患者对自身医疗档案的可及性，[145] 例如关于诊断、检查结果、主治医生的评估以及所提供的治疗干预。然而，尚不明确的是医生所做的个人记录是否应当被作为医疗档案的一部分，不过依据《宪章》第 7 条，其应属于隐私权的范畴。[146] 故此，数据保护权和隐私权都受到了《患者权利指令》的直接影响。

第五节　政策框架斗争的影响：市场、健康、价值和权利

　　权力斗争以及其中相互冲突的政策框架的作用，标志着围绕《患者权利指令》的通过而产生的争议。权力斗争一方面发生在机构行动者之间，另一方面发生在欧盟和成员国之间。欧盟委员会不同总局之间的斗争为：内部市场和服务总局想要控制医疗保健"市场"，而健康与消费者总局则基于医疗保健是一个需要考虑特殊健康因素的特殊政策领域，要求自身发挥一定作用。然而，欧盟理事会和欧洲议会之间的斗争则涉及由谁来代表欧洲公民。就此而言，《指令》是一项真正的欧洲意义上的"公民指令"，[147] 因为其影响到福利待遇的纳入或排除。在该方面，欧洲议会系由保护患者个体所驱动，而欧盟理事会和成员国则是由保护以共同体或国家团结为基础的医疗保健体系所驱动。这些斗争很大程度上是相互冲突的关于基本价值的政策框架和医疗保健政策的重要性所致。

　　在斗争进行的过程中，一些机构行动者和论坛得到了发展和制度化，从而使医疗保健政策成为欧洲对话的一部分。例如，健康与消费者总局发起的高级程序最初被视为给关于欧盟在医疗保健中作用的欧盟辩论降温的一项工具，但这一"降温"最终创造了一个安全地带，使得成员国可以讨论一些远远超越欧盟法院判例法汇编的其他医疗保健问题。用于讨论这些问题的论坛中有一些如今已在《指令》中得到制度化。电子健康、参

---

　　[145]　《指令》第 3 条（m）项有所规定。

　　[146]　Case F-46/09 V & EDPS v. European Parliament（5-7-2011）（尚未发布在《工作人员案例报告》的"公务员法庭"部分）依据《欧洲人权公约》第 8 条做出的判决；ECtHR Case of Z v. Finland Application No. 22009/93（25 February 1997）。

　　[147]　Davies（2011）supra note 29 at p. 207.

考中心和处方的可转移性，对于编纂欧盟法院判例法而言都不是严格必要的。这些行动者不仅仅在实施协调活动，在某些情况下，欧盟还拥有实际的授权权力或实施权力，以管理能够影响基本权利的医疗服务的特定方面。此外，即使是在欧盟仅仅促进关于特定政策议题或关于协调成员国医疗保健体系之辩论的情况下，如上文中的公务人员所言，"积石成墙"的权威性和可能性最终也可以促成实际的法律规则。然而，或许令人惊奇的是，基本权利从未被明确讨论过，即使是在《指令》的名称提及了患者权利之时。与此同时，基本权利被欧盟委员会视为通过诉讼提升和强化欧盟在医疗保健领域之权力的机会：

> 我认为重要的是看《宪章》（和基础条约）的平等地位将如何体现。因为，公民将如何把它作为一项工具予以利用，或者健康利益相关者将如何努力动员对欧洲健康政策的支持以及对诉讼加以利用？[148]

下一章将就欧盟委员会代表提出的这一点，以及欧洲健康政策对基本权利之影响的深层次启示展开讨论。

---

[148]　Respondent 13（High level representative Commission Services，DG SANCO，2010）.

第七章　价值、权利和人体健康之内在关系的欧盟宪法制约

> 欧盟健康政策……就像你在山上行走。山很高，你正走在山顶上。它的两边都很陡峭，必须通过同等正当的利益进行平衡。[1]

在本书导言部分，一位公务人员把欧盟的参与描述成一场"无声的革命"。这一描述突出了本书中的两条主线：一是欧盟公权力在健康政策和法律方面持续性的"无声"扩张，尽管欧盟政策和法律在合法性方面受到一定限制。二是欧盟健康政策在保护、提供和促进公共健康与医疗保健方面，对成员国共同的指导性基本权利和价值之影响的"革命"。在最后一章中，两条主线将汇集到一起。本章的主旨为，虽然欧盟在公共健康和医疗保健领域的权力正在扩张，但目前限制欧盟在人体健康领域之权力的宪法规则并未针对人体健康做出具体设计，因而无法捍卫与人体健康法律和政策内在相关的价值与权利。这提出了一个问题：在成员国共同的价值和权利之间，是否存在法律空间和共同基础来缓和目前的紧张关系？

第一节　齐趋并驾：健康法和欧盟内部市场

在西方世界以及其他地区的健康法中，价值和人权构成了大多数健康法律文件组织结构的核心内容。然而，根据包括本书中的叙述在内的大多数叙述，欧盟健康法系作为内部市场法的一个附带问题进行发展。此外，

---

[1] Respondent 3（MS Representative, Working Party on Public Health in the Council, 2010）. 本章的部分内容已经出版，参见 T. K. Hervey, C. A. Young, and L. E. Bishop（eds.）Research Handbook on EU Health Law and Policy（Cheltenham：Edward Elgar, 2017）。

欧盟健康法的出现，系由于国家健康法律法规在建立欧盟内部市场（放松管制）的总体目标下成了例外。Cassis de Dijon 案是一件与此相关的著名且具有奠基性的欧盟法院判决。在该案中，欧盟法院就通过健康相关的酒精法律的国家权力范围做出了裁定。② 在取消国家管制障碍以建立欧盟内部单一市场方面，欧盟健康法律和政策也是重新管制欧盟市场的手段。Tobacco 案明确了欧洲立法者不得制定将健康作为核心和单一目标的立法。大多数欧盟健康法都必须具备与内部市场的联系以作为其法律依据（《欧盟运行条约》第 114 条，以及《欧盟运行条约》第 168 条中的特定条款）。③ 这在食品安全、医药以及在另一成员国获取医疗福利方面有许多例子，在这些例子中，市场联系是欧盟健康法规的（法律）依据。然而，近半个世纪以来，成员国健康法的发展则是立基于相当不同的基础。

　　一般而言，成员国的健康法调整在面对生命、疾病和死亡相关的共同风险与机会时，团结、伦理、专业信任和保护人之身体尊严的关系。④ 成员国的健康法总体上表达了团结、普遍可及、平等和人之尊严的价值，这在健康相关的基本权利中也得到了反映。这些价值在国家公共健康计划和医疗保健体系中以各种方式得到了体现。⑤ 欧盟各成员国的一般性规则——所有公民享有医疗服务的"普遍可及性"，表达了平等和团结的价值。⑥ 在医学研究和医学诊疗中保护知情同意的规则，或者保障"知情和不知情权"以及身体完整不可侵犯之权利的国家法律，表达了人之尊严的价值。在公共健康领域，有关优生学的规则和其他研究相关的法规，也表达了人之尊严的价值。除了一般的国家法律和政策表达了健康法的价值和原则外，这些价值在宪法和（欧盟或欧洲委员会的《欧洲人权公约》

---

　　② See Case 120/78 Rewe－Zentral AG v. Bundesmonopolverwaltung für Branntwein（Cassis de Dijon）ECLI：EU：C：1979：42，［1979］ECR 649. 该案通过确立"合理规则"（Rule of Reason）拓宽了条约（如今的《欧盟运行条约》第 36 条）中针对商品的公共健康例外的范围，但该项规则仅适用于平等对待来自另一成员国之产品的国家措施。

　　③ Case C-376/98 Germany v. European Parliament and Council（Tobacco Advertising I）ECLI：EU：C：2000：544［2000］ECR I-8419.

　　④ T. K. Hervey and J. V. McHale European Union Health Law：Themes and Implications（Cambridge：Cambridge University Press，2015）.

　　⑤ E. D. Kinney and B. A. Clark "Provisions for Health and Health Care in the Constitutions of the Countries of the World"（2004）Cornell International Law Journal 37 285-355. B. Toebes "Introduction：Health and Human Rights in Europe"，Health and Human Rights in Europe（Cambridge：Intersentia，2012）.

　　⑥ 任何人都不得被拒绝获得医疗服务。

的）人权适用中也到了体现。⑦

因此，成员国的国家健康法很大程度上保护了一些与健康和人之尊严特别相关的权利，⑧ 如知情同意、医疗和健康数据保护、保密和专业医疗标准、医疗责任以及平等地"普遍"获取医疗服务的权利。⑨ 国家健康法中的权利和目标的共同基础，是健康法的"价值"。欧盟目前的宪法秩序设置，即欧盟可在人体健康领域行使权力的方式，以及欧盟在人体健康管制方面作用逐渐增大的背景，提出了一个关键问题：欧盟法如何在规制人体健康问题时保障与之内在相关的核心价值和权利。有鉴于本书在具体案例研究中的发现，即欧盟健康法律和政策在医疗保健与公共健康领域对基本权利和价值具有（隐性）影响，该问题格外重要。

第二节　无声革命：对基本权利和价值的隐性影响

本书主要通过"健康法"的视角研究欧盟公共政策和法律，这意味着将健康法内在的生命伦理价值和基本权利纳入了考虑。本书并非意在提出医疗保健和公共健康法律与政策不同于欧盟其他敏感政策领域。然而，人体健康问题清晰地揭示了欧盟的一些宪法难题。分析的起点系基于一项事实，即《欧盟运行条约》第 168 条并未反映欧盟对人体健康的实际参与和影响。为明晰欧盟在人体健康领域的权力，本书将欧盟健康政策和法律基本定义为以保护和促进人体健康为目的，通过欧盟政治体系对价值所做的权威性分配。这一定义的目的在于描述欧盟通过制定和影响人体健康相关的政策目标的能力行使权力的情况，例如通过基于各种法律基础（内部市场、健康、农业等）的正式立法，以及通过不同的监管和政策模

---

⑦　Kinney and Clark（2004）supra note 5；H. J. Leenen "Health Law in the Twenty-First Century"（1998）European Journal of Health Law 5 341；H. J. Leenen, J. K. M. Gevers, and G. Pinet The Rights of Patients in Europe（Deventer：Kluwer, 1993）；J. Legemaate "Integrating Health Law and Policy：A European Perspective"（2002）Health Policy 60 101；T. Hervey "We Don't See a Connection：The 'Right to Health' in the EU Charter and European Social Charter", Social Rights in Europe（Oxford：Oxford University Press, 2005）；J. V. McHale, "Fundamental Rights and Health Care", Health Systems Governance in the EU：The Role of EU Law and Governance（Cambridge：Cambridge University Press 2012）.

⑧　M. Frischhut " 'EU'：Short for 'Ethical' Union? The Role of Ethics in European Union Law"（2015）Heidelberg Journal of International Law 75 531.

⑨　A. de Ruijter "EU Integration in the Field of Human Health, Review Article"（2016）Journal of European Integration 38（7）837-43.

式。将欧盟健康政策定义为"对价值的权威性分配"承认了欧盟并非总是从法律上参与健康领域，或者说欧盟的参与甚至可能对成员国或个人无约束力。然而，其仍然具有权威性价值，并且最终可能会对基本权利和价值产生影响。

本书阐明了欧盟在人体健康领域扩张权力的方式，而且本书中的案例研究表明，由于人体健康政策和法律与某些权利和价值的内在关系，欧盟在扩张其权力的过程中，或显性或隐性地承担了义务，并影响了基本价值和权利。在前文所描述的一些情形中，这一影响引发了依据基本权利和价值提起诉讼或进行法律审查的可能，在健康政策仅仅只是作为欧盟内部市场法的副产品而制定的情形亦同样如此。然而，即使在健康政策并不必然产生法律后果的场合，基本权利和价值也能在处理人体健康问题时发挥作用。

一　纵向影响：欧盟和成员国之间

（一）医疗保健

基于健康权对《患者权利指令》所做的分析表明，欧盟层面的获取医疗保健权依赖于成员国层面的该项权利。在成员国层面，提供全民健康覆盖通常是宪法所要求的成员国的职责，以及一项共同的价值。[10] 此外，医疗保健体系近年来的演变极度复杂精细，并且需要广泛的规划和治理。[11] 是故，简单地实现欧盟层面的获取医疗保健权，可能会侵犯成员国保障全民健康覆盖或医疗服务平等可及的义务，并且可能反过来破坏欧盟层面的健康权。

西班牙医疗保健体系的例子可以说明这一影响。西班牙通过配给制平衡获取医疗保健之再分配权利的方式为，要求患者到其各自网络内的医生或医院处就诊。欧洲层面的获取医疗保健权根据定义超出了网络（即在另一成员国），因而直接影响了西班牙国家医疗保健体系的管理。[12] 其不

---

⑩　Kinney and Clark （2004） supra note 5. Council Conclusions, "Council Conclusions on Common Values and Principles in European Union Health Systems" （O. J C 146/1, 2006）.

⑪　F. W. Scharpf "The European Social Model: Coping with the Challenges of Diversity" （2002） Journal of Common Market Studies （40） 645-70.

⑫　T. Requejo "Cross-border Healthcare in Spain and the Implementation of the Directive 2011/24/EU on the Application of Patient's Rights in Cross-border Healthcare" （2014） European Journal of Health Law （21） 79-96.

仅影响了西班牙官方机构重新分配医疗保健待遇的可能性，而且还影响了该体系自身的逻辑和机制，即该体系系作为配给和重新分配医疗服务的一种合理方式而发展并被西班牙公民所接受。引入超出网络的获取医疗保健权可能会对该体系造成整体性损害，而且由于这可能影响所有欧洲人寻求在西班牙获取医疗服务，因而也会影响到欧盟层面的健康权。

（二）公共健康

公共健康方面的健康权要求公共机构"在个人和整个共同体的相互冲突的利益之间……实现合理平衡"[13]。欧盟通过在人体健康领域的参与，隐性地实现了个人和共同体之间的这一平衡。来自公共健康案例研究的一个例子是，当对疑似患有传染病的个人的接触者进行追踪时，基于保护共同体免遭特定疾病的共同利益，患者的个人信息可以在成员国之间进行交流。[14] 此外，在平衡个人权利和共同体权利的同时，欧盟还为成员国增加了另一个宪法层次，而成员国也在对公民的合法权利诉求和共同体的合法权利诉求进行平衡。在隐性的权利平衡中增加欧盟层面，直接提出了该"共同体"范围的合法性问题，以及对于人体健康领域公众利益和个人利益之间的这些敏感行为，欧盟和成员国何者具有发言权。[15]

二 横向影响：（机构上界定的）政策领域之间

（一）医疗保健

条约中有几处提到了人体健康，其中最重要的是规定欧盟在人体健康领域不享有一般立法权（《欧盟运行条约》第 168 条第 5 款针对公共健康领域，第 168 条第 7 款针对医疗保健领域），而依据《欧洲联盟条约》第 5 条关于权力归属的一般原则，这似乎是对欧盟立法者制定人体健康法律与政策的过度禁止。与此同时，欧盟基础法律当中有多处提到了保护和促进人体健康这一主流化条款，包括：《宪章》第 35 条；规定共享性和支

---

[13] ECtHR Nikky Sentges v. the Netherlands （Admissability）［2003］Application No. 27677/02 (8 July 2003).

[14] P. Dąbrowska-Kłosińska "Tracing Individuals under the EU Regime on Serious, Cross-Border Health Threats: An Appraisal of the System of Personal Data Protection" （2017）European Journal of Risk Regulation 8 700.

[15] G. Davies "Democracy and Legitimacy in the Shadow of Purposive Competence" （2013）European Law Journal 21 2; G. Davies, "The Process and Side-Effects of Harmonisation of European Welfare States" Jean Monnet Working Paper No. 2/06 （2006）.

持性权限的《欧盟运行条约》第 4、6 条；以及《欧盟运行条约》第 9 条、第 114 条第 3 款、第 168 条第 1 款；等等。

本书在有关通过《患者权利指令》的案例研究中，介绍了关于该指令的法律依据的辩论，而这一辩论则体现了欧盟为争取在现今欧盟基础法律中清楚可见的权威性和合法政策空间所进行的横向斗争。这场辩论触及了欧盟在影响医疗保健可及性方面正式作用有限的核心。[⑯] 由于《欧盟运行条约》第 168 条第 7 款明确禁止欧盟管制医疗保健服务，故该项围绕《指令》法律依据进行的极其热烈的讨论系以《指令》立基于《欧盟运行条约》第 114 条（内部市场的运行）为中心。斗争也发生在机构之间，如内部市场总局、健康总局甚至就业总局，它们就谁来负责医疗保健可及性问题存在争议。

横向斗争系由成员国的作用所促成，成员国想在一定程度上承认欧盟对医疗保健体系的管制和协调并不仅仅是内部市场问题，以及拟议立法涉及成员国医疗保健体系的内在价值。这一情况导致了欧盟理事会结论的通过，其目的在于抵御欧盟内部市场法对成员国层面的医疗保健可及性这一政治敏感领域的侵蚀。[⑰]

《欧盟运行条约》第 114 条作为名称中包含"患者权利"的《指令》的法律依据，也同样被认为存在问题。一位公务人员评论道，尽管《指令》只能基于《欧盟运行条约》第 114 条，但出于"美观原因"，《欧盟运行条约》第 168 条也被作为法律依据。[⑱] 这些"美观原因"显示出《指令》的合法性存在问题，因为对《欧盟运行条约》第 168 条的援引表明《指令》不仅仅是内部市场法，而且也依据获取医疗保健权平衡了公共机构的义务。

这些被认为是通过《患者权利指令》所必需的有时自相矛盾的立法依据，体现了健康政策和基本权利之间始终存在的内在联系，以及该监管领域所涉及的相关政治分配福利（political distributary welfare）问题。《指令》本身对医疗保健可及性也有重要影响的事实，可能表明未来将会有

---

⑯　D. Sindbjerg Martinsen, An Ever More Powerful Court? The Political Constraints of Legal Integration in the European Union（Oxford：Oxford University Press，2015）chapter 5；D. Sindbjerg Martinsen and H. Vollaard "The Rise of a European Healthcare Union"（2015）Special Issue Comparative European Politics 15（3）337–52.

⑰　Council Conclusions, supra note 10.

⑱　Respondent 2（Deputy Permanent Representative for Health in the Council, 2010）.

更多此类辩论。⑲

（二）公共健康

虽然在成员国的健康法中，公共健康和医疗保健领域得到了合理的界定，但在欧盟对人体健康领域的参与中，欧盟公权力的不同功能却并不清晰。如前所述，条约中多处提及了人体健康和公共健康。除了立法中提到以外，人体健康在《欧盟运行条约》第 36 条中还被作为一项例外理由，对于将公共健康作为工人自由流动和设立权的例外理由，《欧盟运行条约》第 45 条和第 52 条也同样十分重要，这两条规范同时也是欧盟自由流动法中比较重要的条款。

在欧盟公共政策这一广阔领域中，重点是欧盟公共健康这一较具"技术性"，也可以说负载价值较少的领域。然而，本书的分析显示了欧盟健康政策对基本权利和价值的影响。如前所述，欧盟每年在内部市场和农业领域通过的大量公共健康法规，可能与欧盟近年来承担的典型的公共健康职能横向交织在一起。例如，关于猪流感暴发的案例分析表明，欧盟没有制定疫苗接种战略的正式权力。事实上，《患者权利指令》也明确排除了对国家疫苗接种政策的适用。⑳然而，鉴于欧盟负责着大流行疫苗的批准，如猪流感案例所示，在紧急情况下，欧盟也可以通过引入一些正式和非正式的欧盟机构行动者参与国家疫苗接种战略（这些战略是保护健康权的重要方面）。

公共健康的案例研究进一步显示了欧盟保护健康权的义务可以如何超出其旨在建立自由市场的政策。故此，欧盟的"市场矫正政策"，如药品安全政策，与向所有人提供药品的经典福利政策交织在一起，甚至如猪流感案例所示，在具有高度伦理争议的疫苗接种战略等事项中也同样如此。疫苗接种战略中的问题是，在紧急情况下谁应当最先获得疫苗。

另外，在个人权利方面，欧盟健康法律与政策的影响体现了在处理欧盟范围内的人体健康等敏感政策领域时面临的宪法困难。例如，如公共健康的案例研究所示，大流行期间的疫苗批准所需要的临床证据，要少于通

---

⑲　Request for a preliminary ruling from the Fövárosi Közigazgatási és Munkaügyi Bíróság（Hungary）lodged on 28 March 2018—VIPA Kereskedelmi és Szolgáltató Kft v. Országos Gyógyszerészeti és Élelmezés-egészségügyi Intézet（Case C-222/18）.

⑳　Directive 2011/24/EU of the European Parliament and of the Council of 9 March 2011 on the application of partients' rights in cross-border healthcare（OJ L 88/45, 4-4-2011）.

常情况下的中央批准程序。第五章中提到，为应对猪流感而批准的一种欧盟范围内的大流行疫苗，被发现会导致嗜睡症这一神经系统疾病。此种情况下，在考虑欧盟大流行药物审批程序在基本权利方面的合法性时，可能会提起生命权诉讼。与此同时，大流行情况下获取药物的社会权可能会限制生命权诉讼，或者反过来，可以基于生命权和健康权就欧盟确保药物可及性的义务提起诉讼。然而，总体而言，健康领域的法律人对于权利之间的此种紧张关系并不陌生：

　　　健康法已经在很大程度上促使人们意识到健康和人权紧密相关，尤其在那些个人利益和社会公众需求之间可能产生紧张关系的领域。㉑

在欧盟健康政策这一政策法律性质并不确定，且参与某个问题的不同机构行动者不断增多的领域，欧盟在保护和促进人体健康方面的作用，以及该作用对个人权利的限制这两个方面的影响，是非常不确定的。

例如，如公共健康案例研究所示，在应对猪流感暴发时，健康安全委员会认为接触者追踪对于遏制病毒传播具有必要性，但依据法律其无权就接触者追踪做出决定。是故，欧盟委员会不得不引入 EWRS 委员会通过决定的权力，以在欧盟范围内跟踪和追查患者的接触者。虽然该决定在形式上可能并无问题，但从实质上而言其侵犯了个人医疗信息保密的权利。㉒ 而且，尽管这些信息交流可能属于《数据保护指令》中公共健康例外的范畴，但它们仍然会对患者保护隐私和数据的个人权利产生影响。做出该项决定的机构也应当能够被问责。

总体而言，欧盟健康政策的影响在于，欧盟事实上且通常隐含性地平

㉑　J. Legemaate "Integrating Health Law and Policy: A European Perspective" (2002) Health Policy 60 101–10 at p. 102.

㉒　猪流感疫情发生后，健康安全委员会的地位随即变得更加正式。Communication from the Commission to the Council on Transitional Prolongation and Extension of the Mandate of the Health Security Committee in View of a Future General Revision of the Structures Dealing with Health Threats at the EU Level [COM (2006) 699 Final]; Commission Proposal for a Decision of the European Parliament and of the Council on Serious Cross-Border Threats to Health Brussels [COM (2011) 866 Final]; Decision No. 1082/2013/EU, Decision No. 1082/2013/EU of the European Parliament and of the Council of 22 October 2013 on Serious Cross-Border Threats to Health and Repealing Decision No. 2119/98/EC (OJ L 293/15–11–2013).

衡了保护和促进健康的积极职责与该职责对健康权和个人权利的限制。然而，这一平衡的发生往往是欧盟健康政策制定的意外结果。与此同时，鉴于欧洲法律体系作为成员国法律体系之上的一个"层次"的特殊性质，欧盟义务之平衡的发生不仅与欧洲人个人的自主权相关，也与成员国的法律自主权相关。

第三节　去政治化作为人体健康规制的宪法制约

一般性的宪法难题并不是一个新现象，其限制了欧盟考虑人体健康法律和政策中涉及的所有健康权利和价值的能力。事实上，如某些人所言，"目的性权力"，即内部市场目标为立法提供了压倒性的合法理由，与规定欧盟仅在成员国自身无法有效实现特定目标场合方有行动权的辅助性原则㉓相结合，并不能构成一项恰当的工具，来平衡其他价值和基本权利以及使这些价值和权利得到最佳保护的治理水平。㉔

一　限制价值、权利和福利的角度

在成员国层面，这些宪法制约也对考虑其他合法目标的能力产生了影响，如人体健康保护以及与之相关的其他价值和基本权利。例如，沙普夫（Scharpf）提出，欧盟在内部市场目标以外领域的有限立法权限制造了宪法上的不对称性。㉕欧盟在制定"市场矫正"政策方面的制度和法律约束，有利于经济自由主义的利益和政策，这反过来限制了成员国在国家层面追求其他福利和价值目标。此外，如本书导言部分所述，如果欧盟健康政策由于非正式的临时事件影响了基本权利，那么由于欧盟的参与系作为一个事实而非法律问题而发生，无论是欧盟立法权限的授予还是行使，都无法决定欧盟角色的合法性。保护成员国层面的健康法律法规中内含的团结、平等、普遍可及性和人之尊严这些价值，可以通过上文所列的基本权

㉓　《欧盟运行条约》第 5 条第 3 款。

㉔　Davies（2006）supra note 15 ［辅助性作为欧盟一体化的一项工具，是基于特定的（立法）目的对法律的有效性进行评估，而非对价值进行平衡］。

㉕　A. de Ruijter and T. K. Hervey "Healthcare and the Lisbon Agenda" in P. Copeland and D. Papadimitriou（eds.）The EU's Lisbon Strategy：Evaluating Success，Understanding Failure（Basingstoke：Palgrave，2012）；see F. Scharpf "The Asymmetry of European Integration or why the EU cannot be a 'Social Market Economy'"（2010）Socio-Economic Review 8（2）211.

利的法律表达进行。然而，适用《宪章》和欧盟法律原则之下的基本权利保障，也会受限于欧盟法的适用范围。这可能意味着在成员国无义务遵守欧盟公共健康政策协调的场合，由于不存在对个人权利的欧盟保护，成员国仍然可以我行我素。

迪特·格林（Dieter Grimm）提出欧盟的宪法制约来自"过度宪法化"。在大多数政治体系中，宪法的功能在于确立政治权力的合法性并制约政治权力。他指出，宪法规则构成了"政治的框架，而非所有政治决定的蓝图"[26]。欧盟的"过度宪法化"是指四项自由和建立内部市场的目标凌驾于其他所有合法政策目标之上，其原因在于条约中缺乏科层制（hierarchy），以及四项自由和建立内部市场的目标在条约中的宪法地位和功能系被作为欧盟法院的宪法审查标准。

鉴于欧盟法院在重申将国家公共健康因素重塑为"例外"，甚至超越了条约中提及的那些例外方面发挥了核心作用，欧盟的健康领域体现了格林（Grimm）的观点。[27] 然而重要的是，在人体健康领域，成员国的健康法直接受到了欧盟参与的影响。[28] 自由化和私人化，连同全球化效应以及欧盟的宪法背景，使得成员国为保持其经济竞争力，很难坚持自身的社会福利标准。[29]

由于平等、团结、普遍可及性等价值以及相关的基本权利，欧盟可用于减轻这些影响的预算非常有限的事实，加剧了对成员国健康法的影响。欧洲公共健康计划的预算很低，较之公共健康和医疗保健服务与计划的国家预算相形见绌。但欧盟公共健康计划也的确是欧盟层面积极一体化的例证之一，其实际上对社会福利领域的资金进行了重新分配。而且，尽管欧盟公共健康计划近年来不得不在极低的预算下运行，[30] 但它们同为健康事业拨款 60 多亿欧元的欧盟研究计划的更大预算有所联系。公共健康计划委员会确定的优先事项，会在研究总局主导下选择的优先资助事项中

---

[26]　D. Grimm "The Democratic Costs of Constitutionalisation: The European Case: Democratic Costs of Constitutionalisation"（2015）European Law Journal 21 460.

[27]　参见 Cassis de Dijon 案和"合理规则"，supra note 2.

[28]　T. K. Hervey and J. V. McHale Health Law and the European Union（Cambridge: Cambridge University Press, 2004）. 在该第一版中，该书对这一动态情况进行了细致的描绘。

[29]　Grimm（2015）supra note 26.

[30]　平均 3 亿—5 亿欧元。

得到体现。㉛ 此外，许多公共健康预算系通过共同资金获得拨款，这意味着任何活动或行动通常都需要至少 40% 来自其他渠道的资助。此处的另一相关方面是欧盟公共健康计划在分配欧盟结构基金中发挥作用，因为公共健康计划的目标在结构基金中健康优先事项的预算方面得到了体现。㉜

这些预算制约也解释了许多就欧盟基础法中的欧盟权限所做的斗争。此外，欧盟对健康法的基本价值和权利的影响并不仅限于本书中提到的案例和示例。欧盟的宏观经济政策对成员国健康价值的保护具有深度且愈发重要的影响。在最近的一项研究中，索科尔（Sokol）和米亚托维奇（Mijatović）展示了欧盟的欧洲稳定机制对人体健康政策的影响，该机制系由（或为了）欧元区国家建立的治理结构。㉝ 对于在欧元危机期间接受财务援助的国家，欧洲稳定机制建立了谅解备忘录（Memorandums of Understanding，MoU），并由欧盟委员会进行监督。违反这些谅解备忘录可能会引发制裁。因此，这些成员国的医疗保健体系，尤其是其确定本国医疗保健支出预算的能力受到了直接影响。鉴于欧洲稳定机制处于欧盟法律领域之外，第一个问题就是其是否适用基本权利方面的欧盟法。此外，成员国还受制于"欧洲学期"（European Semester）这一基于《稳定和增长公约》（*the Stability and Growth Pact*）的国家宏观经济和财政政策的欧盟治理机制。就此而言，成员国也在被迫削减健康领域的公共开支。㉞

二 无宪法保护的人体健康因素的合法化功能

人体健康在条约中的宪法地位，以及成员国在寻求欧盟层面共同宪法基础时遇到的困难，与医疗保健市场和公共健康保护中涉及的敏感平衡行为息息相关。与此同时，欧盟一直在进行"拖泥带水，得过且过"（mud-

---

㉛ 欧盟层面与研究和健康的这种联系可以追溯到 20 世纪 50 年代，当时欧洲煤钢共同体资助了职业病方面的研究计划。20 世纪 70 年代尤其是 80 年代，对于传染病的研究也得到了共同体的资助；这主要是在共同市场和共同农业的背景之下。然而，在研究和技术领域，生物医学研究系在生物技术方面获得欧洲层面的资助。Commission，"Biology and Health Protection Programme：Research Programme 1976-1980"（Proposal）COM（75）351 final.

㉜ J. Watson "Health and Structural Funds 2007-2013（2013）：Country and Regional Assessment"（Report for DG SANCO，2009），and see ibid.

㉝ T. Sokol and N. Mijatović "EU Health Law and Policy and the Eurozone Crisis"，in Hervey，Young，and Bishop（2017）supra note 1.

㉞ R. Baeten and B. Vanhercke "Inside the Black Box：The EU's Economic Surveillance of National Healthcare Systems"［2016］Comparative European Politics<http：//link. springer. com/article/10. 1057/cep. 2016. 10>（accessed 7 July 2016）.

dling through）式的渐进决策：在欧盟通过法律实现一体化的过程中，保护和促进人体健康作为欧盟的一个宪法问题，可以追溯到欧盟大多数重要的宪法时刻。人们只需考虑一下 20 世纪 60 年代共同农业政策下被结核病污染的牛奶、疯牛病危机的影响、烟草广告指令的传奇经过、Cassis de Dijon 案等事件，就可以理解这一点。在不提供理论解释的情况下，人体健康因素在欧盟的宪法历史以及欧盟在人体健康领域的一般性权力增长中一直至关重要，尽管该权力增长总是遭到成员国的反对。

成员国反对欧盟在规制人体健康领域中发挥正式作用，也潜在地降低了对该领域之内在价值和权利的保护。在此方面，除了放松管制和（欧盟）宏观经济政策外，欧盟层面对人体健康法律和政策的重塑，是考虑欧盟对维护健康价值之影响的第三项因素。尤其是在公共健康领域，为了建立市场，欧盟已经通过保障健康和安全付出了大量管制努力。然而，如烟草广告指令事件所预示的那样，欧盟对于重新制定欧盟层面的健康保护法规的立法权限有限。玛乔琳·范·阿塞尔特（Marjolein van Asselt）、艾伦·沃斯（Ellen Vos）和米歇尔·埃弗森（Michelle Eversen）的观点具有说服力，他们认为，通过希拉·加萨诺夫（Sheila Jasanoff）所称的科学的"宪法作用"，欧盟重新规制公共健康领域的方式也在去政治化。[35]

他们的核心论点为，通过科学，欧盟掩盖了关于平衡健康风险和经济目标的政治分歧。[36] 此外，一个与迪特·格林（Dieter Grimm）类似的观点是，欧盟的宪法秩序将行政行动者置于负责人位置，尤其是在政治敏感的政策问题上。[37] 这些分析突出了欧盟监管者对健康法规和政策作为一项提升欧盟合法性之工具的利用。从这个角度进行分析，科学承担了调整经济以限制市场力量影响健康法规制定的作用。但是，这不包括实际发生作用的权利和价值（以及伦理）这些考虑因素。价值和伦理，尤其是生命

---

[35] See S. Jasanoff "Constituting Public Health Surveillance in 21st Century Europe", in M. Weimer and A. de Ruijter（eds.）The Co-Production of EU Expert and Executive Power in the Field of Public Health and the Environment（Oxford：Hart，2017）.

[36] Hervey and McHale（2015）supra note 4. M. van Asselt，M. Everson，and E. Vos，Trade，Health and the Environment：The European Union Put to the Test（Abingdon：Routledge，2013）；M. van Asselt and E. Vos，"The Precautionary Principle and the Uncertainty Paradox"（2006）Journal of Risk Research 9 313. 还可参见本书第六章。

[37] See Grimm（2015）supra note 26. Also see D. Curtin，Executive Power of the European Union：Law，Practices and the Living Constitution（Oxford：Oxford University Press，2009）.

伦理，在形式上仍然主要由成员国决定。[38] 在欧盟次级监管的一些特殊领域，有伦理委员会的参与。然而，伦理委员会的贡献是碎片化的，而且近期对欧盟伦理方法所做的一项梳理表明，欧盟层面仍然存在许多缺口，即使在受欧盟内部市场管制影响的领域亦是如此。[39]

上文所列的宪法制约对人体健康领域具有影响，尤其是在公共健康和医疗保健政策与法律的基础方面，有关基础的问题在当前的欧盟发展中可能无法轻易得以解决。欧盟层面更多的权力也会带来更多的再分配能力，以保障各成员国的权利和价值保护居于类似且可行的水平。另外，当前的宪法体系很难确保对成员国际市场关切外的"其他关切"的保护，因为辅助性原则总是与法律依据条款中所述的目标相关，[40] 而该目标在健康领域通常不是人体健康本身，而是其他关切，人体健康关切只是作为这些关切的一个必然结果出现。

第四节　欧盟人体健康政策与法律中的共同价值和权利？

由于欧盟将其他合法目标（如保护人体健康以及与之相关的价值和权利）纳入考虑的能力受到了宪法上的制约，欧盟在人体健康领域的作用增长存在问题这一核心结论，自动地提出了一个问题，即至少在法律上，是否存在一项共同的欧盟价值和基本权利基础，以为欧盟的人体健康法律和政策提供依据？在生命伦理学的研究与分析中，价值的含义独立于基本权利或人权。如本书第二章所述，依据欧盟法院的裁判意见，"基本权利"是指一种法律实践，其被用于平衡欧盟政策合法性，和针对成员国、欧盟机构提出的其或某些情况下在横向、私人关系中提出的法律权利主张。[41] 人权则通常具有更广阔的（国际性的）或更抽象的内涵。[42] 在这

---

[38]　Frischhut（2015）supra note 8.

[39]　Frischhut（2015）supra note 8.

[40]　Davies（2013）supra note 15.

[41]　Commission，"2013 Report on the application of the EU Charter of Fundamental Rights" COM（2014）224 final；C. Mak, Fundamental Rights in European Contract Law：A Comparison of the Impact of Fundamental Rights in Contractual Relationships in Germany, the Netherlands, Italy and England（Deventer：Wolters Kluwer, 2008）6. 详见本书第三章。

[42]　R. Alexy "Discourse Theory and Fundamental Rights" in A. J. Menendez and E. O. Eriksen（eds.）Arguing Fundamental Rights（New York：Springer, 2006）17.

一更抽象的内涵下，人权也可以指代此处所理解的"价值"。

一　健康领域中价值和基本权利之间的关系

第二次世界大战后，生物伦理学和人权话语在许多方面共同发展，纽伦堡审判在其中发挥了尤为重要且富有争议的作用。[43] 文献中对于生物伦理价值（个人健康方面和公共健康方面）和权利之间的关系有着不同的看法。一方面，有观点认为，此种场合下，用法律术语谈论价值或人权，为"制定生物医学的国际法律标准"提供了通用的语言。[44] 价值在此为具体的健康相关的基本权利提供了规范依据。乔治·安纳斯（George Annas）在此方面甚至将生物伦理学和法律称为"疏远的双生子"。[45] 另一方面，对于价值和基本权利或人权之间的直接关系也存在批判观点。生物伦理学家认为权利有其自身的合法性问题，这限制了在指涉具有独立意义的更宽广的价值时所使用的相关伦理概念。此外，基于权利的方法在此方面只是众多方法中的一种。[46]

欧盟法律秩序的内在多元性、基本权利日益增长的重要性，以及权利潜在的"伦理性"（自然主义性）影响，导致权利的影响在欧洲范围内具有争议性。权利越来越多地被用于给那些影响成员国自主权的决定提供合法理由。[47] 由于缺乏正式的欧盟宪法，欧盟的权利在政治上也同样富有争议。[48] 此外，在共同的人道主义价值这一更深层次的意义上，健康语境下的权利尤其具有争议性。[49] 各成员国对于堕胎实行规制的根本原因各不相

[43]　E. Fenton "Bioethics and Human Rights" in J. D. Arras, E. Fenton, and R. Kukla (eds.) The Routledge Companion to Bioethics (Abingdon: Routledge, 2014).

[44]　R. Andorno "Human Dignity and Human Rights as a Common Ground for a Global Bioethics" (2009) Journal of Medicine and Philosophy 34 223 - 4. Also see L. P. Knowles "The Lingua Franca of Human Rights and the Rise of a Global Bioethic" (2001) Cambridge Quarterly of Healthcare Ethics 10 253.

[45]　G. J. Annas "Human Rights and American Bioethics: Resistance Is Futile" (2010) Cambridge Quarterly of Healthcare Ethics 19 133.

[46]　Fenton (2014) supra note 43. 其他方法可能是经典的效用论（utilitarian）或道义论（deontological）方法，或能力论（capabilities）方法等。M. Freeman Law and Bioethics (Oxford: Oxford University Press, 2008).

[47]　E. Muir, "The Fundamental Rights implications of EU Legislation: Some Constitutional Challenges" (2014) Common Market Law Review 51 219.

[48]　A. J. Menendez "Some Elements of a Theory of European Fundamental Rights" in Menendez and Eriksen (eds.) (2006) supra note 42, 156.

[49]　Menendez and Eriksen (eds.) (2006) supra note 42.

同，即为一个显著例证。

故此，调和价值与人权的"法律""政治"和"伦理"概念至关重要，例如通过民主的理念或通过选择一种明确的政治理论予以调和。⑤ 这对欧盟来说尤其如此，包括《欧洲联盟条约》第 2 条本身在内的实际的"基本权利政策"⑤，预示了一种关于共同价值的特别思想；该思想引领着欧盟的前进方向，⑤ 而不像人权的政治概念所暗示的那样，仅仅将基本权利保护的现状作为一个取决于地点和时间的社会实践问题。⑤ 当然，对于在确定制定欧盟健康法律与政策的权力的适当位置方面寻求指引而言，基本权利并非完全没有问题。然而，欧盟基本权利的确对价值做出了表达，而且欧盟健康法中具有不同的贯彻这些价值的内容。

二 欧盟的健康价值

在健康法方面，各成员国已经自行制定了作为其国家医疗保健体系基础的价值和原则。⑤ 欧盟理事会在通过其关于欧盟健康体系共同价值和原则的结论时，⑤ 提到了各成员国之间"共同"的价值和原则。这些共同价值和原则的法律地位，以及其与欧盟法意义上之基本权利的关系，取决于欧盟理事会是否是在《欧洲联盟条约》第 2 条和第 6 条的意义上指涉这些价值和原则。

---

⑤ S. Bagatur "Toward a Democratic Conception of Human Rights" (2014) Theoria and Praxis 2；P. Gilabert "Humanist and Political Perspectives on Human Rights" (2011) Political Theory 39 (4) 439；S. M. Liao and A. Etinson "Political and Naturalistic Conceptions of Human Rights：A False Polemic？" (2012) The Journal of Moral Philosophy 9 (3) 327, and see Alexy (2006) supra note 42.

⑤ P. Alston and J. H. H. Weiler "An 'Ever Closer Union' in Need of a Human Rights Policy：The European Union and Human Rights" (1998) European Journal of International Law 9 658；A. von Bogdandy, "The European Union as a Human Rights Organisation? Human Rights and the Core of the European Union" (2000) Common Market Law Review 37 1307.

⑤ 这在欧盟法院关于《宪章》的一些判例法中也得到了体现，其中的解释通常是基于一种预设的想法，即权利在欧盟法律秩序中"已经得到保护"。关于这一点以及对这些案例的讨论，参见 P. Eeckhout, "The EU Charter of Fundamental Rights and the Federal Question" (2002) Common Market Law Review 39 945。

⑤ R. Forst "The Justification of Human Rights and the Basic Right to Justification：A Reflexive Approach" (2010) Ethics 120 711, 727, 强调了人权对于评估合法性的"内在"作用（在某个政治体系内部），详见 Bagatur (2014) supra note 50, 9。

⑤ Council Conclusions, Council Conclusions on Common Values and Principles in European Union Health Systems (OJ C 146/1, 2006).

⑤ Council Conclusions, Council Conclusions on Common Values and Principles in European Union Health Systems (OJ C 146/1, 2006).

欧盟理事会 2006 年的共同价值声明（提到的是"价值"而非欧盟法的原则）的用语表明，其并非意在形成一份与基本权利地位等同的欧盟法一般原则的声明。然而，与特定的欧盟基本权利结合之后，可以认为该项共同价值声明可能有助于形塑欧盟健康法背景下对基本权利的解释。至少，该声明表明了成员国共同的基本原则，就此而言，它们至少也可以在欧盟立法过程中得到考虑，虽然这并非法律所要求。

起草 2006 年的共同价值声明也是为了强调这些共同价值在组织国家医疗保健体系方面的重要性，条约明确规定组织国家医疗保健体系属于国家权限。然而，在欧盟享有更大权限的公共健康领域，并无明确的文件提及团结或平等等价值。在《欧盟运行条约》第 9 条、第 168 条和第 114 条第 3 款这些核心法律条款中，"高水平的人体健康（保护）"被规定为核心目标。但何为"高"水平，则很难确定。

与此同时，团结、平等、普遍可及和人之尊严的价值，在欧盟基本权利中得到了体现。[56] 此外，依据欧盟基础法，欧盟坚持保护和促进人体健康，系被表述为一项宪法价值。《欧洲联盟条约》第 2 条则为欧盟一致同意的"共同价值"作为欧盟宪法结构的基础提供了依据。

重要的是，尊重权利本身系被作为欧盟的一项根本价值，而且被假定为成员国的一项共同价值。此外，《欧洲联盟条约》第 2 条提到的是"人权"而非"基本权利"，后者系通过援引《宪章》和欧盟法共同原则等在《欧洲联盟条约》第 6 条之下予以保护。前文提及，在谈论权利时使用"人权"这一概念，通常是为了暗示隐含性的、更深层次的价值。这些更深层次的价值有时也被称为"权利"，但是是有着更特殊的伦理意义的权利。本书第二章列举了表达团结、平等、普遍可及和人之尊严这些欧盟健康法价值的欧盟基本权利。

然而，健康领域的这些共同价值可在欧盟层面得以发现的事实，并未解决最终的政治问题，即这些价值和权利可以在何种水平上得到最佳保护。内部市场自由仍然是欧盟健康政策和法律存在的根本理由。[57] 在健康

---

[56] Charter of Fundamental Rights, "Charter of Fundamental Rights of the European Union（OJ C 364/01, 2000）" <0808210432text_en. pdf>.

[57] 不同立场，参见 Hervey and McHale（2015）supra note 4；T. K. Hervey "Telling Stories about European Union Health Law: The Emergence of a New Field of Law"（2016）Comparative European Politics DOI 10. 1057/cep. 2016. 4<http://www. palgrave-journals. com/cep/journal/vaop/ncurrent/full/cep20164a. html>（accessed 1 June 2016）。

领域，作为欧盟宪法原则的四项自由如今要比辅助性原则这项欧盟宪法原则更为强大，这解释了那个反复出现的问题，即内部市场作为法律基础，构成了欧盟健康法许多方面的立法理由，而成员国同时又限制了欧盟制定欧盟层面的实质健康法的权力。故此，若想真正保护与健康法律和政策内在相连的权利和价值，或许只能采取一种更保守的方法，亦即通过规定使基本权利和价值以及人体健康保护成为主流，赋予欧盟在健康领域制定法律或政策的权力。在限制欧盟人体健康领域权力扩张之无声革命的《欧洲联盟条约》第5条之下，这或许可以作为"负载价值"的有效性分析的一部分而发生。

第五节　欧盟在公共健康和医疗保健领域权力的未来展望

　　欧盟的宪法背景影响了价值和权利在欧盟法中的地位以及所获得的保护，这些价值和权利是成员国健康法的核心，包括人之尊严、平等、团结等。成员国层面的健康法因被视为贸易障碍而受到欧盟法的影响，欧盟层面则对健康法进行了改造，但欧盟健康法的内在价值往往通过科学而被去政治化，或者因"更高的"内部市场目标而失去意义。这并不是说内部市场目标必然总与健康权利和价值相对立。例如，如赫维（Hervey）和麦克海尔（McHale）所言，欧盟竞争法很可能促进了医疗保健部门的消费者利益和服务价格的降低，这对确保普遍可及性与维护团结和平等的价值十分重要。[58]

　　本书通过与权利和价值内在相关的健康法的视角，阐释了欧盟在医疗保健和公共健康领域扩张其权力的一系列方式。基于健康相关的权利和价值框架，可以把欧盟在人体健康领域的权力宽泛地界定为欧盟通过欧洲政治体系对价值进行权威性分配的能力。由于健康政策和基本权利之间的内在关系，这一权力可能比曾经预期的更为强大。即使在欧盟采用"软性"协调措施或者单纯的"技术性"公共健康和安全标准的场合，由于健康和基本权利紧密相关，在自身权限受到明确限制的方面，欧盟权威性地决定人体健康领域应保护何种权利的能力也依然得到了扩张。该方面的健康

58　Hervey and McHale（2015）supra note 4，229.

政策和法律制定并非"价值"中立，相反其具有基本权利的影响。换言之，欧盟事实上通过健康政策制定平衡了基本权利，即要么影响了国家层面的基本权利保护，要么为保护欧盟层面的基本权利和价值设定了义务。

此处的基本问题最终涉及欧盟人体健康领域之权力在基本权利和价值方面的合法性。健康政策中的基本权利和价值，被认为是分析健康政策合法性的极其重要的工具，因为成员国健康法的一般功能即为确保基本权利在健康政策中得到保护。换言之，健康政策和基本权利具有交互性——保护和促进基本权利是人体健康的保障，而保障人体健康本身则是一项基本权利。基本权利为健康法提供了"概念的统一性"，尤其是"健康权"和对个人权利的尊重，其在健康的规制中居于核心地位。保障和促进健康方面的基本权利的重要性，被视为民族国家在健康领域权力日益增长和私人行动者在医疗服务领域权力日益增长的结果。如果欧盟也正在该领域扩张其权力，并且对于向个人和公众提供保护存在宪法制约，那么欧盟在健康领域的权力的合法性就可能受到质疑。

欧盟在行使其人体健康领域的权力的过程中，往往隐性地平衡了共同体权利和个人权利。通过此种权利平衡，还在欧盟和成员国界定自身健康政策的权力之间发生了另一种平衡；与此同时，条约中规定的欧盟立法权限仍然一直受到明确限制。如本章开头的引文所述，欧盟的健康政策是一种平衡行为。

故此，欧盟在人体健康领域的权力扩张触及了欧盟政治体系整体合法性问题的核心。这主要是由于欧盟在健康领域的权力扩张很大程度上是"隐蔽"发生的，创造了一场"无声的革命"，即其主要是政策制定的结果，而非制定健康法之明确立法目标的一部分。因此，成员国负有的平衡共同体利益与个人利益的义务，并不足以解决欧盟健康政策的合法性问题。在此方面，欧盟的基本权利和价值在欧盟的立法权之外，提供了一种规范性语言，为欧盟促进和保护人体健康之努力的合法性提供了解释。

欧盟健康法律与政策也在更深的宪法层面上提出了问题，即在涉及人体健康时谁将负责照管我们，欧盟还是成员国？是否存在团结的纽带将我们与欧盟联系在一起？如果考虑到欧盟的建立条约完全禁止欧盟在提供医疗服务方面发挥任何作用，获取医疗保健权的范围虽由成员国予以实施但却系由欧盟层面予以决定的事实，为回答这些问题提供了重要启示。社会学家亚伯拉姆·德·斯瓦安（Abram de Swaan）在其开创性著作《在国家的照管之中》（*In Care of the State*）中，展示了健康政策在合法化并促进19世纪民族国家成功出现方面的重要作用。问题在于，对于欧盟政治体系存在的合法性以及我们与其的关系，健康政策和法律有何作用？考虑到健康政策与基本权利和价值之间的相互影响，欧盟健康政策在欧盟政治体系本身的合法性中发挥着重要作用。

译后记

　　健康与人权紧密相关，法治则是人权最有力的保障，这使得健康法日益成为一个备受瞩目的新兴领域法。本书作者安妮克·德·鲁伊特（Anniek de Ruijter）立基于与权利和价值内在相关的健康法视角，通过公共健康和医疗保健领域的两个案例研究，详细说明了欧盟健康法律和政策的范围，阐释了欧盟在健康领域扩张其权力的一系列方式，并分析了欧盟健康法律和政策对基本权利的影响，为依据基本权利和价值评估政府所拥有的法律和政策权力提供了有益的思路和方法。

　　健康是个人生存与发展的前提，健康的群体亦为国家长治久安建立了坚实根基。有鉴于健康对个人与国家的至关重要性，"健康中国"被上升为我国的一项重大国家战略，并通过制定相关法规和政策文件等多种举措得以推进实施。为积极落实"健康中国"的国家战略，回应健康中国建设的法治需求，我国学界与业界针对健康法的探索正在如火如荼地进行。与此同时，2024年是我国将"国家尊重和保障人权"写入宪法二十周年，健康权作为基本人权之一，如何获得全方位的法治保障，也一直是理论和实务关注的重点之一。然而，我国健康法无论是在法制建设还是理论建构方面都尚处于起步阶段，亟待丰富与深化。建立并完善我国健康法治体系，既需要着眼本土，坚持走中国特色社会主义法治道路，也需要吸收借鉴人类法治文明有益成果，以放眼世界、为我所用的眼光吸收域外立法与研究的优秀经验。也正是在这样的契机之下，译者注意到了本书并选择将之翻译引介，以期为我国健康法的法制完善和理论深化提供欧盟视角，进一步推动国内健康法研究的纵深化和国际化，进而为健康权这一基本人权提供更加周全有效的法治保障。

　　本书是有关欧盟健康法律和政策的最为优秀的著作之一，为法律与社会研究以及欧盟整体研究作出了卓越贡献。其观点深富洞见，研究方法颇具创新性，或可为我国健康法研究的推进提供启发与镜鉴。欧盟权力在健康法律和政策方面的"无声"扩张，以及欧盟健康法律和政策对各成员国在保护与促进健康方面的共同的指引性基本权利和价值的"革命性"影响，构成了贯穿本书的两条主线。作者安妮克·德·鲁伊特表示，健康法的功能通常是在健康政策的背景下确保对基本权利的保护。是故，其主要采用了基于权利的法律分析方法来描述欧盟权力的增长以及该权力增长对健康领域权利和价值的影响。其指出，保护和促进人体健康作为一项宪法价值，可以合法化欧盟健康法律与政策，团结、平等、普遍可及和人格尊严等欧盟健康法价值为健康相关的欧盟基本权利提供了规范性依据，又通过欧盟基本权利得以表达，并在欧盟健康法规中得到贯彻。欧盟健康政策的影响则在于，欧盟事实上且通常隐含性地平衡了保护和促进健康的积极职责与该职责对健康权的限制。然而，虽然欧盟在公共健康和医疗保健领域的权力的确在不断扩大，但目前用于限制欧盟权力的宪法规则在设计时并未特别考虑健康问题，因而无法妥善保障与健康法律和政策内在相关的价值和权利。尽管系撰写于新冠疫情暴发之前，但本书的分析具有较高的前瞻性和可迁移性。一方面，其可以帮助身处后疫情时代的我们更好地理解欧盟在公共健康危机应对方面的角色；另一方面，其可以为我们评估本国政府在健康法律与政策制定方面的权力合法性及其影响提供模板，以助于推动健康权保护与公权力行使之平衡的实现。

除了采用法律分析方法之外，本书还结合政治学、伦理学和生物医学等开展了交叉研究，典型体现为其超越"正式法源"，纳入了在欧盟机构背景下从事健康政策工作的公务人员叙述相关的研究数据，这使得其研究是一项以法律研究和访谈研究为基础的实证研究。健康法学是一门集法学、行政学、社会保障学以及公共卫生与预防医学等学科之交叉与融合的新兴学科，这决定了对其的研究不宜局限于传统的法学路径，而是需在法学的"定性"研究方法的基础上，一定程度上引入其他学科的"定量"或"实证"研究方法，以强化健康法研究的现实面向和社会基础，提升研究成果的客观性、有效性和科学性。本书无疑是对此种研究路径的贯彻，可为我国学者科学合理地开展健康法研究提供一些参考。

本书译于 2023 年，其与译者博士论文的撰写一起构成了译者 2023 年的工作"主旋律"。两者的交替进行使译者在 2023 年格外忙碌充实，加倍体验了一把什么是"痛并快乐着"。本书是译者学术生涯中完成的第二部译著，其与第一部译著——译者在硕士生期间和恩师武亦文教授合作翻译的《责任的世纪：美国保险法和侵权法的协同》一书分别出版于译者博士和硕士即将毕业之际，皆可谓珍贵难得的毕业礼物。昨日，惊悉法学大家方流芳教授逝世，方教授曾言，"知识领域的界限从来就不是预设的，好的研究需要有开阔的视野和广泛的学术兴趣与知识储备"。本书的翻译是译者打破知识边界、拓宽研究视野的一次尝试。本书也是武汉大学大健康法制研究中心《大健康法制译丛》的系列译作之一，衷心感谢恩师武老师提供翻译机会和专业指导。

或许是因先前翻译积累的经验和技巧，本书的翻译相对顺利和高效，经一轮翻译和两轮校对后，译稿质量基本达到了译者满意的程度。在此，要特别感谢责任编辑梁剑琴老师专业细致的审校和为本书中译本出版付出的辛勤努力。当然，由于译者水平有限，其中可能仍然存在错误和疏漏。还请读者不吝批评、指正，有任何意见或建议，欢迎来邮，以便译者进一步完善。译者的邮箱是：zhaoyaning010@163.com。

赵亚宁

2024 年 1 月 16 日